U0576847

# 隐于书后

17世纪
江南汪氏书坊
经营实录

张舰戈 著

文化艺术出版社
Culture and Art Publishing House

**图书在版编目（CIP）数据**

隐于书后：17世纪江南汪氏书坊经营实录 / 张舰戈著.
—北京：文化艺术出版社，2022.10
ISBN 978-7-5039-7286-7

Ⅰ.①隐… Ⅱ.①张… Ⅲ.①书店—商业经营—华东
地区—明清时代 Ⅳ.①G235

中国版本图书馆CIP数据核字（2022）第144297号

**隐于书后：17世纪江南汪氏书坊经营实录**

| | |
|---|---|
| 著　　者 | 张舰戈 |
| 责任编辑 | 廖小芳 |
| 责任校对 | 董　斌 |
| 书籍设计 | 李　响　马夕雯 |
| 出版发行 | 文化艺术出版社 |
| 地　　址 | 北京市东城区东四八条52号　（100700） |
| 网　　址 | www.caaph.com |
| 电子邮箱 | s@caaph.com |
| 电　　话 | （010）84057666（总编室）　84057667（办公室）<br>　　　　　84057696—84057699（发行部） |
| 传　　真 | （010）84057660（总编室）　84057670（办公室）<br>　　　　　84057690（发行部） |
| 经　　销 | 新华书店 |
| 印　　刷 | 国英印务有限公司 |
| 版　　次 | 2022年10月第1版 |
| 印　　次 | 2022年10月第1次印刷 |
| 印　　张 | 11.5 |
| 字　　数 | 210千字 |
| 开　　本 | 880毫米×1230毫米　1/32 |
| 书　　号 | ISBN 978-7-5039-7286-7 |
| 定　　价 | 68.00元 |

# 目 录

## 第三章
### 改弦更张：还读斋易名蜩寄

## 第四章
### 子承父业：还读斋的继承与回归

# 第五章

## 重归儒业：康熙中叶以后汪氏家族的发展

# 绪　论

中国古代书坊从唐代开始经历了从无到有的初创阶段，这一时期存书坊之实，却无书坊之名，这些机构以雕刻佛经、百姓日常用书为主，如刻有"唐成都府成都县龙池坊卞家印卖咒本"的《陀罗尼经》咒本、"西川过家印行"的《金刚般若波罗蜜经》、"京中李家"于东市印行的《新集备急灸经》等，但刻书数量极为有限。到北宋时期，书坊有了一定程度的发展，此时官刻与私刻仍是刻书的主流，而到了南宋已经是书坊的兴盛期了，福建建阳、浙江临安（杭州）、四川成都成为全国刻书业中心，建阳余氏广勤堂、临安陈宅书籍铺、眉山万卷堂等一批坊刻书籍走入大众视野，走进学者的书房、案头。①

在经济发展、印刷和纸墨技术进步的推动下，古代书坊在

① 参见戚福康《中国古代书坊研究》，商务印书馆 2007 年版，第 39—41 页。

明代进入最为繁荣的发展时期。但其全盛的面貌也不是一蹴而就的，其发展也经历了一个比较漫长的历史过程。

从洪武到正统年间，明政权刚建立不久，百废待兴，加之靖难之役、土木之变、夺门之变等政治动荡，更加重了社会纷乱，此时书坊尚处于恢复时期。明朝中期，随着政局稳定、经济平稳发展，书坊业的发展也略见起色。同时，受正统思想的影响，不论朝廷抑或文人对刊刻于坊间的小说、戏曲等书籍多持禁止、抵制等态度。所以，明中叶以前的坊刻业并不发达，文人也很少参与坊刻业，更鲜有文人开办书坊、从事坊刻业者。

嘉靖以后，书坊业的发展进入了真正的繁荣和成熟时期，尤其是万历年间，进入了真正的全盛时期。书坊刻书的种类和数量明显增多，并且形成了一些具有代表性的刻书中心，尤以福建建阳和江南地区最为著名。对此时人亦有记载，如生活于隆庆、万历年间的李诩提及"少时学举子业，并无刊本窗稿……今（隆万间）满目皆坊刻矣，亦世风华实之一验也"①。

福建自宋元以来即成为全国坊刻业中心之一，以建阳的崇化、麻沙两镇为最。麻沙于元末惜遭回禄之灾，一蹶不振；崇

---

① 李诩撰，魏连科点校：《戒庵老人漫笔》卷 8 "时艺坊刻"条，中华书局 1982 年版，第 334 页。

化镇书坊却逐渐发展起来，于嘉靖、万历年间一跃成为建阳坊刻的代表，也成为全国坊刻业首屈一指的中心。建阳刻本曾一度热销全国，也出现了一大批著名书坊和书坊主，如双峰堂、三台馆、种德堂等书坊，余氏、熊氏、刘氏、黄氏等坊刻业家族。建本书主要以时文、小说、日用类书为主，尤以小说为最，这与建阳书坊主积极参与小说编刻有极大关系。建阳书坊主不仅延请下层文人为书坊编写小说，如邓志谟为余象斗书坊编写的《晋代许旌阳得道擒蛟铁树记》《唐代吕纯阳得道飞剑记》《五代萨真人得道咒枣记》等；有些书坊主甚至也亲自创作小说，如熊大木编创的一系列小说《大宋演义中兴英烈传》《南北宋志传》，余象斗编创的《北方真武祖师玄天上帝出身志传》《皇明诸司公案》，等等。这一书坊主自创小说的做法被现代研究者们称之为"熊大木模式"。"熊大木模式"开创了书坊主创作小说的先河，也开启了后世书坊主自编自创小说的热潮。但这些小说的质量大都不高，多是将已有的杂剧、话本、传说或史料简单缀合在一起形成的作品。

建阳书坊的刻书以时文、小说、日用类书为主，读者群体多为下层文人和市民阶层。建本书的质量也一直为人诟病，不仅纸墨俱劣、字迹模糊，甚至盗版删改、偷工减料也是常有之事。早在南宋时期，建阳的麻沙本就几乎成为劣质版本的代名词。陆游曾记载："三舍法行时，有教官出《易》义题云：'乾为金，坤又为金，何也？'……诸生徐出监本，复请曰：'先生恐是看了麻沙本。若监本，则坤为釜也。'教授皇恐，乃谢曰：'某当罚。'即输罚，改题而止。"[1] 时人流行的这则故事，既形象又讽刺地说明了建本书的问题——内容和质量上的低劣，也注定了建阳书坊最终走向衰败的结局。

建阳的坊刻业在短暂的兴盛以后，快速衰落下去。与此同时，江南地区的书坊凭借地域经济、文化优势，于万历中后期迅速发展起来，成为全国坊刻业的中心，尤以苏州、南京、杭州等地为最。

苏州坊刻在万历以后逐渐发展起来，成为全国坊刻业中心和四大聚书地之一。据缪咏禾《明代出版史稿》统计，明代苏州书坊约有 67 家。[2] 到清代，苏州书肆之盛，更"比于京师"[3]，扫叶山房、书业堂、宝翰楼等知名书坊皆在苏州。与建阳书坊相比，苏州的书坊更注重刻书质量。清人叶德辉认为，刻书若论"其精，吴为最"[4]。因此，许多著名藏书家皆愿前往苏州寻

① 陆游撰，李剑雄、刘德权点校：《老学庵笔记》卷 7，中华书局 1979 年版，第 94 页。
② 缪咏禾：《明代出版史稿》，江苏人民出版社 2000 年版，第 77 页。
③ 叶德辉：《书林清话》卷九《吴门书坊之盛衰》，中华书局 1957 年版，第 225 页。
④ 叶德辉：《书林余话》卷上，载《书林清话》，中华书局 1957 年版，第 10 页。

访古籍善本，如乾嘉年间著名藏书家黄丕烈的《士礼居藏书题跋记》中就有多条向苏州书贾购书的记载。除此之外，为加强各坊肆之间的联系与合作，苏州书坊业同行还曾于康熙十年（1671）成立了崇德书院，"为同业订正书籍、讨论删原之所，并同业中异乡司伙，如有在苏病故无力回乡者，代为埋葬狮山义冢等项事宜"①，成为中国最早的书业公所。

南京为明代两京之一、清代两江总督驻地，是南方的政治中心，又是连接南北的交通要道，经济发达，商业繁荣，地理位置十分重要。同时，南京也是书坊林立、刻书业发达的地区之一。生活于康熙年间的戴名世曾说："天下各种书板皆刊刻于江宁（南京）、苏州，次则杭州。四方书贾皆集于江宁，往时书坊甚多，书贾亦有饶裕者。"②设于南京的世德堂、万卷楼、大业堂、芥子园、奎壁斋、十竹斋等皆为当时知名书坊。这些书坊刻书众多，质量精美，胡正言十竹斋刊印的彩色饾版《十竹斋画谱》尤为精品之最。南京书坊与建阳书坊相似，以家族、同姓刻书居多，如唐氏、周氏、王氏等家族皆有多间书坊，且书坊主之间、书坊之间关系复杂，有时多位书坊主共用

① 江苏省博物馆编：《江苏省明清以来碑刻资料选集》，转引自杨丽莹《扫叶山房史研究》，复旦大学出版社 2013 年版，第 146 页。
② 戴名世著，王树民等编校：《戴名世遗文集》，中华书局 2002 年版，第 122 页。

同一书坊名，有时一位书坊主同时出现在多家书坊刻书之中，如光霁堂与周文卿、周文炜，万卷楼与周文焕、周曰校，唐锦池与文林阁、集贤堂，唐绣谷与世德堂、富春堂，等等，这些关系复杂的同姓刻书成为南京书坊异于其他地区书坊的特点之一。

除苏州、南京外，杭州亦是 17 世纪江南坊刻业的中心之一。杭州作为南宋政治、经济中心所在，曾是南宋至元代坊刻业最发达的城市之一。明代以来，南方的政治中心转移到南京一带，手工业和商业市镇则逐渐在苏州发展起来。相较之下，杭州在政治、经济上的实力略有不及，杭州书坊的实力也稍逊一筹，书坊、刻书数量"与南京、苏州相比减少一半还不止"①。虽不及南京、苏州，但与其他地区相比，杭州仍是当时海内四大聚书地之一。②据张献忠统计，明代杭州可考的书坊至少有 89 家之多③，明清时期较有影响力的书坊，如洪楩的清平山堂、胡文焕的文会堂、武林容与堂、陆氏峥霄馆等皆设于杭州。且西湖向来是文人墨客向往之地，多有文人在此畅饮娱

---

① 戚福康：《中国古代书坊研究》，商务印书馆 2007 年版，第 187 页。

② 胡应麟在《经籍会通》中指出："今海内书，凡聚之地有四：燕市也，金陵也，阊阖也，临安也。"参见胡应麟《少室山房笔丛》卷 4 甲部《经籍会通四》，中华书局 1958 年版，第 55 页。

③ 张献忠：《明代杭州商业出版述略》，《北京联合大学学报（人文社会科学版）》2013 年第 4 期。

乐、流连忘返，杭州的书坊主也善于抓住时机，经常延请这些文人到书坊中，与其合作编书、刻书。除此之外，杭州是明清以来的科举重地，举业的发达成就了一批士子走向仕宦之路，但同时也出现了更多落第之人。这些举业不振的文人或为治生，或为理想而投身书坊，成为书坊固定的作者、编者；有人甚至直接开办书坊，创办峥霄馆的陆云龙、陆人龙兄弟即为代表。这些文人的参与，使杭州书坊的刻书既能吸引读者，保证书籍的销量，又可提高刻书质量，不致灾梨祸枣。因此，杭州书坊在数量上虽不及苏州、南京，但多有上乘之作，亦成为江南坊刻业中心之一。

　　明末清初，江南出现的众多书坊中不乏家喻户晓的著名书坊，如胡文焕的文会堂、陆氏兄弟的峥霄馆、李渔的芥子园、毛晋的汲古阁等。但实际上，与这些书坊共同并立于江南的是一些并不知名的书坊：有的只知书坊名，却无法考证开办者，如金阊宝翰楼、书业堂；有的甚至仅存刻书一二本，如旋采堂。明末由迁杭徽商后裔汪淇创办的还读斋便是这众多看似不起眼的普通书坊中的一个。从刻书数量来看，还读斋或许远不及宝翰楼、书业堂；从刻书质量和精美程度来看，它亦不及毛晋的汲古阁；从书坊主的个人名气来看，汪淇也不及胡文焕、李渔、陆云龙等人。但正是汪氏书坊般这些不起眼的"小书坊"才是江南书坊的主体，是构成江南书坊璀璨星空的繁星，最能反映江南书坊的特点；也正是像汪淇这样不起眼的小书坊主才最能反映当时书坊主的经营状况。这是我们研究明清江南书坊不可或缺的一部分，也是我们借由书坊主观察江南下层文人、经书坊探讨江南社会生活的窗口。而汪氏家族及其书坊还读斋正是这些"繁星"中比较亮眼且"易于观察"的一颗。

说其"亮眼"，是因其具有极强的代表性。就书坊主汪淇而言，他具有多重身份。第一，他是徽州大族和旅外徽商后裔。汪淇是徽州府休宁县西门邑汪氏大宗族的一员，其父因经营盐业于明末从徽州迁到杭州，此后汪氏家族就一直定居于此。[①] 第二，他是明末清初的文人。汪淇是一名活跃于江南地区的下层文人，早年从儒，科举上一事无成，喜好结交文人名士，常与他们宴饮唱和。第三，他是"前朝遗老"，经历了明清易代的鼎革、清初的"奏销案"和《明史》案。第四，他是道教信奉者，晚年弃儒从道。第五，他是小说作家。汪淇撰写了《吕祖全传》，将儒学与道教相结合，重新诠释吕洞宾故事，塑造出一个仁义忠孝、智勇双全的儒道相融的全新吕洞宾

---

① 最早对汪淇的生平进行研究的当属陈恩虎的《刻书家汪淇生平考》（《文献》2005年第3期）一文。文章从四个方面分别考证了汪淇的姓名、字号（汪淇，字右子，号憺漪，学道后，取名象旭，别号残梦道人）、生卒年代〔生于万历三十二年（1604），卒于康熙前期〕、籍贯（休宁西门人，长期生活于杭州）、生平等问题。文章成文时间较早，在汪淇生卒年代、籍贯家族和交游等方面的论证尚显单薄，还有可以进一步深入研究的空间。

形象；他还是小说点评者，作《西游证道书》，重塑唐僧师徒的道教形象，使该书成为清代从道教出发评点《西游记》的范本。汪淇身份多变，总体来说其身份大致经历了由徽商后裔到落第文人，最后逐渐融入江南文人群体的转变。汪淇身份的变化不仅影响着汪淇自我认同的改变，同时也影响着书坊在刻书选题和编刊方式上的变化，甚至汪淇思想信仰的转变也对书坊产生了重要影响。并且，汪淇以一名下层文人的身份参与到坊刻业之中，也正是 17 世纪文人参与商业出版的真实写照。除此之外，汪氏家族的发展历史也是 17 世纪小家族紧跟时代、努力经营的生动写照。

就书坊还读斋而言，也有三大特点。第一，还读斋的刻书比较丰富，种类齐全。目前所知汪氏书坊编刊了诸如尺牍总集《尺牍新语》三编、小说《吕祖全传》《西游证道书》、医书《济阴纲目》《本草备要》、科举时文类书籍《武经七书全文直解》、商人书《士商要览》、诗选《西陵十子诗选》等各类书籍四十余种。① 第二，还读斋的刻书在后世翻刻较多，流传甚广。例如《西游证道书》，此书是清代最早的百回本《西游记》，首次将唐僧出身的故事加入百回本《西游记》之中。此书问世

---

① 目前仅有文革红《汪淇"蜩寄"及其所刻书籍考》（《文献》2006 年第 3 期）一文，简要列举"蜩寄""还读斋"刻书 18 种，还有多种刻书未包含在内。

后，不仅成为从道教出发点评《西游记》的范本，更成为清代各种版本的唐僧出身故事的蓝本，在《西游记》研究中占有一席之位。① 另一部小说《吕祖全传》"是我国小说史上的第一部以第一人称叙述的通俗小说，颇值得重视"②，仅就这一点而言，其在中国小说史上即占有一席之位。医书《本草备要》有后世翻刻本八十余种，《医方集解》有翻刻本四十余种。第三，汪氏书坊存在时间有代表性。还读斋自明末汪淇创立，到康熙中后期销声匿迹，存续了八十余年，在众多小书坊中可算作经营时间比较长的书坊。这期间经历了改朝换代和子承父业的转变，这两次重要的改变——社会和家族变化，对还读斋的刻书产生了重要影响，是还读斋历史发展中的重要转折点，也是

---

① 目前对此书的研究大致有三个方面：第一，关于《西游证道书》的作者和成书时间，如吴圣昔《〈西游证道书〉撰者考辨》(《明清小说研究》1997 年第 2 期)、王辉斌《"憺漪子"是黄周星吗？——为〈西游证道书〉批评者正名》(《四川文理学院学报》2013 年第 1 期)、王裕明的《〈西游证道书〉成书年代考》(《明清小说研究》2004 年第 4 期)；第二，关于《西游证道书》具体内容的分析，如李慧、张祝平《〈西游证道书〉插图、图赞源流考》(《语文学刊》2015 年第 21 期)、曹炳建《〈西游证道书〉评点文字探考》(上、下)(《淮海工学院学报（社会科学版）》2006 年第 1 期、2 期)；第三，关于《西游证道书》版本来源的考证，如张莹《〈西游证道书〉考辨二则》(《图书馆学研究》2010 年第 5 期)、吴圣昔《"大略堂〈释厄传〉古本"之谜试解》(《明清小说研究》1992 年第 Z1 期)等。

② 江苏省社会科学院明清小说研究中心编：《中国通俗小说总目提要》，中国文联出版公司 1990 年版，第 351 页。

17世纪大多数书坊盛衰兴亡的重要节点。

　　说其"易于观察"，因其相关史料存留较多。目前学界对一些知名书坊主的研究已有了比较丰富的成果，如汲古阁毛氏，峥霄馆陆氏，扫叶山房席氏，建阳熊氏、余氏等，但对普通书坊主的研究仍有一定空缺。这一研究的缺乏一方面可能因为这些普通书坊的知名度不高，学者们多将关注的焦点放在著名书坊刊刻的著名书籍上；另一方面现存史料中对这些书坊主的记载也的确比较稀少，甚至连著名书坊主吴勉学的身世我们也并没有研究得十分清楚，更不用说众多江南地区的普通书坊主，如著名书坊金阊书业堂，从清初开始刻书，一直延续至光绪年间，这样一间绵延两百余年的苏州"老字号"书坊，我们对它的认识也不过是仅知其书坊主"为赵姓人士"而已。① 对此，美国学者贾晋珠指出，"探讨17世纪之前的中国书籍与印刷历史的研究，都长期面临着一个挑战，即此时期的文献中，极其缺乏对刻书业的个人，尤其是对盈利性的书坊主的记

--------

① 莫友芝的《邵亭知见传本书目》中记载了书业堂主人："翻刻汲古《十七史》，有书业堂及扫叶山房二本，以书业赵氏本为胜。"参见莫友芝撰，傅增湘订补《藏园订补邵亭知见传本书目》卷4，中华书局2009年版，第197页。

录与描述"①。不仅是 17 世纪之前，在整个中国古代坊刻业的研究中，对书坊主的研究都非常有限。深入对书坊主的研究，对我们了解书坊的刻书选择、发展状况，社会变革对坊刻业的影响等方面都有重要作用。幸运的是，对于较有代表性的书坊主汪淇及其家族而言，我们可以找到一些相关材料，例如，涉及汪淇家族的两种族谱——顺治《休宁西门汪氏宗谱》和乾隆《汪氏通宗世谱》，汪淇孙汪惟宪所著《积山先生遗集》，汪淇家族姻亲张云璈的《简松草堂文集》等，这些材料的发现和重新利用为我们研究书坊主汪淇及其家族的情况提供了重要支撑。

不论从传统文献学领域的版本学、校勘学来讲，还是从出版史角度的刊刻质量、装帧艺术来看，还读斋的刻书都算不上质量上乘；书坊主汪淇也不像李渔、毛晋一般，有鲜明的文人外表，活跃于知名文人和达官显贵之间。但美国学者魏爱莲从书籍社会史角度出发，通过还读斋研究 17 世纪中国出版文化的文章为我们突破传统文献学、出版史的研究提供了良好的借鉴。魏爱莲的《杭州和苏州的还读斋——17 世纪出版研究》②

① 贾晋珠（Lucille Chia）：《吴勉学与明朝的刻书世界》，汤芸译，载《法国汉学》丛书编辑委员会编《徽州：书业与地域文化》，中华书局 2010 年版，第 27 页。

② Ellen Widmer, "The Huanduzhai of Hangzhou and Suzhou: A Study in Seventeenth Century Publishing", *Harvard Journal of Asiatic Studies*, Vol.56, No.1, 1996.

是最早也是迄今为止为数不多的一篇以还读斋为主要研究对象的文章。文章不再从传统文献学领域的版本、目录出发，而是从还读斋的历史出发，从书籍的封面、评语、注释出发，考察还读斋的读者群体及在不同时期、不同主持者下的不同特点。文章以小见大，以还读斋为代表，尝试考察处在朝代更迭、时空变迁中的出版文化的变化。这种宏观的视角，为我们的研究提供了很好的开端和借鉴，也是对本书影响最大之处。

　　传统的出版印刷史关注书籍的印刷和装帧，以书的种类、外形为研究重点；文献学界则更关注书籍的版本、校勘，以书的内容为研究重心。书籍史的研究则突破了以往以具体的某部书为中心的研究方式，将研究对象扩展到与书相关的一切人和社会之中。以中国古代书坊研究为例，作者、编校者、书坊主、刻工、书价、书籍传播的方式和范围、阅读群体，等等，一切围绕书发生的"故事"都被纳入到书籍史的研究范畴之中。我们的研究视野从关注一部书的形式、内容扩展到一部书的"生老病死"和"社会关系"。从这一视角出发，书籍不再是一件件躺在图书馆、博物馆里的毫无生机的陈列品，它们成了一个个拥有鲜活生命的个体，在它们周围发生的诸多生动的故事等我们去探索、解答。

　　书籍史的研究方法和理论帮助我们跳脱"书"的枷锁，用一种社会史、大历史的方法重新了解一部书的故事，重新审视一段历史的发生。本书即在这一视野下展开研究，以期从对一部书、一个书坊发展史的梳理，勾勒出某一时段的大历史和某一时期社会发展的大趋势。

"宏大叙事""帝王将相"是中国史学自肇兴以来的传统。我们习惯通过对重大历史事件、精英人物的研究和分析，探索历史发展规律，把握历史发展趋势。然而，这种探索和把握的基础是对具体历史事实的真正领会。积土方能成山，积水才可成渊。历史亦是由过往的每一天、平凡的每个人演义而成。同时，历史潮流亦不可抗拒，没有哪个人可以逆历史而行，与时俱进、顺风扬帆才能更好地前行。古人云："圣人见微以知萌，见端以知末。"历史是一面三棱镜，任何一面都散射出不同的光芒；历史也是一个魔方体，任何一角的缺失都可能导致认识上的"失之桑榆"。所以，除宏大叙事、以大见大外，我们也可以通过以小见大的方式，通过对看似"细枝末节"的研究，补全隐藏于其后的大历史；通过对小人物、小事件的研究，折射出推动其发展的大趋势。本书的研究对象正是这样一个具有典型性和代表性的"小书坊"——还读斋。

前述提及的魏爱莲的文章具有启发意义，但文章在一些具体细节的论证和引用史料方面还存在一定的争议。对于文章中提出的一些观点，例如汪昂与还读斋的继承，以及还读斋是否迁往苏州等问题还有进一步辨别、考证的必要，尤其是从还读斋刻书变化中反映出的汪淇自身认同感和思想变化等方面的研究还有待进一步深入。

本书在借鉴学界已有研究的基础上,充分利用家谱、档案、刻书等材料,对书坊主汪淇的生平、家族和书坊还读斋的历史、刻书情况展开了深入、细致的研究,以还读斋和汪淇家族的发展历史为切入点,深入探讨 17 世纪江南书坊的发展动态。

全书分明暗两条线进行,以明线——还读斋的历史发展阶段为纲,按书坊创立、发展、兴盛、转型的历史,细致考证每一阶段书坊的刻书情况及经营特点;对比分析还读斋不同历史阶段的不同特征,通过对还读斋的发展历史、刻书变化的分析,最终解决书坊与文人社会的关系问题。如就书坊主而言,他们的刻书活动体现了自身怎样的变化,他们通过何种方式来适应市场和社会环境的变化,人文社会的变化以何种方式呈现在书籍世界之中;同时,这些刻书的选题及内容反映了作者和书坊主怎样的思想倾向,等等。

在探究还读斋的发展历程时,配合暗线——汪淇家族的发展历史。汪淇家族在近一个世纪的时间走过了经商业盐(万历中后期)—贾儒并重(明末清初)—重回儒业(康熙中后期)的变化,还读斋也经历了初创(明末)—渐入佳境(顺治)—转型(康熙前期)—衰落(康熙中叶以后)的发展阶段。从创始书坊主汪淇的家族背景、交游圈、个人经历到继承人汪桓（汪淇长子），再到家族最终退出坊刻业，归回"正轨"（科举仕宦），每个阶段都是书坊主身份、地位和自我认同改变的过程，书坊主家族的每一次转型都深刻影响着书坊的发展走向。而书坊主汪淇家族和书坊还读斋的历史也打上了深深的时代烙印，万历时徽商业盐的风潮、明末清初文人进军坊刻业的风气、明清易代后文人的彷徨与转向、康熙中叶以后江南坊刻业的整体衰落都能从汪淇家族及书坊还读斋的发展中找到映照。

让我们跟随汪氏家族的变迁、汪氏书坊的经营实况，驻足观察 17 世纪江南地区的社会生活，"冷眼旁观"古时的普通大众是如何努力追随时代潮流，顺应历史发展，做出适时选择的。

第一章

草创伊始：
明末还读斋的初创

　　汪淇祖籍徽州府休宁县，是休宁西门汪氏家族的一员。西门汪氏是徽州的大族之一，汪淇祖辈一直定居、生活于此。万历以后，随着徽州经商风气的蔓延，外迁经营盐业的徽州人不断增多，汪淇父亲汪洪信也加入盐商队伍之中，大约于天启年间从休宁迁往杭州，开始了旅杭业盐的生活。汪淇也在此时跟随父亲迁往杭州，开办书坊还读斋，开始了刻书生涯。

　　明末还读斋编刻的书籍共15种，内容上呈现出多而杂的状态，但若将其置于当时的书籍市场之中，可以发现这些书籍的选题皆为当时社会最流行、书坊最畅销的内容。汪淇的"跟风"而刊，表现出极大的市场性和商业性，"跟随潮流"成为此时还读斋编刊刻书的特点之一。

　　除"跟随潮流"外，明末还读斋的刻书还表现出明显的"拿来主义"的特征，即还读斋的刻书多是将市场上的旧本直接拿来翻刻，并没有做一些重编、注释等相关的编辑工作。并且，承担少量刻书编辑任务的皆以汪氏家族成员为主（主要是汪淇及其长子汪桓），家族以外的人员很少参与其中。

# 第一节　徽商后裔与还读斋的初创

## 一、徽州休宁西门汪氏家族

汪姓是徽州大姓之一，素有"新安十姓九汪"的说法。关于汪姓的起源、迁徙来徽的时间，在各种汪氏族谱中的记载虽各不相同，但唐初曾被封为越国公的汪华是汪氏历史上地位最高，也是徽州汪氏各支共同认同的始祖。

汪华为汪僧莹之子，汪僧莹在陈朝被封为海宁令、袭封戴国公，可见从汪华之父开始，汪氏已经居住在江南地区。汪华生于隋开皇六年（586），年少即有将帅之气。青年时，婺州寇匪猖獗，汪华应郡守张某招募，带兵平寇后，实力逐渐壮大，一举拿下歙州、宣州、杭州、睦州、婺州、饶州六地。此时汪华已拥兵十万，建"吴国，称王"。后李渊起兵建唐，汪华于武德四年（621）九月，奉表称臣，同年被"封为歙州刺史，封越国公，食邑三千户"。贞观二年（628），授左卫白渠

府统军，贞观十七年（643）改忠武将军、右卫积福府折冲都
尉，贞观二十三年（649）三月，汪华病逝于长安。[①] 汪华生
九子，其后代已经形成一个庞大的家族，原聚居地无法承受如
此众大的人口压力，后人遂分迁各地。长子汪建和八子汪俊后
人多迁歙县、黟县，七子汪爽后人多迁婺源、休宁、祁门，绩
溪多为九子汪献之后。

宋初，汪爽的第十七世孙汪接因游历讲学从婺源迁往休宁
西门，并定居于此。汪接的五世孙汪汉被封为迪功郎。[②] 汪汉
有七子（生九子，二子早殇），六人皆为当朝官员，且多显贵。
汪汉以后，汪氏遂在休宁西门落地生根、开枝散叶，成为具有
七大分支的当地大宗族。[③] 七房从宋初到清中期以前，一直聚
族而居，保持着较为密切的联系，有统一纂修的族谱［如嘉靖
六年（1527）刊《休宁西门汪氏族谱》、顺治十年（1653）刊

① 汪华事迹参见程敏政《新安文献志》卷 61《唐越国汪公华行状》，黄山书
　社 2004 年版，第 1455—1458 页。
② 参见戴廷明、程尚宽等撰，朱万曙等点校《新安名族志》，黄山书社
　2004 年版，第 200 页。
③ 汪汉以后休宁西门汪氏形成以七子官职命名的七房分支：长子文彬未入
　仕，子孙为大公房；次子文义为承事郎、饶州路金判，子孙为金判房；
　五子端礼为大理评事，子孙为评事房；六子端智为将仕郎，子孙为将仕
　房；七子端信为集贤殿学士，子孙为学士房；八子端仁为端明殿修撰，
　子孙为修撰房；九子体仁为承奉郎、竹山县尹，子孙为承奉房。参见戴
　廷明、程尚宽等撰，朱万曙等点校《新安名族志》，黄山书社 2004 年版，
　第 200 页。

《休宁西门汪氏宗谱》、乾隆五十二年（1787）刊《汪氏通宗世谱》等］，表现出比较强烈的宗族认同感，逐渐发展成为独立、稳定的西门汪氏宗族，也成为当地的大姓之一。

休宁西门汪氏自宋初汪接从婺源迁往休宁西门，尤其是汪汉以后，在西门落地生根，逐渐兴盛起来。汪接本人即为儒学之士，且"才干超卓，从游者甚众"①。宋元时期，汪氏子孙受祖辈影响，业儒之人较多。据统计，宋元至明前期，西门汪氏七房中以儒显者甚多，如大公房、七学士房、八修撰房均有十余人，最显著的是九承奉房，多达四十余人。②如汪莘（1156—1227），字叔耕，号方壶居士，为金判房六十八世，深受朱熹重视，并被邀请到书院讲经，是新安理学的代表人物之一。又如汪一龙为紫阳书院山长、汪士逊（汪淇十二世祖）为南轩书院山长、汪安甫（汪士逊之子）为元代黟县直学，他们著书立说，热心讲学，对新安理学的形成、发展起到了重要的促进作用。

可以看出宋元至明前期，汪氏宗族的发展主要以走儒学道路为主。到明中叶，尤其是成化至万历年间是徽商迅速发展的

---

① 道光《休宁县志》卷二十《氏族志·始迁诸贤》，载《中国地方志集成·安徽府县志辑》第 52 册，江苏古籍出版社等 1998 年版，第 543 页。
② 数字数据参见魏梅《社会变迁与宗族扩展——明清时期休宁西门汪氏宗族研究》，博士学位论文，安徽大学，2009 年。

重要时期。徽州人从商的风气渐盛，尤以介入两淮盐业者为最，西门汪氏也不例外。根据汪氏宗谱记载，万历以来族内"治经生业者二百有奇，游乡校者四十有奇，入太学者七十有奇"①。随着徽商对两淮盐业的经营渐入佳境，汪氏宗族的相当一部分人都开始经营商业。其中以汪尚权一脉最为明显。汪尚权最初从事冶铁行业，汪尚权之子汪早、汪昱从冶铁业转向盐业，获得大量财富。汪昱之子汪允贤、汪允让继承父业，在淮南从事盐业经营，二十年间家资又多增数倍。其后代汪宗翰、汪养儒等也皆承袭父业，厕身盐业，获得巨额资金，甚至富比王侯。②

明中叶以来在徽商迅速发展的影响下，"业盐"也成为这一时期休宁西门汪氏的主要选择。西门汪氏业盐者大都世代相袭、兄弟相帮，形成实力雄厚的盐帮，行商于全国各地。汪淇之父汪洪信在这一风气的影响下也加入了徽商盐帮的队伍。

汪洪信，字时若，号同阳，是九承奉房第八十一世孙。③

---

① 顺治《休宁西门汪氏宗谱》卷5《西门汪忠烈公祠记》，顺治十年（1653）刊本。
② 参见顺治《休宁西门汪氏宗谱》卷12《太学养儒公行略》，顺治十年（1653）刊本。
③ 参见顺治《休宁西门汪氏宗谱》卷12《九承奉房世系》，顺治十年（1653）刊本；乾隆《汪氏通宗世谱》卷86，乾隆五十二年（1787）刊本。

万历三十二年（1604），大概在经营盐业不久，汪洪信的独子汪淇在徽州休宁西门汪氏大家族中出生。① 徽商历来有"贾而好儒"的传统，大多非常重视对子孙的文化教育和培养，有时即使明知经商比科举更能令生活无忧、致腰缠万贯，但仍希望子孙能在科举仕宦上有所建树，以改变家族"四民之末"的社会地位。在嘉、万间，西门汪氏大家族成员纷纷向两淮盐业进军时，汪淇的祖先似乎无心于商业经营，汪淇高祖汪长就不慕虚名，醉心于琴棋书画。深受家族氛围熏陶的汪洪信对独子汪淇的期待更有过之而无不及。汪淇"童年多病，以寡兄弟，（父母）二人绝爱怜之。自诵读外，不许嬉游"②。汪洪信夫妇二人对汪淇自童年起便爱护异常、家教严格，汪淇每日除诵读诗

---

① 关于汪淇的生年，我们可以从汪淇自撰的《证道碎事》和顺治《休宁西门汪氏宗谱》等材料中找到确切记载。《证道碎事》载："忆予年十六时，乃神宗己未。"（汪淇：《证道碎事》第 4 册，《吕祖全传》，载《古本小说集成》第 1 辑第 32 册，上海古籍出版社 1994 年版，第 82 页）神宗己未年为万历四十七年（1619）。古代人一般按照虚岁计算年龄，按此推算，汪淇应生于万历三十二年（1604）。另外在《尺牍新语广编》凡例中又有"淇逾甲五年，守庚十载"，落款为"康熙七年夏日"，即康熙七年（1668）汪淇虚岁六十五岁，从中也可推算汪淇生于万历三十二年。（汪淇：《尺牍新语广编》凡例，康熙七年刊本）顺治《休宁西门汪氏宗谱》中也可以得到证实："汪淇……万历甲辰（万历三十二年）生，娶朱氏。"（顺治《休宁西门汪氏宗谱》卷 12《九承奉房世系》，顺治十年刊本）从这三条记载中，我们可以肯定，汪淇生于万历甲辰年（万历三十二年，1604）。

② 汪淇：《憺漪子自纪小引》，载《吕祖全传》，康熙元年（1662）蜩寄刊本。

书外，并不允许外出游嬉。但往往事与愿违，虽有严父严母的监督，汪淇在举业上却毫无建树，甚至在科场上"升沉废放"几近四十年也没有取得任何功名。或许自感儿子汪淇很难在徽州达成己愿——通过科举崭露头角，也或许受徽商介入两淮盐业后外迁风潮的影响，天启末年，汪洪信做出了一个足以改变小家庭命运的决定——离开世代居住的休宁西门，迁往经济、文化更发达的杭州，另谋生路。

　　做出举家外迁的决定在中国古代安土重迁思想的影响下并不容易。大多数徽商虽自身外出经营盐业，其妻儿却多留于家乡，仍与大家族一起生活，经营的资金多回流于衣锦还乡后的购置土地和家产。汪洪信的决定与之不同，他们合家迁出了祖籍徽州，到杭州重立根基。汪父的决定、举家的迁徙或许只是汪洪信小家庭生活地点的改变，但对汪淇来说却是人生的重要转折。迁到杭州以后，汪淇很快投入了新的生活，汪淇的新生、还读斋的新生亦将自此拉开序幕。

## 二、明中后期社会的变迁与还读斋的创立

　　为何在科举道路上"屡败屡战"的汪淇在迁杭后才着手开办书坊？杭州的哪些社会氛围促使汪淇做出了这样的决定？此时江南地区坊刻业的发展全貌，乃至当时整个社会的发展大势

正是说明个中原因的最好注脚。

汪氏迁杭的 17 世纪正值江南地区坊刻业飞速发展的时期。万历以后，建阳书坊经历了短暂的极盛以后一蹶不振，迅速走向衰落；与之相反，江南地区的书坊却在万历中后期崛起，并一直保持领先地位。从两地书坊的发展史中我们不难发现，建阳书坊之所以走向衰落与其低劣的刻书质量有极大关系。而刻书质量的低劣很大程度上与参与刻书人员较低的文化素养密切相关。建阳书坊的很多刻书皆由书坊主自己编辑成书，很多书坊主也自著小说，但这些书坊主的文化素养普遍不高，这些书籍也多是拼凑、缀合之作，思想性和文学价值皆有限。而这一问题在江南地区的书坊中得到了很好的解决——江南书坊发展到极盛的 17 世纪正是文人参与刻书的"涨潮期"，尤其是江南地区的文人对著书、评点、刻书都倾注了极大的热情。而这些热情的出现与明中后期社会政治、经济、文化的巨大变迁有着隐秘而深刻的联系。

首先，从政治上看，明中后期科举竞争日益激烈，文人仕进之路壅塞，导致科举不第的下层文人越来越多。

与宋元时期不同，明代出现了众多有科举头衔却无实际官衔的文人群体。在宋代科举体制下，通过解试的举子、贡生，仅获得了参加下一级别考试——省试的权利，除此之外与普通百姓没有任何不同之处；省试通过者，再参加殿试，只有通过殿试，才可授官，其余无任何特权。明代的科举制度则不同。明代的科举考试分为乡试、会试、殿试三等。具有参加乡试资格的必须是国子监或府州县学生员，且三次学业考试成绩合格者才能参加，因此成为官学学生，即生员（秀才）是进入科举仕途的第一步。成为生员，不仅获得了参加科举考试的资格，更得到了相应的政治、经济特权：衣着上，考中秀才者，可戴方巾一顶，以显示地位比一般百姓高出一等；政治上，秀才见县官可免跪，官府不能随意对其用刑，普通百姓若见了秀才也要尊称一声"老爷"；经济上，秀才可免徭役。对此顾炎武曾记载道："一得为此（秀才），则免于编氓之役，不受侵于里胥，齿于衣冠，得于礼见官长，而无笞捶之辱。"[1] 这一系列特权，使官学生员获得了普通百姓之上的地位，也受到社会各阶层的重视。乡间父老"见一秀才至则敛容息口，唯秀才之容止是观，唯秀才之言语是听。秀才行于市，两巷人无不注目视之，曰此某斋长也"[2]。所以，明代只要"有本事进了学，中了举人、进士，即刻就荣宗耀祖"[3]。一来因为生员本身获得了一些政治特权，二来因为生员获得了进入科举仕途的权利，今日

---

① 顾炎武：《亭林诗文集》卷1《生员论》，载《顾炎武全集》，上海古籍出版社2011年版，第68页。

② 海瑞：《海瑞集》上编《规士文》，中华书局1981年重印本，第19页。

③ 吴敬梓著，陈美林批点：《陈批儒林外史》第十五回，商务印书馆2014年版，第202页。

的生员，可能就是明天的台阁辅相。因此，不管是生员自身，还是社会舆论，都将"秀才"视为一个高于普通百姓的阶层。这些内部和外部因素，促使生员从市井百姓中分化出来，成为明清时期独有的社会群体。

成为生员后，科举自然是头等大事。明清时期，生员除享受一定的津贴（即廪膳）和一些政治特权外，还没有授官的资格。生员只有通过乡试，考中举人，才获得做官和参加下一级考试的资格。然而，在众多生员中脱颖而出，通过乡试成为举人则是一件十分困难的事情。明末顾公燮曾说："乡试难而会试易。……俗有'金举人，银进士'之谣。"①明代乡试的录取率不同时期稍有区别，永乐年间"乡试的录取率大约为10%。……（嘉靖年间）乡试的录取率应该是1/25（4%）。……会试录取率大约在1/10左右"②。刘海峰认为："科举系统中，竞争最为激烈的一级考试是乡试。"③郭培贵指出："乡试录取率，明初一般在10%上下；成、弘间定为5.9%；嘉靖末年又

---

① 顾公燮：《丹午笔记》"金举人银进士条"，江苏古籍出版社1999年版，第68页。

② 吴宣德：《中国教育制度通史》（第四卷），山东教育出版社2000年版，第476—485页。

③ 刘海峰：《科举学导论》，华中师范大学出版社2005年版，第142页。

降为 3.3%；而实际录取率又低于此。"[1] 由此可见，在成为生员后，中举实在是人生的一个重大转折点，也就出现了小说《儒林外史》中"范进中举"此类看似荒诞却真实的故事。除此之外，宣德以后又定增广生员和附学生员之名目，形成了大量的生员群体。万历年间，官署之位的长期空悬，更加剧了生员壅塞的现象。除获得功名却无官可做的生员外，社会上还存在着更多没有进学的童生和未获得任何功名的读书人。

明中后期，随着文人数量的激增和科举仕进的日渐壅塞，如何维持生计成为每个文人不能回避的现实问题。这些曾读圣贤书、怀科举梦的读书人，与社会上的其他三类人（农、工、商）至少在思想和心理上已有了明显区别。这些人以读书为业，却又很难继续在科举道路上获得成功，谋得一官半职。他们既不想重回农耕之路，又无法平步青云，务农、从工、经商成为"本业治生"外无可奈何的"异业治生"的选择，以本业——文字治生仍是多数人理想的选择。但明中后期"士"

---

[1]　郭培贵：《明代科举各级考试的规模及其录取率》，《史学月刊》2006 年第 12 期。

这一阶层的贫困也是有目共睹的事实①，"义"与"利"的矛盾、自我价值实现与物质生活需要的矛盾在明末文人阶层中更加突出。随着科举的壅塞、士风的变化、商业的发展，文人传统的治生倾向也发生了一些改变，"弃儒经商"成为明中晚期文人的一条新的社会出路，以至明末归有光曾感叹"古者四民异业，至于后世而士与农商常相混"②。这些文人虽经商谋生，但大多数还都留有一份文人的情怀与情结，即使进入到工商业领域，也不愿放弃其文人身份，于是出现了"以文营商"的社会潮流。

所谓"'以文营商'则是指士人将自身的知识与文化技能，通过与市场交换的方式来满足自身的生存需求。这在中国传统社会中，本是士人一种较为常见的治生方式，也就是我们常说的'卖文博食'"③。随着明中后期商品经济的发展、市民阶层的兴起，一部分文人开始走向以创作、编刻市民文学为主的谋生

① 参见刘晓东《"地位相悖"与"身份悬浮"——生存状态视角下的明代士人社会地位刍议》，《社会科学战线》2003年第2期；刘晓东《世俗人生：儒家经典生活的窘境与晚明士人社会角色的转化》，《西南师范大学学报（人文社会科学版）》2001年第5期；陈宝良《明代儒学生员与地方社会》，中国社会科学出版社2005年版。

② 归有光：《震川先生集》卷13《白庵程翁八十寿序》，载《景印文渊阁四库全书》第1289册，台湾商务印书馆2008年版，第1289页。

③ 刘晓东：《"弃儒从商"与"以文营商"——晚明士人生计模式的转换及其评析》，《社会科学辑刊》2011年第3期。

之路。其中代笔售文、为各色人等搦管操觚的文人为数众多，有的受人请托为人撰文，有的则直接为书坊主所用，成为"职业编辑群体"。他们通过刻书、社交维持其文人身份，也通过自身的"文人光环"吸引更多大众读者，李渔、陈继儒等人便是各阶层文人"以文营商"的代表。除此之外，一些家境殷实的文人，选择了开办书坊、编印刊书，这既是谋生手段，又可留名于后世，可谓两全其美。从事出版、刻书，尤其是与市民阶层需求息息相关的坊刻业成为一部分文人治生的新途径之一。

其次，明朝中后期，商品经济的发展带来了社会生活和社会心理的双重改变。

明嘉靖以后，随着社会生产力的发展，手工业和商业也逐渐发展起来，出现了许多新的工商业市镇，如丝织业中心苏州，尤其是阊门一带"乃舟车辐辏之所"[1]，十分繁荣。阊门正是苏州，乃至江南地区坊刻业最为发达的地区，书坊鳞次栉比。南京的商业也十分发达，"自大中桥而西，飝淮青桥达于三山街、斗门桥以西……百货聚焉"[2]，三山街也正是南京书坊的主要聚集地。杭州"故东南一大都会也，内外衢巷绵亘数十

---

① 冯梦龙：《警世通言》卷二六《唐解元一笑姻缘》，华夏出版社 2013 年版，第 271 页。
② 顾起元：《客座赘语》，中华书局 1987 年版，第 26 页。

里，四通五达……民萌繁庶，物产浩穰"[①]。商品经济的发展为坊刻业的繁荣提供了良好的经济条件。

商品经济发展带来的商业化是明中后期，尤其是晚明以来的突出变化之一。商业化不仅影响到了市民阶层，对身处其中的文人也产生了深远影响，尤以社会风气和文人心态的变化最为突出。身为四民之首的士人对商业和商人的态度有所改善，文人与富商大贾的联系日渐密切，董其昌、钱谦益等社会名流成为汪汝谦等盐商大贾的座上嘉宾，常有宴饮和书信往来。一些商贾也十分喜好文饰，不仅自己著书，请社会名流为之作序写跋，还热衷于刻书事业。如，徽商汪廷讷的环翠堂，所刻《环翠堂精订五种曲》，刻画精美，可谓精品；徽商吴勉学与其子吴中珩一起刻书达三百余种，刻书质量上乘，内容广泛，流传甚广。

科举和治生的压力、心态的变化促使越来越多的文人，尤其是更多高层次的文人在明中后期加入坊刻队伍之中。江南地区自宋代以来便是文人墨客聚集、举业最为发达的地区，文人投身书坊的现象也表现得更为明显，17世纪绝大多数有文人参与和文人开办的书坊都集中在南京、苏州、杭州一带。因

---

① 万历《杭州府志》卷三十四《衢巷》，载《中国方志丛书》，台湾成文出版社1983年版，第2516页。

此，经济、文化积累都落后于人文渊薮的江南地区的建阳，其书坊在短暂极盛后，最终如昙花般，一现凋零；而江南地区的书坊则凭借地域经济、文化优势迅速崛起，一跃成为全国坊刻业中心。

徽商后裔、落第文人汪淇正是在这样的背景下，于天启末年随父从世代居住的休宁西门汪氏大家族中迁出来到杭州，加入了坊刻业的大潮之中，在杭州开办书坊还读斋，开始从事刻书业。

## 三、汪氏编刊的第一部书与它的"盗版"书的出现

汪淇来到杭州确定了以书坊为业后着手刊刻的第一部书，即《新镌士商要览》。此书是一部商人书，包括行商所经主要水陆路程、行商注意事项等内容。汪淇首先选择刊刻此书，究其原因，大概与其徽商后裔的身份不无关系。或许汪淇曾跟随父亲四处经营"漂泊"，记录下了各种路线和沿途的风景物产；或许汪父经常向汪淇讲述商路中的奇闻异事和行商须知，徽商后裔的身份背景促成了《新镌士商要览》一书作为汪淇的"首秀"梓行问世。

### 1.《新镌士商要览》

所谓"新镌"就是最新刻印之意，告诉读者此书是最新修订出版的，意在吸引读者。《新镌士商要览》分为三卷，卷一是江南的水陆路程，卷二前半部分是江北的水陆路程，这两部分统称为《天下路程图引》；卷二后半部分题为《天时杂占》，分论风、论雷、论雨、论日、论月、论星、论雪、论节令、论气候、论朔望干支、论山川地土、论草水鱼鸟等十二小部；卷三由《士商规略》《士商十要》和《买卖机关》三篇小文组成。①

有些学者有时也将《新镌士商要览》(或《士商要览》) 称之为《天下路程图引》，那么二者是否为同一本书呢？若是，为何会出现两种不同的书名？若不是，到底哪一种称呼是正确的呢？

杨正泰在《天下水陆路程 天下路程图引 客商一览醒迷》一书中解释道："《天下路程图引》原载于《士商要览》，与程春宇《士商类要》水陆路引部分的内容相同。其源流关

---

① 此处参见［日］寺田隆信《山西商人研究》，张正明、道丰等译，山西人民出版社1986年版，第286页。另外，［日］山根幸夫在《明代"路程"书考》一文中将《天下路程图引》作为一卷，《天时杂占》为第二卷，(参见张中政主编《明史论文集》，黄山书社1994年版)。受条件所限，笔者未曾亲到日本内阁文库查阅，所以此处暂且依照寺田隆信的研究，更待学者及时批评指正。

系，有待研究，《天下路程图引》可能是《士商类要》水陆路引部分的辑本。"① 此处杨正泰先生对《天下路程图引》与《士商要览》《士商类要》关系的解释并不完全正确。《天下路程图引》确实并非一部完整的书，而仅是某书的一部分，但这部书不是程春宇《士商类要》部分内容的辑本，而是汪淇《士商要览》的一部分。从上述《新镌士商要览》的分卷中，我们可以清晰地看到，目前常见的《天下路程图引》并不是《新镌士商要览》的全部内容，而是《士商要览》卷一和卷二的前半部分。

我们之所以会产生《天下路程图引》与《士商要览》为同一本书的认识偏差，大概与《士商要览》的馆藏地及藏本情况有关。目前，《士商要览》在国内仅见一本，藏于上海图书馆。此本为残本，仅残存了《天下路程图引》的内容，杨正泰先生将其与其他两种路程书一起编入《天下水陆路程　天下路程图引　客商一览醒迷》一书中。由此，有些学者在利用时可能就产生了认识的偏差：将《士商要览》和《天下路程图引》混为一谈，误认为《天下路程图引》即为《士商要览》的全部。另一部全本《士商要览》现藏于日本内阁文库，此本为三卷本，

① 杨正泰校注：《天下水陆路程　天下路程图引　客商一览醒迷》，山西人民出版社 1992 年版，前言第 4 页。

包括《天下路程图引》《天时杂占》《士商规略》等内容。所以，实际上《新镌士商要览》与《天下路程图引》的关系是前者包含后者，后者仅是前者的一部分，故不能以《天下路程图引》代替《士商要览》之名。

《天下路程图引》中详细记载了以徽州府为起点，以江南地区为中心的水陆路引一百余条，并将路途中可能遇到的名胜古迹、物产风情、地理地貌、交通条件、气候环境、客商纳税等情况一一进行说明：有些注明路途中的驿站，如从杭州到福建的路途中可能会遇到叶坊驿、太平驿、大横驿、黄田驿、水口驿、茶阳驿、白沙驿等驿站；有些标注古迹遗址，如景州为"汉仲舒故里"，太子坡有"九曲城。复真观后有太子修道处，观前有化钱炉并拜香台，可登台朝拜金殿"[①]；有些标注纳税、雇佣车马的价格，如到北京后，"上京货物，预将临清、河西务红单赴户部投报。除临清税过十分之二，每钱一文，连景府条钱、船钱，共纳六厘之数，加耗使用俱在内。外门摊每车五分，骡驮三分，崇文门太监收"[②]，将到北京后须纳税的数额、雇佣车马的价格都标注清楚；有些写明旅途中的注意事项，如

---

① 杨正泰校注:《天下水陆路程 天下路程图引 客商一览醒迷》,山西人民出版社 1992 年版, 第 364 页。
② 杨正泰校注:《天下水陆路程 天下路程图引 客商一览醒迷》,山西人民出版社 1992 年版, 第 356 页。

江苏平望，"人家少而水荡多，荒年勿往，早晚勿行"，因为此处"小桥多而纤路少，纵遇顺风，蓬桅展舒费力。……凶年多盗，宜防"[1]，告诫行旅之人此处难以撑船，且凶年多盗贼，应当小心防范。

考虑到使用人群多为商旅之人，《天下路程图引》对路途可能遇到的各种情况都加以详细说明；也重点突出实用性这一特点，在刊刻时将书的开本大小设计成便于携带的巾箱本。

还读斋刻书最常见的是普通大小的开本，如《汉书纂》，高 21.5 厘米，宽 11.7 厘米；《绾春园传奇》，高 20.3 厘米，宽 13.4 厘米。但在刻《新镌士商要览》时，却用了类似现在 64 开《新华字典》大小的小开本，也就是巾箱本的大小。

为何汪淇会选择不同以往的小开本来刊印此书呢？这还要从其刻书内容和预期读者群体来分析。《新镌士商要览》主要使用群体是四处行走的商人、游客或驿传、递送的差役。既然是旅行之人所需，携带的行李自然是越小越方便。

---

① 杨正泰校注：《天下水陆路程 天下路程图引 客商一览醒迷》，山西人民出版社 1992 年版，第 375 页。

图 1-1 《永乐大典》封面

\* 古代书籍（以宋以来的雕版书为主）根据书开本的大小可粗略地分为大开本、
普通开本和巾箱本三种类型。书籍开本的选择一般主要以书的具体内容和读者
群体为依据。一般皇家用书的开本都很大，如《永乐大典》高 50.3 厘米，宽
30 厘米（比现在两张 A4 纸还要大一些），皇室用书不计成本，开本宏大，能够
体现皇家的威严和气魄。其他的大部分书籍，尤其是坊刻书都为普通开本，"明
清大多数书籍的开本高度在 23.5 厘米至 27.5 厘米之间，宽度在 14 厘米至 18
厘米之间"①，大致相当于今天 16 开图书大小。与皇家刻书相比，普通开本的书
籍更适合阅读，同时造价也较低。另外，还有一种小开本书，一般称之为"巾
箱本"或"袖珍本"。"巾箱"即古人放置头巾等随身物品的小箱子，"巾箱本"
顾名思义就是可以放在巾箱中的小开本书籍，方便携带，甚至有些专为科场舞
弊而刊印。

---

① 黄琴霞：《明清书籍版面艺术形式的美学特征》，《华南理工大学学报（社
会科学版）》2014 年第 4 期。

在汪淇为此书所作《天下路程图引叙》中讲道："（此书）行者箧之，以为针车之宝可耳。"[1]所谓大者为"箱"，小者为"箧"。书坊主为迎合商人的需求，将商业书籍做成巾箱本，使之可以放在商人的行李箱中，更好携带，以便随时查阅。如此一来，书籍的实用性大大增加。其他书坊刊刻的同一类型的书，如《水陆路程》也在序中极力突出其为袖珍本这一点——"余暇日搜集数家，究其异同，反复校雠，刻成袖珍，便于行李收携"[2]。

由此可见，汪淇所编《新镌士商要览》可算作商旅、驿传人员便于携带的必备导航资料。

① 汪淇：《天下路程图引叙》，载汪琪辑《新镌士商要览》，天启六年（1626）刊本。

② 转引自张海英《明清商业书的刊印与流布——以书籍史／阅读史为视角》，载唐力行主编《江南社会历史评论》第8期，商务印书馆2016年版，第40页。张海英文章中将壮游子所作书名写作《天下水陆路程》，并未注明出处。陈学文论文中有注释为："转引自壮游子：《水陆路程》卷七，万历四十五年刻本，日本尊经阁藏本。由复旦大学杨正泰先生复印赠送给我……"（参见陈学文《明清时期江南的商品流通与水运业的发展——从日用类书中商书的有关记载来研究明清江南的商品经济》，载万斌主编《我们与时代同行——浙江省社会科学院论文精选（1991—1995）》，杭州出版社2005年版，第196页）陈学文所引用的《水陆路程》有藏书来源，更为可信。所以，本文在此根据陈学文文章，将壮游子所作书名改为《水陆路程》。

## 2. 汪氏《天下路程图引》与黄氏《一统路程图记》

现存有关明代水陆路程的书籍主要有徽商黄汴编《一统路程图记》、汪淇编《新锲士商要览》中的《天下路程图引》、徽商程春宇编《士商类要》、壮游子编《水陆路程》等几种，其中黄氏《一统路程图记》和汪氏《天下路程图引》最为著名。汪淇所编的《天下路程图引》在水陆路程的编写上与黄氏《一统路程图记》一书有明显不同。两者有何异同？产生差异的原因又有哪些呢？

黄汴所编《一统路程图记》共八卷，又名《天下水陆路程》，以两京（北京、南京）为中心和发端，先写两京至十三省的水陆路程，再辐射至江北、江南水陆路程。汪淇所编《天下路程图引》则以徽州府为中心和开始，先写徽州府至北京、杭州等地水陆路程，再写江南各府（杭州、苏州、南京等）至各地的水陆路程，兼及湖广、福建、广东等少量路程，最后安排北京至各地的水陆路程；其中，将江南水陆置于前五十三条，江北水陆放于后四十七条。从两书作者对水陆路程顺序的排列中我们可以看到，在黄汴与汪淇二人的认知中，天下水陆路程的中心和编写重点是不同的：黄汴以两京为起点和中心，辐射至江北、江南及各边路地区，内容全面，覆盖面积广；汪淇则以徽州为起点和中心，以江南地区为主，兼及北京和其他地区，涉及面有限，但列出的水陆路程内容相对详细。例如，黄汴仅将三条苏州府相关水陆路程编入书中, 而汪淇所编《天下路程图引》则涉及七条苏州府水陆路程。

这种编写内容、顺序排列的不同与二人的家族和个人经历或许有一定的关系。黄汴, 嘉靖年间徽州约山黄氏家族成员。约山黄氏家族在徽州, 尤其是在休宁可称得上是一个赫赫有名的家族, 是"一门贵盛, 甲于一时"的"戚畹之家", 曾在洪熙至成化年间多次与皇室联姻, 家族中多人被选为王府王妃, 甚至帝妃, 与其他高官显贵联姻的宗族成员也大有人在。约山黄氏便在这样的政治庇佑中开始介入两淮盐业, 成为"明代盐业经营中典型的势豪占中"[①]。黄汴生于这样的贵胄之家, 且与诸黄氏王妃、驸马等皆在五服之内, 关系比较亲密。黄汴自小便耳濡目染, 从事商业经营后, 从徽州迁往苏州, "与二京十三省暨边方商贾贸易", 由此"得程图数家", 又经过二十七年的反复校勘, 最终编成《一统路程图记》。这样的眼界, 以及与两京十三省商人贸易的经历是汪淇不能比拟的。汪淇虽也属徽州大族——休宁西门汪氏成员, 但其直系祖辈并无官爵显赫的官员或财赀丰厚的盐商, 其父虽经营盐业, 却也并非富商大贾, 汪淇的经历也仅限于徽州、江南一带。

---

① 黄汴家族情况, 参见冯剑辉《明代约山黄氏徽商与〈一统路程图记〉研究》, 载《第二届"徽州文书与中国史研究学术研讨会"论文集》, 2018年3月。

由此可见，黄汴和汪淇对水陆路程的编写与自身的视野和经历有很大关系。黄汴是戚畹、富商之家，又与多地的商人进行过贸易，眼界更广，其编著的《一统路程图记》以两京为中心，内容更丰富，路线更多样，覆盖范围更大；汪淇虽为商贾之家，但祖辈并无显赫的官员和富商大贾，家族经营、活动区域多在江南地区，其编著的《天下路程图引》则以江南为中心，内容较少，却更加细腻，尤其是对徽州府及杭州、苏州等江南各府的路线及沿途物产、风俗、古迹的记载均超过了《一统路程图记》。正如杨正泰先生所讲，两书并无优劣之分，两书"辑录的路引多不相同，能够相互补充，有些可相互验证"①。

### 3.《新镌士商要览》与《士商类要》

明代商书刊印的流行约在万历以后，从内容上看主要有三种类型：一是行商经验的总结，如建阳书坊主余象斗刊《三台万用正宗》中的《商旅门》（万历间刊本）；一是水陆路程

---

① 杨正泰校注：《天下水陆路程　天下路程图引　客商一览醒迷》，山西人民出版社1992年版，前言第3—4页。

的规划，如黄汴的《一统路程图记》①专记天下水陆路程；一
是上述两种内容的结合，如汪淇的《新镌士商要览》、徽商程
春宇的《士商类要》[ 天启六年（1626）文林阁唐锦池刊本 ]、
晋商李晋德的《新刻客商一览醒迷天下水陆路程》[ 崇祯八年
（1635）刊本 ]，既有水陆路程，又有客商规鉴。这几种书看
似不同，实则内容都极为相似，相互之间应该有一定的渊源关
系，甚至某一本书极可能是直接拼凑"借鉴"而来，是他书的
"盗版产品"。

就目前可以掌握的资料来看，黄汴的《一统路程图记》应
该是自编的，李晋德《新刻客商一览醒迷天下水陆路程》一书
中的《天下水陆路程》部分应该是直接摘自黄汴之书，稍加校
订后即刊刻出版。汪淇《士商要览》一书中的《天下路程图
引》应该是自编的，卷三中的《士商规略》一部分内容应该是
直接摘自《三台万用正宗·商旅门》中的《客商规鉴论》，在
此不作赘述。下文着重分析刊于同年，且内容极为相似的汪淇
《士商要览》和程春宇《士商类要》二书（为便于区分，下文

---

① 有些文章列举的专记水陆路程的商书还有壮游子的《水陆路程》，此书内
容实应该是直接来源于黄汴的《一统路程图记》一书，仅附加了"壮游
子"的题识，某些内容稍加校订。参见 [ 日 ] 斯波义信《〈新刻客商一览
醒迷天下水陆路程〉略论》，载云南大学中国经济史研究所、云南大学历
史系编《李埏教授九十华诞纪念文集》，云南大学出版社 2003 年版，第
342 页。

将汪淇所编《士商要览》简称"汪书"，程春宇所编《士商类要》简称"程书"）。

程春宇所编《士商类要》分为四卷，卷一及卷二上半部分为天下水陆路程，卷二后半部分为《客商规略》《为客十要》《买卖机关》《贸易赋》《经营说》等与经商有关的内容，卷三、卷四内容比较庞杂，如十三省所辖府州县情况、王府分布、帝王源流、乾坤定位、饮食杂记等。从内容来看，程书比汪书要丰富得多，涉及面也很广，但通过仔细对读我们可以发现程书几乎囊括了汪书的全部内容①，即汪书《天下路程图引》（程书无题名）和整个卷三内容②。由于两书几乎刊于同一时期，且大部分内容都相同，让人不禁怀疑两书之间的渊源关系。若说其中一书没有"借鉴"另一本书是不能令人信服，也是不合常理的，那么，究竟是汪淇援引了程书的内容，还是程书引用了汪书呢？单从二书包含内容的广度来看，似乎是汪淇将程春宇《士商类要》一书中的部分内容直接辑录出来，单独成书。但经过研究，我们发现事实可能并非如此。

首先，从两书的序来看。两书在最前面都有时人所作序

---

① 受条件所限，暂时无法查阅汪书中《天时杂占》的部分内容，此处指除《天时杂占》外的部分。

② 卷三部分题名两书有所不同，汪书作《士商规略》，程书作《客商规略》；汪书作《士商十要》，程书作《为客十要》；《买卖机关》两书题名相同。

言，金声为汪书作《士商要览叙》，方一桂为程书作《士商类要叙》，为便于对比，现将两叙全文抄录于下①。

金声《士商要览叙》②：

> 岁丙寅，余自楚中回新安，经白岳黄山，抚景兴德，令人引千古几凭栏之慨。既而憺漪子出《要览》一编，种种集自婆心，余因深叹赏曰："人世虚化，转眼同归于尽，譬之轻尘栖弱草耳。惟是著述便人，庶分三不朽片席。"观斯集，虽非紫府列三星刻石之文，青丘发六甲飞灵之字，然皆为士商切需，政犹之布帛菽粟，利用甚宏，奚羡夫火浣、冰茧、龙鲊、肉芝之为珍异也。至于舟车幅辏之处、货物生殖之区，以及天时之占验、事物之推求，旁搜广摭，不啻如铁网取珊瑚，靡以漏失。而旅客携之以游都邑，即姬公之指南、魏生之宝母在是。又奚事停骖问渡，而难以取富贵于天下也。急请命之梓以寓内云。

天启丙寅岁鸣蜩月天都金声正希氏题于凤山别业

方一桂《士商类要叙》③：

---

① 以下两段文字引文中加着重号的文字为两篇文章的相同之处。
② 金声：《士商要览叙》，载汪淇《新镌士商要览》，天启六年（1626）刊本。
③ 方一桂：《士商类要叙》，载杨正泰《明代驿站考》（增订本），上海古籍出版社2006年版，第299页。

暮春游艺金陵，问烟雨于鸡鸣山阁，适春宇程君远访话旧，沽酒相觞，抚景兴怀，真令人起千古几凭栏之慨。既而出奚囊相示，种种集自婆心，余因进蕉叶数四，而深叹赏曰："人世虚华，转盼同归于尽，譬之轻尘栖弱草耳。唯是著述立言，庶分三不朽片席。君今所撰者，虽非紫府列三星刻石之文，青丘发六甲飞灵之字，然皆为士商切要，政犹之布帛菽粟，利用甚宏，奚羡夫火浣、冰蚕、龙鲊、肉芝之为珍异也。"盖君遭险衅，蚤失所天，甫成童而服贾，车尘马迹，几遍中原，故土俗之淳漓，山河之险易，舟车辐辏之处，货物生殖之区，皆其目中所阅历；至于天文、世代、古迹、遗墟，又悉心推测访求，或得诸故老之传闻，或按残篇之纪载，旁搜广撷，不啻若铁网取珊瑚，靡所漏佚。今虽倦游税驾，息影风尘，然一腔觉世深情，郁而不吐，则无以写照送怀，于是取生平睹记，总汇成编。余以斯集行，而旅客携之以游都邑，即姬公之指南、魏生之宝母在是，又奚事停骖问渡，而难取素封之富者乎！愿亟命之剞劂氏，以悬之国门，慎毋效中郎帐底秘《论衡》，淮南枕中藏鸿宝可也。程君益掀髯大喜，复进蕉叶酢余，曰："成吾志者，方生也。乞为引其端，使斯集不至覆酱瓿甚幸。"余故托麹生之兴以应之。

天启丙寅岁孟秋朔日，古歙方一桂丹实氏题于秣陵
鸡鸣山凭虚阁。

对比之下我们可以发现，两篇叙文有大量相同的文字，两
者一定存在某种渊源关系。

首先，从署名时间来看，金声叙（以下简称金叙）作于
"鸣蜩月"即五月，方一桂叙（以下简称方叙）作于孟秋即七
月。显然，金叙要早于方叙，但从内容上看，方叙的内容更加
丰富，金叙中约有百分之九十的文字与方叙相同，那么，是否
是金声抄录了方叙，却故意将时间写为提前于方叙呢？事实可
能并非如此。我们可以从两叙作者的生平及其与两位书坊主的
关系入手，做进一步分析。

金声，字正希，一字子骏，徽州府休宁县人，生于万历
二十六年（1598），卒于顺治二年（1645）。金声于崇祯元
年（1628）考中进士，选庶吉士。崇祯末年，金声归隐乡
里，在家乡立乡约，明灭亡后组织民兵抗击清兵，于顺治二年
（1645）弘光政权覆灭后兵败被擒就义。金声在明末徽州，尤
其是休宁地区扮演了十分重要的角色，不仅在政治上，在文学
上亦颇有建树，尤其是金声所编时文在当时也十分流行。曾牵
扯入"南山案"的文人方苞称："时文之于文尤术之浅者也，
而其盛行于世者，如唐顺之、归有光、金声，窥其志亦不欲以

时文自名。"① 后人对金声的评价也极高，如戴名世评价道："余评阅有明先辈制举文章无虑数十家，而迨于天启、崇祯之间，有两家并以文显于天下，曰金正希，曰陈大士。"②《南疆逸史》亦载："金（声）、陈（子龙）诸君子，皆以文章名世者也。"③由此可见金声应该有较深厚的文学功底，社会声望也较高，这样一位文人在为书作序时原封不动地直接抄录他人之作的可能性应该是极小的。

排除了金声直接摘抄方叙的可能性，那么会不会是书坊主汪淇利用金声的名气而伪造的序呢？毕竟在明中后期书坊快速发展起来以后，借助名人声望伪造序跋，甚至书评的情况也是书商常用的一种宣传、销售手段。我们可以从金声与汪淇的关系出发，探讨这一问题。

金声与汪淇祖籍皆为徽州休宁，两人颇有交情。汪淇在自编自刻的《尺牍新语新编》中讲道："丙寅者（汪淇）与金太史订交凤山。"④金声在世时的丙寅年仅有一个即为天启丙寅年

---

① 方苞：《望溪先生集》外文卷 4《杨千木文稿序》，载《续修四库全书》第 1420 册，上海古籍出版社 2002 年版，第 586 页。

② 戴名世撰，王树民编校：《戴名世集》卷 4《陈大士稿序》，中华书局 1986 年版，第 104 页。

③ 温睿临：《南疆逸史》卷 14，载《续修四库全书》第 332 册，上海古籍出版社 2002 年版，第 257 页。

④ 《尺牍新语新编》第 8 册程守《与金静思》汪憺漪评语，康熙六年（1667）刊本。

（天启六年，1626），此年正是汪淇请金声为《士商要览》作叙之年，且金声亦是在自己的住所"凤山别业"作《士商要览叙》，可见两人正是以书叙为契机成为好友。另外，汪淇于明末编刻时文选集《蜩笑》时曾请谙于时文的金声作序，在金声文集《燕诒阁集》中也确有《蜩笑集序》一文[①]，可见汪淇所言非虚。由此来看，金声与汪淇二人应该有些交情，所以汪淇自己抄录他人文章伪造成金声所作的可能性应该是非常小的。

　　与声名俱在的金声相比，为程书作叙的方一桂则可能仅是一名普通文人。关于方一桂的生平，尚未发现其他史料。古籍中多次出现的"方一桂"，字世芬，福建莆田人，嘉靖年间曾任监察御史，巡按山东，后督学直隶，此方一桂显然不是为程书作叙的方一桂。所以，字丹实的歙县人方一桂至少在当时的政治和文化上并没有特殊的名声和荣耀。

　　综上所述，从金声在当时政坛和文坛上的地位、金声与书坊主汪淇的关系及方一桂的个人情况来看，大致可以判断两叙

---

[①]　在《燕诒阁集》卷六中有《蜩笑集序》一篇，在《金正希先生文集辑略》中有《房书序》一篇。对读后发现，《燕诒阁集》中《蜩笑集序》下所刻文字内容与《金正希先生文集辑略》中《房书序》内容完全一致。按汪淇自述《蜩笑》一书是"房文"选集，所以此《房书序》应该就是《蜩笑集序》。参见金声《金正希先生燕诒阁集》，载《四库禁毁书丛刊》集部第85册，北京出版社1997年版，第96页。金声《金正希先生文集辑略》，载《四库禁毁书丛刊》集部第50册，北京出版社1997年版，第563页。

的关系应该是：金声叙在前，方一桂叙在后，且方叙直接摘录了金叙的绝大部分内容。

两书序言的时间已有前后之分，接下来我们可以从汪书和程书的具体内容分析两书成书时间的先后及渊源关系。

汪书的《士商规略》、程书的《客商规略》皆与余象斗所刻《三台万用正宗·商旅门·客商规鉴论》的内容极为相似，我们从三者的细微差异中略作分析（见表 1-1）。

表 1-1　《客商规鉴论》《士商规略》《客商规略》异同表 ①

| 《客商规鉴论》 | 《士商规略》 | 《客商规略》 |
| --- | --- | --- |
| 切记妨闲 | 切记提防 | 切记提防 |
| 不可听邀接之言 | 不可听中途邀接之言 | 不可听中途邀接之言 |
| 须要察貌言行动静 | 须要察其貌言行动 | 须要察其貌言行动 |
| 会饮者 | 嗜饮者 | 嗜饮者 |
| 喜嫖者 | 爱嫖者 | 爱嫖者 |
| 非恒心者 | 非良心者 | 非良心者 |

① 表中《三台万用正宗·客商规鉴论》与《士商要览·士商规略》的异同参见［日］寺田隆信《山西商人研究》，张正明、道丰等译，山西人民出版社 1986 年版，第 295 页。

（续表）

| 《客商规鉴论》 | 《士商规略》 | 《客商规略》 |
|---|---|---|
| 主意实由自心 | 主意实出于自心 | 主意实出乎自心 |
| 水田最怕秋干 | 水田最喜秋干 | 水田最喜秋干 |
| 虽有利而实不多 | 虽有利而不多 | 虽有利而不多 |
| 行一起而利不少 | 行情一起而得利不少 | 行情一起而得利不少 |
| 须仆妾不可通言 | 须仆妾不可通言 | 虽仆妾不可通言 |
| 半路递花 | 半路递花 | 半路逢花 |
| 不可实任 | 不可实任 | 不可实任也 |
| 买卖虽与议论 | 买卖虽与议论 | 买卖虽与之议论 |
| 若递旱涝 | 若递旱涝 | 若逢旱涝 |
| 残夏春秋 | 残夏春秋 | 残夏初秋 |
| 南方麦收要天晴 | 南方麦收要天晴 | 南方麦熟要天晴 |
| 货贱极者 | 货贱极者 | 凡货贱极者 |
| 欲高者以低为本 | 欲高者以低为本 | 欲高者以低为机 |
| 价高者只宜赶疾 | 价高者只宜赶疾 | 价高者只宜疾赶 |
| 卖买处 | 卖买处 | 卖货处 |

对读三书有关客商规略的内容，可以看到此三书应是同源。《三台万用正宗》卷末牌记刻"万历己亥孟秋书林余文台

梓"，说明此书刻于万历二十七年（1599），不仅在三书中是刊刻时间最早的一部，其《客商规鉴论》一文也是"现存明代最早的一篇有关商业经营规范的篇章"①。刊于天启六年（1626）的汪书和程书中与《客商规鉴论》相似的内容，应该是摘录了《三台万用正宗》的内容。那么，是汪、程二书各自摘录了《三台万用正宗》的相关内容，还是汪、程二书间有前后渊源继承关系呢？

从表 1-1 中我们可以看到，汪书、程书与《三台万用正宗》原文均存在一定差异，程书的不同之处远多于汪书，且汪书与《三台万用正宗》所有的不同之处，程书均与汪书相同。这些差异虽多，大部分并没有改变句子原意，仅在用词上有所不同，但有几处的差异为我们辨别两者成书时间的早晚提供了些许线索。如《三台万用正宗》和汪书均有"残夏春秋，狂风苦雨，花蔴定损"，程书中改为"残夏初秋"，从句意来看，程书中的"残夏初秋"更贴切；又如《三台万用正宗》和汪书均有"堆货处要利于水火，卖买处要论之去头"一句，程书中改为"卖货处要论之去头"，"卖货"与"堆货"相对，在句式工整、对仗和句意上都更加贴切。

---

① 张海英：《明清商书中的商业思想》，载周国林主编《历史文献研究》总第 24 辑，华中师范大学出版社 2005 年版，第 243 页。

由此来看，程春宇应该是直接在汪书基础上，改正了一些不准确的词句后编成《客商规略》，并没有对照查看《三台万用正宗》原本。如果情况相反，是程书在前，汪书在后，那么汪淇似乎没有必要将相对更贴切的句子改回《三台万用正宗》，若说汪淇是为保留《三台万用正宗》原貌而修改，其与原书也有较多不同之处，不合情理。

综上所述，从序言和部分内容来看，汪淇所编《士商要览》刊刻在前，程春宇在编《士商类要》时应该是直接选取了汪书的《天下路程图引》《士商规略》《买卖机关》《士商十要》等几部分内容，略作修改，重新编排，成为《士商类要》的一部分。

# 第二节 "纸上谈兵"氛围下的兵书刊印

自古以来的文人大都有"先天下之忧而忧"的情怀和责任感，特别是在王朝面临内忧外患之际，这种责任感更加强烈。但受自身能力或客观环境的限制，文人能披甲枕戈、带兵打仗的机会并不多，"纸上谈兵"成为文人"能力所及"之事，尤其对《孙子兵法》等古代兵书的注释、重编更是倾注了一腔热情。明末朝廷在辽东军事上的不断失利，更刺激了士人谈兵以至参与军事的热情。[①]明末文人圈里"好谈兵"的风气也直接影响到书坊刻书的选择，汪淇亦在此时编刊了四种兵书。

## 一、托名谢枋得的兵书四种

在明末文人喜论国事、喜好谈兵风气的影响下，汪淇也顺

---

① 参见赵园《明清之际士大夫研究：士风与士论》，北京师范大学出版社 2014 年版，第 79 页。

应潮流编刊了四种兵书（见表1-2）。

表1-2　明末汪氏编刻兵书一览表①

| 书名 | 编者 | 校订 | 内容 | 藏地 |
|---|---|---|---|---|
| 《重订武经七书参同集》 | 谢枋得编辑、李贽参订 | 汪淇重订 | 《孙子》《吴子》《司马法》《尉缭子》《六韬》《三略》《李卫公》七种兵书的释义 | 日本内阁文库 |
| 《新编百战百胜七书衍义》 | 谢枋得编 | 汪淇校 | 《孙子》《吴子》《司马法》《尉缭子》《六韬》《三略》《李卫公》七种兵书的衍义 | 日本内阁文库（未见藏本） |
| 《新编百战百胜令法引证韬略世法》 | 谢枋得编辑 | 汪淇参订 | 步战、车战等战术要领和历史案例 | 中国国家图书馆中国科学院图书馆日本内阁文库（刻本）日本尊经阁（刻本）日本内阁文库（抄本） |

---

① 四种兵书的详细情况参见本书附录。

（续表）

| 书名 | 编者 | 校订 | 内容 | 藏地 |
|---|---|---|---|---|
| 《新编武侯兵要笺注评林韬略世法》 | 谢枋得编辑 | 汪淇评释 | 为将心得 | 中国国家图书馆（残页）中国科学院图书馆 日本内阁文库（刻本） |

从表1-2来看，明末汪淇选编的兵书均与宋代谢枋得有密切关系，在汪淇笔下，谢枋得成为此四种兵书的辑定者，但事实确实如此吗？南宋末年的谢枋得与这些兵书有关系吗？

除《新编百战百胜七书衍义》外，其余三种现均可见传本，我们可以从此三种兵书的内容对谢枋得与它们的关系略辨一二。

《重订武经七书参同集》（以下简称"《参同集》"）正文卷端题"宋谢昉（枋）得叠山父编辑、明李贽卓吾父参订、钱塘汪淇右子父重订"①，可见汪淇编刻的《参同集》的底本应该是李贽编辑的相关书目。现存李贽参与辑定的与《武经七书》相关的书籍较少，以《七书参同》最为常见，据载"七书参同七

---

① 严灵峰编著：《周秦汉魏诸子知见书目》第4卷，台湾正中书局1979年版，第39页。

卷，（明）李贽编、（明）范方评，明末东璧斋刻本"①。从明末
东璧斋刻本的题名来看，李贽所编《七书参同》中并没有宋代
谢枋得的"身影"，谢枋得很可能并非《七书参同》的辑定者，
而被汪淇加入了自己所编《重订武经七书参同集》编辑者的
行列。

《新编百战百胜令法引证韬略世法》（以下简称"《令法引
证》"）正文卷端题"宋谢昉（枋）得叠山父编辑，明汪淇右子
父参订"。此书最初名为《百战奇法》，"最早著录见于明杨士
奇撰《文渊阁书目》，其后见于明晁瑮的《宝文堂书目》……
现存最早的版本是明弘治十七年（1504）李贽刻《武经总要》
附刊本，此本《百战奇法·序》中说：'书亡作者姓氏。'说明
作者已不可考……明崇祯年间刊行的军事丛书《韬略世法》以
《新编百战百胜合法引证》为题，全文收录《百战奇法》，卷端
著录为'宋谢枋得编辑，明汪淇参订'"。②可见，早在明朝初
期汪淇《令法引证》问世前，既有《百战奇法》一书，仅有文
字流传，撰者已不可考，直至明末崇祯年间汪淇始将谢枋得写

---

① 刘申宁：《中国兵书总目》，国防大学出版社 1990 年，第 157 页。
② 许保林：《中国兵书通览》，解放军出版社 2002 年版，第 147 页。"《新编
百战百胜合法引证》"即为《新编百战百胜令法引证》。汪淇所编《令法
引证》上卷题为"《新编百战百胜令法引证韬略世法》上卷"，下卷题为
"《新编百战百胜合法引证韬略世法》下卷"，《中国兵书通览》中的题名
可能依据下卷而来。

为《令法引证》的编辑者。其后，清雍正年间又被后人更名为
《百战奇略》，作者却变成了刘基（伯温）。所以，汪淇书中的
谢枋得大概如刘基一般，都是后人为增加此书的知名度，作伪
托名而为。

《新编武侯兵要笺注评林韬略世法》（以下简称"《武侯兵
要》"）正文卷端题"宋谢昉（枋）得叠山父编辑，明汪淇右子
父评释"，正文主要内容为"将苑心决五十则"。从正文内容
看，所谓"将苑心决"即《将苑》一书。《将苑》相传为诸葛
武侯（诸葛亮）所作，但宋以前的史书均未有记载，始见于南
宋藏书家尤袤所撰的私家藏书目《遂初堂书目》，题为《诸葛
亮将苑》，明以后又有《心书》《武侯将苑》《武侯心书》等名。

可见汪淇编刻的三种兵书皆有旧本可寻，且旧本与宋代谢
枋得并没有直接关联，谢枋得仅在汪氏刻本中作为编辑者出现
在了卷端。除此之外，南宋末年的谢枋得以文采过人、精通经
学闻名，在军事或兵法上尚未见其著述或只言片语存世。所
以，这些题为"谢枋得编辑、汪淇评释（参订）"的兵书可能
都是汪淇托名谢枋得而刻。那么，汪淇为何把目光投向了谢枋
得呢？

谢枋得，信州弋阳（今江西）人，字君直，号叠山。谢
枋得自幼聪慧，《宋史》载其"每观书五行俱下，一览终身不
忘"。在局势动荡的南宋末年，谢枋得"一与人论古今治乱国

家事，必掀髯抵几，跳跃自奋，以忠义自任"①，喜欢谈论国家大事，时刻以忠义为己任。宝祐四年（1256）登进士，与文天祥同榜。宝祐六年（1258）蒙古大举攻宋后，谢枋得一直率领义军抗击元军，宋亡后隐于福建。元朝统一后，鉴于谢枋得在当地的名望，为稳定民心，元朝曾多次派人招降，但其宁死不屈，后被强行押至元大都，绝食而亡。明景泰间名臣韩雍曾上疏皇帝为文天祥、谢枋得赐谥号，并"取其子孙量才录用……使天下之人知，为臣而能死忠、死节者，虽百世之后，亦得暴白显扬、垂休后嗣，以增志士仁人之气，以沮乱臣贼子之心"②，后景泰七年（1456）追谥"宋臣文天祥忠烈、谢枋得文节"③。可见在明代人眼中，谢枋得也是一位可与文天祥比肩齐名的忠义之臣。是故，明末北方少数民族女真大兵压境的危局使汪淇联想到曾率兵抗元的宋代忠臣谢枋得，而将所编四种兵书"归入"谢枋得名下，既顺应明末文人好谈战事、兵法的风气，提高自己刻书的知名度，在一定程度上也表达了汪淇自己忠君爱国的情怀。

---

① 《宋史》卷 425，中华书局 1985 年版，第 12678 页。

② 孙承泽：《春明梦余录》卷 22，载《景印文渊阁四库全书》第 868 册，台湾商务印书馆 2008 年版，第 260 页。

③ 谈迁：《国榷》卷 31，中华书局 1958 年版，第 2014 页。

## 二、《新编百战百胜令法引证韬略世法》版本详考

目前可知的《新编百战百胜令法引证韬略世法》共有五种藏本，分别为中国科学院图书馆藏《韬略世法存十六种》本（残卷）①、中国国家图书馆藏《韬略世法》本二卷（残卷）②、日本内阁文库藏《韬略世法》本二卷、日本尊经阁藏《武书大全新编韬略世法》本二卷、日本内阁文库藏抄本二卷。此五种藏本有何关系呢？我们可以从表1-3及图1-2、图1-3、图1-4中略作分析。

表1-3 《令法引证》版本情况表

| 藏地 | 小引 | 正文卷端题名 | 正文款式 |
|---|---|---|---|
| 中国科学院 | 东居园邹复作《百战胜法小引》 | 宋谢昉得③叠山父编辑，明汪淇右子父参订 | 半页10行24字，小字双行同，白口，四周单边，无鱼尾 |

① 《韬略世法存十六种》，《四库未收书辑刊》3辑22册，北京出版社1997年版。
② 国图藏残本上卷完整，下卷仅到"好战"，缺"变战""忘战"两项。
③ 汪淇所刻书中均写作"谢昉得"，正确的写法为"谢枋得"。

（续表）

| 藏地 | 小引 | 正文卷端题名 | 正文款式 |
|---|---|---|---|
| 中国国家图书馆 | 同上① | 同上 | 同上 |
| 日本内阁文库（刻本） | 同上 | 同上 | 同上 |
| 日本尊经阁 | | | 半页10行24字，白口，四周单边 |
| 日本内阁文库（抄本） | 同上后接神田胜久作《新编百战百胜叙》 | 宋谢肪得叠山父编辑，明汪淇右子父参订，日东江府散人神田胜久校点 | 半页10行20字 |

① 国图残本中的《百战胜法小引》和《百战胜法上卷目录》不在正文之前，而在《营阵骑射图法小引》和《营阵图说上卷目录》中间。这应该是后人在整理时误将其插入《营阵图说目录》之中的。

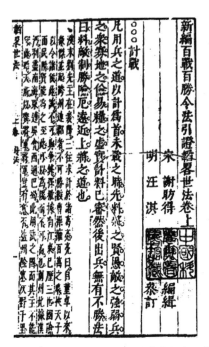

图 1-2　中国科学院藏本（资料来源：《韬略世法存十六种》，载《四库未收书辑刊》3 辑 22 册，北京出版社 1997 年版，第 114 页）

* 边阑：古籍版面四周的界线。有单边、双边、左右双边、四周双边之分。四周界线仅为一道粗墨线的称单边或单阑。粗线内又附一道细黑线的称双边或双阑。天（上）地（下）两边没有细线，仅左右两边附有细线的，称为左右双边或左右双阑。天地左右全附有细线的，称为四周双边或四周双阑，俗称文武边阑。不同边阑构成的版式，是藏书家著录版本的一项内容。（资料来源：杨金鼎主编《中国文化史词典》，浙江古籍出版社 1987 年版，第 782 页）

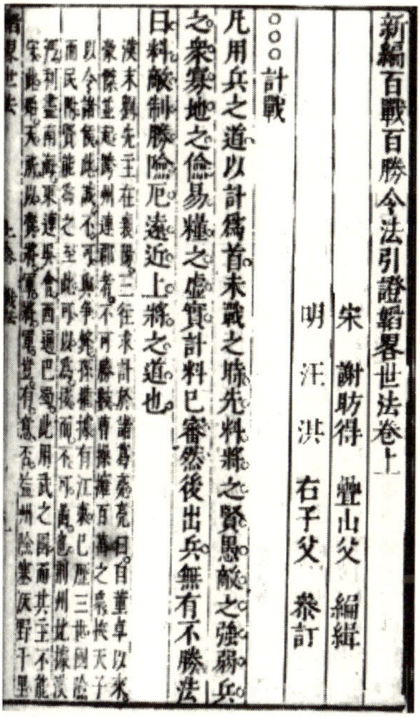
新編百戰百勝今法引證韜畧世法卷上
宋　謝枋得　疊山父　編緝
明　汪　洪　右子父　叅訂
○○○計戰
凡用兵之道以計為首未戰之時先料將之賢愚敵之强弱兵之衆寡地之險易糧之虛實計料已審然後出兵無有不勝法曰料敵制勝險厄遠近上將之道也
漢末劉先主在襄陽三往求計於諸葛亮亮曰自董卓以來豪傑並起跨州連郡者不可勝數曹操擁百萬之衆挾天子以令諸侯此誠不可與爭鋒孫權據有江東已歷三世國險而民附賢能為之用此可以為援而不可圖也荊州北據漢沔利盡南海東連吳會西通巴蜀此用武之國而其主不能守此殆天所以資將軍將軍豈有意乎益州險塞沃野千里
韜畧世法　上卷　計戰

图 1-3　中国国家图书馆藏本（资料来源：中国国家图书馆 · 中国国家数字图书馆中华古籍资源库）

* 版口：指线装书书叶的中缝，又称版心或书口。我国古代雕版印刷的书，只在纸的正面印刷，中间有一空行，在此对折而成一张书叶。版口中常有用作折叠标记的象鼻和鱼尾，刻列上下两端，其款式亦为藏书家著录版本的一项内容。（资料来源：杨金鼎主编《中国文化史词典》，浙江古籍出版社 1987 年版，第 782 页）

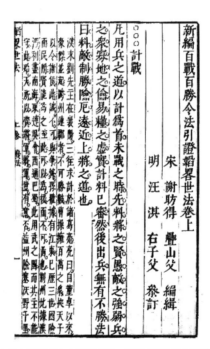

图 1-4 日本内阁文库藏刻本（资料来源：日本"国立公文書館デジタルアーカイブ"）

* 象鼻：版口上下两端的界格。古代雕版印刷常在版口近上下两端处印有一形符号，称为鱼尾，上鱼尾上面的空格和下鱼尾下面的空格即为象鼻，以其形状相似而得名。象鼻中空的，称为白口；有一条细黑线贯穿中央中缝的，称为黑口、细黑口或小黑口；象鼻中有宽黑线或全是黑的，称为大黑口、宽黑口或粗黑口；象鼻中间刻有文字的，称为花口。书口的变化往往显示出一个时代刻书的特征，宋版书多是白口或者小黑口，元版书多是大黑口或者花口，明代则以黑口为贵。因而成为藏书家著录内容之一，并作版本鉴定的依据之一。（资料来源：杨金鼎主编《中国文化史词典》，浙江古籍出版社 1987 年版，第 782 页）

从表 1-3 和图 1-2、图 1-3、图 1-4 中可以清楚地看到中国科学院藏本、中国国家图书馆藏本和日本内阁文库藏刻本从小引、正文内容和行格字体款式均完全相同，三本应该是用同一书板刻印而来。

日本尊经阁文库藏本笔者尚未经眼，根据严绍璗《日藏汉籍善本书录》记载，《武书大全韬略世法》二十九卷，"明尹商等辑，明崇祯年间（1628—1644）刊本，内阁文库、尊经阁文库藏本。[按]每半页有界十行、行二十四字。白口，四周单边"[①]，但严氏书录中未著录丛书《武书大全韬略世法》中具体包含哪几种书。《中国兵书总目》载《新编百战百胜令法引证韬略世法》"二卷，（宋）谢枋得编，（明）汪淇评释，《武书大全新编韬略世法》本，尊经阁（藏）"[②]；《尊经阁文库汉籍分类目录》著录："《新编百战百胜令法引证韬略世法》二卷，宋谢枋得，《武书大全新编韬略世法》本。"[③]查《尊经阁文库汉籍分类目录》，只有上述名为《武书大全新编韬略世法》的书目，没有严绍璗提到的《武书大全韬略世法》。所以从馆藏地来看，《中国兵书总目》《尊经阁文库汉籍分类目录》所注的尊经阁藏本《武书大全新编韬略世法》应该就是严绍璗所记尹商等人辑

---

① 严绍璗编著：《日藏汉籍善本书录》，中华书局 2007 年版，第 824 页。
② 刘申宁：《中国兵书总目》，国防大学出版社 1990 年版，第 191 页。
③ 《尊经阁文库汉籍分类目录》，日本精兴社 1935 版，第 408 页。

注的二十九卷本《武书大全韬略世法》。按照严绍璗的著录，此丛书应和日本内阁文库藏本是同一版本，且其行格与中国国家图书馆本、中国科学院本也完全相同。据此，可以推测日本尊经阁藏《武书大全新编韬略世法》丛书中应该也有汪淇评释的两卷《令法引证》，且与国图、中科院、日本内阁文库藏刻本从属于同一版本系统。

日本内阁文库抄本（见图1-5）首有"东园居邹复大复甫"作《百战百胜序》，次享保十六年（1731）神田胜久作《新编百战百胜叙》，次卷一目录，次正文。正文卷一、卷二卷端题"宋谢昉（枋）得叠山父编辑，明汪淇右子父参订，日东江府散人神田胜久校点"；卷三卷端题"宋谢昉（枋）得叠山父编辑，明汪淇右子父参订，日东武都白龙子训点"；卷四卷端题"宋谢昉（枋）得叠山父编辑，明汪淇右子父参订，日东武江白龙子增注"。[1]

此抄本虽题为《新编百战百胜七书衍义》，但从内容来看仅有四卷，且并不分《孙子》《吴子》《司马法》等七种书，与《周秦汉魏诸子知见书目》所载《新编百战百胜七书衍义》分

---

[1] 资料来自网页日本"国立公文書館デジタルアーカイブ"，"《新编百战百胜七书衍义》，编者：谢枋得（宋）/ 校订者：汪淇（明），4册，写本，（时间）江户"。

图 1-5　日本内阁文库抄本（资料来源：资料来自网页日本 "国立公文書館デジ
タルアーカイブ"，"《新編百戰百勝七書衍義》，編者：谢枋得（宋）/校订者：
汪淇（明），4 册，写本，（时间）江户"）

《孙子》《吴子》《司马法》等七种书明显不同。[①] 仔细比对后我
们可以发现此写本与汪淇参订的《新编百战百胜令法引证韬略
世法》完全相同。此书并非《新编百战百胜七书衍义》的抄
本，而是《新编百战百胜令法引证韬略世法》的抄本。

综上所述，据目前所见各类书目所载谢枋得辑、汪淇参订
的两卷本《新编百战百胜令法引证韬略世法》共有两个版本，
即丛书《韬略世法》本（国图、中科院、日本内阁文库、日本

①　参见严灵峰编著《周秦汉魏诸子知见书目》第 4 卷，台湾正中书局 1979
　　年版，第 39、159、206、239、269、302 页。

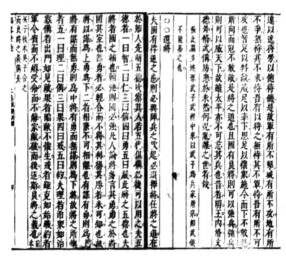

图 1-6 国家图书馆藏《新编百战百胜令法引证韬略世法》插页（资料来源：中国国家图书馆 · 中国国家数字图书馆中华古籍资源库）

尊经阁文库藏刻本）和日本内阁文库藏抄本。

另外，汪淇评释的《新编武侯兵要笺注评林韬略世法》作为《令法引证》的"姊妹篇"亦保留在丛书《韬略世法》中。此书前有《诸葛武侯心书小引》，后题"钱塘汪淇右子父识"；次上卷目录，次正文。正文卷端题"新编武侯兵要笺注评林韬略世法卷上"，"宋谢枋（枋）得叠山父编辑，明汪淇右子父评释"。其版本情况小与《令法引证》相似，有国图、中科院、日本内阁文库、尊经阁文库藏刻本。中科院、日本内阁文库藏本仅存卷上；国图藏本中有两张插页，应该是此书的残页，

版心上题"韬略世法上卷武侯兵要"（见图 1-6），位于《韬略
世法营阵图》卷上后、《新编百战百胜令法引证韬略世法》卷
上前；《中国兵书总目》载："《新编武侯兵要笺注评林韬略世
法》，（宋）谢枋得编，（明）汪淇评释，《武书大全新编韬略世
法》本，尊经阁（藏）。"①

---

① 　刘申宁：《中国兵书总目》，国防大学出版社 1990 年，第 191 页。

# 第三节　取经捷法后的史钞纂要

历代史书尤其是正史往往篇帙浩繁，不易通读。例如，《史记》有文章一百三十篇、近五十三万字；《汉书》有一百二十卷，八十余万字；《资治通鉴》更是盈千累万，有二百九十四卷，三百余万字。这些史书，不仅对于一般人，就是以科举为业的士子来说几乎都是不可能通篇阅读的鸿篇巨制。除此之外，史家也多将典故名言、微言大义隐藏于文字之后，更增加了阅读、理解、记忆的难度。但为了科举，读书人又急需在尽可能短的时间内迅速掌握必要的历史知识，所以，从宋代起人们便开始寻找一些方便法门，既能快速阅读这些史书，又能掌握其中的精华。于是这些对史书进行缩编并加以评注的史钞、纂要类书籍流行起来。这些史钞、纂要类书籍一方面删汰繁芜，将史书中的主旨、精华保留下来；另一方面略加笺注，在行文精彩之处或需要读者注意的地方加以圈点和提示，方便阅读、理解，此类史书也因此受到了士人的大力追捧。

到明嘉靖万历以后，"普及性史书的编纂和刊行已成千帆竞发之势……直至明末"①。因为这些书籍相较原书卷帙要少得多，容易刊印，也更受读者欢迎，所以书坊倾向刊印此类史部书籍成为一时之流行，出现了大量以"节要""纂""略"等字眼命名的缩编史书，如《少微资治通鉴节要》《历朝捷录总要》《史记抄》《宋史纂要》，等等。汪淇也不例外，明末还读斋刊印的四种史部书籍均为史钞、纂要类刻书——《增订诸名家史记纂》五卷、《通鉴纂》二十卷、《汉书纂》不分卷、《通纪纂》十卷。

### 1.《汉书纂》不分卷，凌稚隆辑

《汉书纂》是《汉书》的节选本，共选帝纪七篇、表四篇、志七篇、传记四十九篇，附百官公卿表。作者凌稚隆，字以栋，号磊泉，浙江乌程人，明代学者，凌濛初即为其侄。凌稚隆编刻了大量经史类书籍，如《史记评林》《史记纂》《汉书评林》《汉书纂》《万姓类苑》《五车韵瑞》等。

现存《汉书纂》有两个版本，一为明万历十一年（1583）凌氏自刻本，正文半页九行二十字，上下单边，左右双边，白口，单鱼尾，不分卷，现藏于北京大学图书馆。二为明末还读斋刻本，正文半页九行二十六字，四周单边，白口，无鱼尾，

---

① 乔治忠：《明代史学发展的普及性潮流》，载张国刚主编《中国社会历史评论》第 4 卷，商务印书馆 2002 年版，第 445 页。

无行格，有圈点，有眉批，目录版心下刻"还读斋"，现藏美国哈佛大学燕京图书馆。

现存还读斋刊本无封面，首有凌稚隆作《刻汉书纂序》，次《汉书纂目》，次正文。正文每卷卷首题"景陵钟惺、吴兴凌稚隆纂定，后学汪淇右子、查世晋尔康校阅"。正文、眉批、注释与凌氏自刻本完全相同。

按哈佛大学燕京图书馆附注，本书虽卷端题为钟惺和凌稚隆同辑定，但"按原书自序成于万历十一年（1583），似不可能与钟惺同纂也"[1]。这一分析应该是正确的，此书应该是凌稚隆辑定的，与钟惺关系不大。还读斋本将钟惺题为纂定者的原因可能有以下两种：其一，汪淇刻印过钟惺辑定的两部纂要类史书——《通纪纂》和《通鉴纂》，此部《汉书纂》乃同一类型的书籍，且书名相似，以此类推汪淇在刻印时可能误将钟惺作为纂定人之一；其二，汪淇明知此书为凌稚隆所作，但明末清初之时，钟惺的名气比凌稚隆要大很多，而且钟惺也有不少类似的著作，所以作为书商的汪淇想利用钟惺的名气吸引读者、增加书籍销售量也很有可能。另外，明末清初之时，伪造名人评点也是书商常用的一种宣传、销售方式，"被冒用之名

---

① 中国国家图书馆"哈佛大学哈佛燕京图书馆善本特藏资源"数据库。

最风行的是李卓吾、钟伯敬、陈眉公、汤显祖诸公"①。当时出现了很多冒名、假托钟惺之名而刻的书，例如署名为钟惺所作的白话小说《按鉴演义帝王御世盘古至唐虞传》《按鉴演义帝王御世有夏志传》等皆是书坊主为销售图书，假托其名而为。所以，此书的编纂者即为凌稚隆，而非钟惺。

### 2.《增订诸名家史记纂》

现存《史记纂》大致有三个版本：一为凌稚隆自刻本《史记纂》，一为凌稚隆自我增订本《增订史记纂》，一为还读斋刻《增订诸名家史记纂》。还读斋本应该是在凌稚隆《增订史记纂》的基础上稍加修订而成。

现存还读斋本《增订诸名家史记纂》无封面，首有钱塘翁鸿业作《史记纂序》，版心下刻"还读斋原板"；次史官项煜作《序》，次天都汪明（字二丸）作《史记纂凡例》；次《评史记纂姓氏》，列刘知幾、郑樵、唐顺之、吕祖谦、杨慎等人姓名，刊刻几位大家名单应该是为博人眼球，多属虚名，原本作者凌稚隆也被列于此；次《增定史记纂目》，版心下刻"还读斋"；次《增定史记纂目》，与前目录完全相同，只不过前

---

① 以上关于假托、冒名举例参见王海刚《明代书业广告研究》，博士学位论文，武汉大学，2009 年。

者为总目录，此目录为分卷目录——卷一帝纪，卷二书，卷三表，卷四世家，卷五列传，版心下刻"还读斋"。从上海图书馆藏现存版本来看，此分卷目录似乎缺失了一页，卷五"列传"缺失了《酷吏列传》到《报任少卿书》的内容，但正文完整，无残缺。正文半页九行二十六字，四周单边，白口，无鱼尾，无行格，有圈点，有眉批。正文卷端题"增订诸名家史记纂"，"汉太史令龙门司马迁撰"，"明后学查世晋尔康父、汪立秀文叔父同订"。每卷皆有不同同订人员，卷二为"明后学尚甲徵震生父、王懋德孟昭父同订"，卷三为"明后学汪钟彭伯篯父、汪之量暗如父、朱吴汝钦父同订"，卷四为"明后学朱绎说先父、朱玄度幼裘父同订"，卷五为"明后学邵德延公远父、汪淇右子父同订"。

就内容而言，还读斋本虽题为查世晋、汪淇等多人评定，实则与凌稚隆作《史记纂》，尤其与《增订史记纂》相差无几。就《增订史记纂》和《增订诸名家史记纂》而言，两书选择的文章、文章内容、眉批完全相同，文中的圈点、标注之处也相差无几。由此可见，还读斋本《增订诸名家史记纂》实质上是在凌稚隆本基础上，稍做增补而成的，其中《评史记纂姓氏》中所开列的评选人员名单大部分也仅是徒有虚名而已。

### 3.《通纪纂》

《通纪纂》在精选和简编陈建所编《皇明通纪》的基础上，参考其他史书，将洪武到崇祯年间整个明代的史事补充完整。作者钟惺（1574—1624），字伯敬，号退谷，湖广竟陵人，明代文学家。钟惺诗文极为有名，与谭元春评选《唐诗归》和《古诗归》，名噪一时。钟惺也曾评注、编选多部经史著作，如评选《公羊传》《穀梁传》，辑定《通鉴纂》《历朝捷录》等。①

还读斋本封面最上栏小字题"洪武迄崇祯"，右侧小字题"钟伯敬先生辑定"，中间大字题"通纪纂"，左侧小字题"西陵还读斋梓行"，左下侧有还读斋钤印。正文半页九行二十六字，小字双行同，四周单边，无鱼尾，无行格，有圈点，有眉批。此书无序无跋，有目录。正文卷一至卷八卷端题"督学臣钟惺谨定"（卷九、十卷端后无），正文史事后偶有陈建或钟惺的评语。

此书除北京师范大学图书馆所藏的还读斋刻本外，另有《四库禁毁书丛刊》收中国国家图书馆藏本（以下简称"禁毁本"）②和日本浅草文库藏本（以下简称"浅草本"）。禁毁本无

---

① 钟惺评选著作参见郑艳玲《钟惺评点研究》，博士学位论文，复旦大学，2005年。

② 《通纪纂》，载《四库禁毁书丛刊》史部第74册，北京出版社1997年版。

封面<sup>①</sup>，浅草本有封面，浅草本封面除无还读斋钤印外，其余均与北京师范大学图书馆藏本完全相同。禁毁本与浅草本内容完全相同，可以断定禁毁本、浅草本都是根据还读斋原本书板而来。为何说禁毁本和浅草本仅是根据还读斋原本书板而来，而非还读斋原本？对照此两本和还读斋原本的内容可以清楚地看到，两种版本在目录和正文内容上有一定出入，属于同一版本系统的两种不同刻本。那么，哪一本是初刻本，哪一本是后刻本呢？本文尝试从以下两个方面来考证。

首先，从目录来看。还读斋本目录第一页写"卷二太祖高皇帝洪武十年到二十一年，惠宗让皇帝建文四年"，表明卷二记载的是洪武十年（1377）到建文四年（1402）的史事。这里出现了明显的错误——"洪武"这一年号的最后一年是洪武三十一年（1398），而不是二十一年（1388）。这一错误在禁毁本中得到了修改——"卷二太祖高皇帝洪武十年到三十一年"。从这一点可以推测，禁毁本是在还读斋本之后刊刻的。禁毁本在利用还读斋刻本时，发现了这一错误，并予以改正。而不可能出现相反的情况，即禁毁本原来刻对了，还读斋再次利用时却将其改错了。那有没有可能是还读斋本无意间刻错了呢？我们再从其具体内容来分析。

---

① 《四库禁毁书丛刊》本没有影印封面，中国国家图书馆藏原本胶片亦无封面。

其次，从具体内容上来看。我们阅读禁毁本时会发现，文本出现了许多挖板的情况①，导致文本语意不清，文意很难理解。如禁毁本卷三第十五页记永乐二十一年（1423）事（见图1-7）②：

> 七月，车驾复北征，次于宣府。时□中有来降者，言□□□将犯边，上召诸将谕曰："朕当出兵，先驻塞外以待之。□不虞吾兵已出，因而击之，可以成功。"……
>
> 九月，驾次沙城，□中□□□□□率妻子来降，言□□□闻天子兵复出，疾走远遁，岂复有南意。授阿失等俱正千户。驾次上庄堡，□□王子□□□□率众来降。上喜，谓群臣曰："远人来归，宜有以旌异之。"乃封为忠勇王，赐姓名金忠。

读至此页，发现文中似乎挖空了很多人名，让人摸不着头脑，查阅还读斋本则发现有不同之处。

同是卷三，第十五页，还读斋本的记载为：

> 七月，车驾复北征，次于宣府。时虏中有来降者，言阿鲁台将犯边，上召诸将论曰："朕当出兵，先驻塞外

---

① 本节中的"□"表示禁毁本中挖空的地方。这些地方缺字，但保留空位。"□"不再表示上下文中用于代替不能辨认的字，此种用法仅限《通纪纂》中使用。另外，原文中每遇"上"则空一格，引文中删除，不再空格。

② 原书卷十五第15页，禁毁影印本第41页。

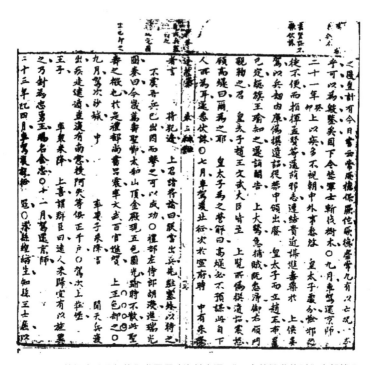

图 1-7　禁毁本《通纪纂》书页图（资料来源：《四库禁毁书丛刊》史部第74册，北京出版社1997年版，第41页）

以待之。虏不虞吾兵已出，因而击之，可以成功。"……

九月，驾次沙城，虏中知院阿失等率妻子来降，言阿鲁台闻天子兵复出，疾走远遁，岂复有南意。授阿失等俱正千户。驾次上庄堡，鞑靼王子也先土干率众来降。上喜谓群臣曰："远人来归，宜有以旌异之。"乃封为忠勇王，赐姓名金忠。

这样一来，我们即可清楚地理解原文的文意。将两本对比之后，我们可以发现，禁毁本将与"虏"相关的字眼和人名都悉数挖去。

上述类似的挖板情况不只出现过一次，而是频繁出现在禁毁本之中。在禁毁本中，凡与北方少数民族有关的人名和带有一定歧视意味的词语，如"虏""狼子野心"等皆被挖去。而还读斋本在卷七之前，基本都是完整的。从中我们可以看出，禁毁本应该是在还读斋本的基础上挖掉了一些敏感的字词，如"虏""虏酋"等。而如果情况相反，禁毁本在前，还读斋在刷印的时候用的是已有空缺的禁毁本，汪淇等人通过查找《皇明通纪》原书，将被挖去的字词再一一补入的可能性几乎没有，这样既费时费财，又会招致政治灾祸。所以，还读斋是初刻本，禁毁本是后刻本应该是可以肯定的。

还读斋所刻《通纪纂》在卷一至卷六［洪武元年（1368）至隆庆六年（1572）］的内容是完整的，卷七以后［万历元年（1573）以后］还读斋本和禁毁本一样，也出现了部分敏感字眼空缺的情况。如，万历三十六年（1608）"□□□□大入寇，总兵杜松率兵从宁远长山出捣其巢"；万历四十六年（1618）"四月□□□佯令□□赴抚顺市，潜以劲兵蹴袭，突执游击□□□，城遂陷，因以汉字传檄清河，言有七事衔恨，都御史李维翰趋总兵张承胤移师应援。□□□□伪退，诱我师前，以万骑回绕夹攻，承胤战死，全军覆没，京师震动"。查《皇明通纪》原文载，万历三十六年（1608）十一月"夷酋来□大入犯，总兵杜松率兵从宁远长山出捣其巢"①。此条应该是对万历三十六年朵颜部入寇蓟镇，杜松在迎击朵颜部时与蒙古哈流兔部相遇，大获全胜的记载，还读斋在刊刻时将"夷酋"挖掉。而万历四十六年四月则是努尔哈赤与明朝交锋之事，《皇明通纪》载："奴尔哈赤佯令部夷赴抚顺市，潜以劲兵踵袭。十五日凌晨，突执游击李永芳，城遂陷，因以汉字传檄清河，言有七事衔恨，胁并北关。巡抚都御史李维翰趋总兵张承胤移师应援。二十一日奴尔哈赤暂退，诱我师前，以万骑回绕夹攻……京师震动。"②可以看出，在记万历以后与女真相关的史事时，还读斋原本也挖掉了可能涉及禁讳的关键字词。

关于此书的刊刻时间。从还读斋本《通纪纂》中我们可以发现，此书在万历以前没有挖板的情况，对万历年间涉及"胡""虏""夷""狄"等带有民族色彩的词语则进行了大量的挖板、删除。清朝对这些词语的避讳大致始于康熙初年的庄氏

---

① 《皇明通纪》，载《四库禁毁书丛刊》史部第 34 册，北京出版社 1997 年版，第 438 页。
② 《皇明通纪》，载《四库禁毁书丛刊》史部第 34 册，北京出版社 1997 年版，第 452 页。

"《明史》案"①，所以，从《通纪纂》中对万历以前"虏"等字不避讳来看，此书的成书时间应该在康熙以前。

再进一步研究还读斋的历史发展阶段和各阶段的刻书特点，我们还可以发现还读斋刊刻史钞、纂要类书籍的时间集中在明末；顺治年间，尤其是顺治七年（1650）以后还读斋的刻书重点转向诗集。②从选题、编辑方式、刊刻字体和格式来看，《通纪纂》与顺治以后还读斋的刻书风格完全不同，而与明末还读斋的刻书风格十分相近。从选题看，明末还读斋刊刻过多本节钞纂要类史书，而顺治以后则以诗集为主；从刊刻字体和格式看，该书与《汉书纂》《增订诸名家史记纂》等书也十分相似（见图1-8、图1-9）。

除此之外，从内容上看，还读斋本《通纪纂》所载万历年间的史事中，有大量关于努尔哈赤等与女真相关的内容也出现了挖板的现象；天启年间还有少量挖板现象，主要是将涉及"圣旨"的语句中挖去"圣"字；崇祯年间就极少出现涉及女真、满洲的内容，挖板的情况也很少出现。由此，我们可以做一个大胆的推测，此书很有可能是汪氏在明朝灭亡之前（约于

---

① 参见王西明《清朝文字狱中的避讳研究》，硕士学位论文，山东大学，2015年，第17页；李清志：《古书版本鉴定研究》，文史哲出版社1986年版，第213页。

② 详见本书第二章。

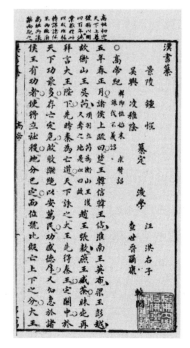

图 1-8 《汉书纂》书页图（资料来源：美国哈佛大学哈佛燕京图书馆数字馆藏网站）

图 1-9 《通纪纂》书页图（资料来源：日本国立公文書館デジタルアーカイブ）

天启末年以后）就已经着手编辑和刻板了，明朝灭亡后汪氏用
极短的时间将崇祯年间的内容补充完整，并挖去了万历以后与
女真相关的记载，于顺治初年正式付梓。因此，结合还读斋在
清初刻书主题的变化和此书的内容及刊刻特点，可以推测，此
书的成书时间应该在清初顺治七年（1650）以前；其最初刻板
时间应在明末。

### 4.《通鉴纂》

《通鉴纂》记三皇五帝到元至正二十七年（1367）史事。
该书现存版本无封面、序跋、目录，只存正文。正文卷端题
"竟陵钟惺伯敬氏定、西陵汪桓殿武父订正"。半页九行二十六
字，小字双行同，四周单边，无行格，天头有眉批，有句读、
圈点（见图 1-10）。

　　我们虽无法从此书的现存版本状况判断此书是还读斋刊刻
的，但可以根据此书的订正者来推测此书与还读斋的关系。该
书每卷卷端都有"竟陵钟惺伯敬氏定、西陵汪桓殿武父订正"。
汪桓，字殿武，汪淇长子[①]，参与过书坊还读斋和蜩寄多部书籍
的编辑、刻印工作，如还读斋刊《武经七书全文直解》的卷一
至卷三是由汪桓订正的。并且，汪桓自身也没有开办其他书

---

① 关于汪桓的相关情况参见本书第四章第一节。

图1-10 《通鉴纂》页面图（资料来源：《湖北省图书馆藏古籍善本图录》，北京图书馆出版社2004年版，第27页）

坊，在汪淇去世后还继承了书坊，并重新以还读斋之名开雕刻书。所以，此本由汪桓订正的《通鉴纂》与还读斋应该有密切关系，很有可能就是还读斋刊刻的书籍。

除订正者汪桓与汪淇是父子关系之外，此本《通鉴纂》的版式与还读斋梓行的《通纪纂》完全相同：两者正文行款均为半页九行二十六字，小字双行同，四周单边，无行格，天头有眉批，有句读、圈点，无序跋。两者在刊刻时选用的字体亦相似（如图1-9、图1-10）。并且《通纪纂》也仅在封面左下角刻有"西陵还读斋梓行"的字样，在书的目录、正文版心下并没有再刻"还读斋"，而此书恰好缺失了封面。

综上，我们从订正者汪桓和还读斋的关系，以及此书版式与《通纪纂》的比对两方面，可以做一个大胆的推测——此钟惺辑、汪桓订正的《通鉴纂》大概也是明末还读斋的出版物之一，其刊刻时间应该也在明末清初之际。从刻书内容的连续性来看，此书编辑、刊刻的时间很有可能在《通纪纂》之前。

# 第四节　跟随潮流与"拿来主义"

汪淇自天启末年创立还读斋，到顺治初年，共刻书十五种，其中明确为还读斋刊者九种。明末汪氏刻书的具体情况可以参见表 1-4。

表 1-4　明末汪淇刻书著者、编辑者情况表

| 书名 | 著者（辑者） | 主要编辑者 | 刊刻书坊 |
|---|---|---|---|
| 《诗经人物备考》 | 陈子龙辑 | 汪桓参订 | 还读斋 |
| 《汉书纂》 | 凌稚隆纂 | 汪淇、查世晋校阅 | 还读斋 |
| 《增订诸名家史记纂》 | 凌稚隆纂 | 查世晋、汪淇等参订 | 还读斋 |
| 《通纪纂》 | 钟惺辑 | | 还读斋 |
| 《通鉴纂》 | 钟惺辑 | 汪桓订正 | 还读斋 |
| 《智囊全集》 | 冯梦龙重辑 | 汪淇阅 | 还读斋 |

（续表）

| 书名 | 著者（辑者） | 主要编辑者 | 刊刻书坊 |
|---|---|---|---|
| 《谭友夏钟伯敬先生批评绾春园传奇》 | 沈嵊编 | 汪淇编次 | 还读斋 |
| 《新锲精选简要易览通书》 | | | 还读斋 |
| 《重订武经七书参同集》 | 谢枋得编辑、李贽参订 | 汪淇重订 | 还读斋 |
| 《新镌士商要览》 | | 汪淇辑 | |
| 《新编百战百胜七书衍义》 | 谢枋得编 | 汪淇校 | |
| 《新编百战百胜令法引证韬略世法》 | 谢枋得编 | 汪淇参订 | |
| 《新编武侯兵要笺注评林韬略世法》 | 谢枋得辑 | 汪淇评释 | |
| 《蜩笑》（未见） | | 汪淇辑 | |
| 《归金合稿》（未见） | 归有光、金声 | 汪淇辑 | |

综合此十五种刻书，我们可以总结出明末初涉书坊的汪淇在刻书、编书上具有以下几个特点。

## 1. 跟随潮流

古代书坊如同当今的出版社，一般都以营利为主要目的，会特别关注当前社会的流行话题和畅销文本。据缪咏禾《中国出版通史·明代卷》的统计，明代书坊"编刊的书……读者对象都集中在中下层读者身上，都以科举考试、日常生活、经商开店、消困解烦为需要，其分量则以中小型为主。不管什么品种的书，都向着这方面倾斜。例如经书则以通俗解经为主，以考试需要为主；史书则以史钞、史摘、纂要和历史演义为主；类书则寻求日常生活、用典修饰、文书活套的方便以及消遣娱乐之用；集部则着重选脍炙人口的诗文以及近人的房卷"①。初涉书坊，且身为徽商后裔的汪淇自然也不能免俗，在刻书选题时也会考虑这些社会需求和热门的畅销题材。

汪淇编刊的十五种书中史钞纂要和兵部刻书有八种，占比最大，这与明末史学发展的趋势、文人好谈兵的社会风气颇有渊源。如时文选集《归金合稿》是归有光、金声文选的合刻本。二人在科举时文上都颇有盛名。汪淇称："《归金合稿》行世，一时纸贵，板经三易。"汪淇之语虽不无夸张成分，但可见其选题是充分考虑了社会风气和市场因素。

另外，时文选集《蜩笑》、商人书《士商要览》、日用书《易览通书》等也都是当时坊刻首选、位列市场畅销榜首的刻书选题。

---

① 缪咏禾:《中国出版通史·明代卷》, 中国书籍出版社 2008 年版，第 123 页。

### 2. "拿来主义"

从对汪氏刻书详考的分析和表1–4中，我们可以看出，明末汪氏编刻的书籍多是将他人著作直接拿来刊刻，对书籍原本的内容并没有很大改动。如《智囊全集》在还读斋刻本前已有不少旧本，还读斋刻本除与它们在排序上有所不同之外，对内容本身并未加评释、增删。又如《汉书纂》和《增订诸名家史记纂》二书，虽然在卷端标示有不少参订人员，卷中也有一些评论人员，但从二书与凌稚隆原本的比较中，我们可以发现书中的评论、眉批与凌稚隆原本基本相同，并无多少增补，甚至连凡例都相差无几。这些参订人员大多也是仅列姓名而已，他们在书籍编辑、刊印的过程中发挥的作用极其有限。

从这些书籍的编辑中我们可以看到，明末的汪氏书坊在刻书中承担的仅仅是刻和印的工作，极少有对书籍内容的编辑，可以说在其编刻的十五种书中，没有一种书是由还读斋重新编辑后刻印的，基本都是原本的直接翻刻。

此外，从书籍编辑成员来看，这一时期，除汪氏家族成员外（以汪淇及长子汪桓为主），并没有多少外人参与到汪氏书坊之中，尤其是江南文人的参与度是极低的。从书籍内容来看，这一时期刻书的专业性和学术性较低，都是比较通俗易懂或与科举相关的书籍。

书坊还读斋在明末表现出的刻书特点与书坊主汪淇的生活

环境、个人经历息息相关。明末汪淇跟随父亲汪洪信从徽州迁往杭州，身为徽商后裔的汪淇在举业不顺的情况下选择了亦儒亦商的刻书业，开办书坊还读斋，开雕刻书。此时，初到杭州的汪淇与江南地区文人的联系比较少，参与书坊还读斋刻书的文人比较有限。因此，受家庭环境和交际圈的双重影响，明末初涉书坊的汪淇在刻书选题上与一般的商业书坊相似，多选市场畅销的科举时文、兵书、史钞类题材，在编刻时也多采取"拿来主义"的方法，多翻刻市场上已经存在的旧本，且多保留旧本原貌，少有改动。

除上述九种明确标注刊于还读斋的刻书外，这一时期汪淇还编刊了其他六种书——《新镌士商要览》《新编百战百胜七书衍义》《新编百战百胜令法引证韬略世法》《新编武侯兵要笺注评林韬略世法》《蜩笑》《归金合稿》。这些书或已散佚，或未明确写出刊刻地点，暂时还无法准确判断其是否属于书坊还读斋的刻书。

此外，还读斋的具体创办时间，现已模糊不清，我们可以根据现今已知汪淇的刻书加以推测。以"还读斋"为名刊刻的书籍有《诗经人物备考》《汉书纂》《增订诸名家史记纂》《通纪纂》《通鉴纂》《智囊全集》《谭友夏钟伯敬先生批评绾春园传奇》《新锲精选简要易览通书》《重订武经七书参同集》九种书，这些刻书虽均未标明具体刊刻时间，我们可以从这些刻书的序、作者、选题、内容、格式等方面判断其刊刻年代大致在明末天启至崇祯年间，所以还读斋创办的时间应该在天启末年。

第二章

———

渐入佳境：
还读斋的发展

　　明清易代无疑是 17 世纪中期中国发生的影响力最大的历史事件，其影响也深刻地反映到坊刻和出版业之中。受客观环境和书坊主自身因素的影响，还读斋在顺治年间也出现了新的变化和发展。

　　顺治年间，还读斋刻书七种，其中诗集五种。这一时期，还读斋对诗集的刊刻表现出了浓厚的兴趣，这一刻书内容的变化背后是当时社会风气和书坊主身份、交游圈的改变。此时，汪淇逐渐成为江南文人群体中的一分子，汪淇徽商后裔的身份也逐渐被融入江南文人群体的努力冲淡。另外，顺治年间文人结社之风盛行。汪淇在这一时期也很有可能参加过某一社集，故而在刻书时表现出对诗集刊刻的兴趣和重视。

　　顺治末年，随着结社禁令的颁布和政策管控的加强，汪淇表现出极强的避祸心理，迅速从诗集刊刻转向其他保守刻书。

# 第一节　结社、交际与诗集

## 一、明清易代后的文人社会

每一次朝代的改弦更张都会对政治、经济、文化产生深刻影响，引起社会各方面的变化，政治变动更明显而深刻地影响着文人心态的变化。明清之际，非汉民族的入主，高压的政治环境和传统装发样式的强制性改变，更引起了汉族文人群体的极大不适，对文人的心理造成了极大影响。梁启超先生在回顾清代政治影响下的学术变迁时讲道："一六四四年三月十九日以前，是明崇祯十七年；五月初十日之后，便变成清顺治元年了。本来一姓兴亡，在历史上算不得什么一回大事，但这回却和从前有点不同。新朝是'非我族类'的满洲……这种激刺，唤起国民极痛切的自觉，而自觉的率先表现实在是学者社会。"① 由此可见，首当其冲地受到明清易代冲击的是"学者社

---

① 梁启超：《清代学术变迁与政治的影响（上）》，载梁启超著，夏晓红等校《中国近三百年学术史》（新校本），商务印书馆 2017 年版，第 15 页。

会"、文人群体。

崇祯朝覆灭、顺治朝建立伊始，文人们面临死节、归隐、变节三种主要选择。死节和变节是对清朝鲜明的两种对立态度，尤其是弘光帝还偏安一隅之时，更多的文人士大夫表现出明显而又强烈的反抗新朝廷的姿态，参加甚至组织各种反清活动，尤以江南一带为最，钱谦益、顾炎武、黄宗羲、陈子龙、金声等江南地区的众多文人都对弘光政权抱以极大期望，积极投身于反清复明的斗争中。但随着弘光小朝廷的覆灭，清朝政权的逐渐稳定，许多文人虽仍然维持不与新朝合作的政治态度，但死节的心态也逐渐向归隐转变，成为明清之际遗民中普遍存在的现象。

隐居不参与新朝，也就意味着选择自动放弃政治前途。政治上无路可走，便只能将自己的思想托之于纸笔和梨枣，希望通过文学作品来抒发忧郁愤懑的情感和朝代鼎革带来的心理冲击。同时，明末文人结社的风气也正符合了此时文人们的需求，一些志同道合之人聚于一堂，或作诗赋词聊表愤懑，或纵情山水寄托情怀。清初尤其是顺治年间，江南地区的文人墨客多穿梭于各种文社、诗社中，寄情山水，唱和宴饮，互相砥砺。无论何种类型的文人结社，都离不开赋诗唱和。正是在这种文社、诗社兴盛的影响下，刊刻诗集成为一时风尚。

文人结社之风兴于万历中后期，文人们组织各种名义的社团，以诗文会友、结聚论学，也出版主要领袖或社集作品充当思想宣传工具。更有文社中操选政者与书坊联合，在书坊中选评文章，刻板刷印，大成风气。有些文社甚至以选文刻稿作为谋利的途径，将著名时文选家选评的时文"发卖坊间，其价一兑至四千两，可云不胫而走矣"①。也有不少书坊主积极主动地参与社集活动，邀请文社成员为自己的书坊选文，这一情况在文学作品《桃花扇》中亦有体现。《桃花扇》中南京三山街的书坊主蔡益所与侯方域、陈子龙等人往来密切，复社成员陈贞慧、吴应箕等更是常年寓居蔡益所书坊，为其编选房墨时文。文社诸文人也乐与书坊合作，将社集唱和之作镂板刊行，以提高自己的名气，扩大影响力。与书坊合作成为诸文社宣传思想、扩大影响的手段；书坊也多揣摩政治、社团的行文风气，以此刻书盈利，出现以坊养社，以社兴坊，文社和书坊一体化的倾向。②

此时不仅下层文人被笼络到书坊中编书、著书，在社会上有一定名望的上层文人与书坊、书坊主的关系也日渐密切。这些书坊主也大都喜好附庸风雅，以结交名人贤士为尚，如南京

---

① 王应奎撰，以柔点校：《柳南随笔 续笔》卷 2 "时文选家"，上海古籍出版社 2012 年版，第 108 页。

② 参见何宗美《明末清初文人结社研究》，南开大学出版社 2003 年版，第 33 页。

书坊主王世茂与状元朱之蕃相交甚厚，朱之蕃曾为王世茂作贺寿诗一篇，题目中即称"养恬（王世茂，字养恬）王丈与余称旧契"①。当朱之蕃奉旨北上出使朝鲜时，王世茂也曾给朱之蕃饯行，并作尺牍数封。鉴于朱之蕃的状元身份，王世茂经常请朱之蕃为其书坊——车书楼选刻的尺牍总集作序，还曾刊刻多部朱之蕃选辑、批点的《兰嵎朱宗伯汇选当代名公鸿笔百寿类函》《新刻苏长公诗文选胜》《中唐十二家诗》《批点崇正文选》等书籍。金陵书坊主周时泰与内阁首辅叶向高，苏州书坊主袁无涯与李贽、袁宏道等都有频繁来往，并不时相约游玩唱和，鱼书雁信。

## 二、书坊主朋友圈的扩大

汪淇年少时因父母监督，每日除诵读外，不许嬉游，成年后却放纵自己，四处结交朋友。汪淇"尝有一妄想，使天下名人才士，皆吾好友"②。徐士俊也曾说："道兄（汪淇）少年于豪

---

① 朱之蕃：《养恬王丈与余称旧契兹值半百寿辰谨题一律用求郢正》，载《兰嵎朱宗伯汇选当代名公鸿笔百寿类函》，万历四十三年（1615）车书楼刊本，中国国家图书馆藏。

② 汪淇：《与李九洪》，载汪淇辑《尺牍新语广编》第 15 册，康熙七年（1668）刊本；汪淇：《复钱谦益》，载汪淇辑《尺牍新语二编》第 9 册，康熙六年（1667）刊本。

侠场中，挥金结客，掷锦缠头。弟同卓珂月相见时，真翩翩五陵风致也。"①汪淇侄子汪开楚评价道："雄爽如吾叔憺漪。"②汪淇交游甚广，其中不乏钱谦益、李渔、徐士俊、黄周星等社会名流。

如徐士俊（1602—1681），字野君，浙江钱塘人。少年时就异常聪明，"于书无所不读"，颇有文采，好为乐府、诗歌，为西陵前十子之一。喜好交游，"与人交，如坐春风。有问字者，倾心教之。一长可录，不惜齿牙奖成。故所至逢迎恐后，争礼为上宾"③，是西湖颇有声望的文人名士之一。徐士俊曾五次参加科举，但皆未中举，一生都未曾入仕。现存文集《雁楼集》，杂剧《春波影》《洛冰丝》，与陆进合编诗词合集《西湖竹枝词续集》等。与卓人月共同编选《古今词统》，此集一经刊布便广为流传，对当时的词坛产生了重要影响。

徐士俊与汪淇关系比较亲密，康熙年间，汪淇编刊的《分类尺牍新语》《尺牍新语二编》即为二人共同合编而成，徐士俊承担选辑、评论等工作。对此徐士俊曾提及："余同憺漪俱

① 徐士俊：《東汪憺漪》，汪淇辑《分类尺牍新语》第13册，载《四库全书存目丛书》集部第396册，齐鲁书社1997年版，第458页。
② 汪开楚：《寄查于周》，载汪淇辑《尺牍新语二编》第9册，康熙六年（1667）刊本。
③ 阮元：《两浙輶轩录补遗》卷1"徐士俊"条，浙江古籍出版社2012年版，第3044页。

年望七，犹以尺牍丹黄，日无宁刻。"① 两人经常一起游玩畅饮于西湖之上，如汪淇有邀约徐士俊游玩的尺牍一篇："弟特于明早，携杖头，买小艇，载酒向榴花开处，照眼擎杯，酣畅淋漓，不龙而雨。则先期之赏，亦可销荆楚岁时。即从此分袂月余，以图再晤，庶不歉于怀耳。"② 两人泛舟湖上，曲水流觞，像孔子一样"浴乎沂，风乎舞雩，咏而归"，真惬意至极。

汪、徐二人是为挚友，徐士俊在给汪淇的诗中写道："小草纷无数，幽兰自一丛。"把自己和汪淇的关系比作幽兰，惺惺相惜。在徐士俊贫困潦倒之时，汪淇也多次伸出援助之手，"交情怀古少，事业救时难。之子楼头卧，诸君壁上观。虽然同潦倒，不使旧盟寒"③。所以，二人的共同好友查望曾评价徐、汪为"三十年知己之交"。

又如黄周星，名景明，号九烟，又号而庵、半非道人、笑

---

①　胡侣：《答沈相如》徐士俊评语，载汪淇辑《尺牍新语广编》第19册，康熙七年（1668）刊本。

②　汪淇：《与徐野君》，汪淇辑《分类尺牍新语》第17册，载《四库全书存目丛书》集部第396册，齐鲁书社1997年版，第488页。

③　徐士俊：《雁楼集》卷6，载《清代诗文集汇编》第17册，上海古籍出版社2010年版，第281页。徐士俊有五言古诗《赠汪右子》两首："贫交宛如昨，复尔赋相□。小草纷无数，幽兰自一丛。拥书千乘贵，开径几人通。不识春何许，常分座右风。""欲写惊人句，磨刀割紫端。交情怀古少，事业救时难。之子楼头卧，诸君壁上观。虽然同潦倒，不使旧盟寒。"

苍道人，生于湖南湘潭，浙江上元籍。<sup>①</sup>生于万历三十九年（1611），天资聪颖，崇祯十三年（1640）登进士第，三年后授户部主事。没过多久，明朝覆灭，清兵入关，黄周星从此不仕，以教书授徒为生。其精通诗文、音律、戏曲，有诗文集《夏为堂别集》《庹词》《酒社刍言》，传奇《人天乐》等作品存世。康熙十九年（1680），黄周星被举荐参加博学鸿儒科，不从，但仍被胁迫参加，无奈之下，黄周星欲效仿屈原投江，被救后绝食而亡。

明清朝代鼎革后，黄周星就一直居住于江浙一带，与众多明朝遗民、文人骚客酬唱诗文，汪淇便是其一。黄周星曾在给汪淇的尺牍中写道："昨来西子湖头，始得交吾兄（汪淇）。"<sup>②</sup>到明清鼎革之际，开始游历四方，直到顺治五年（1648）才辗转到杭州西湖。<sup>③</sup>所以从此封尺牍来看，黄周星应该与汪淇订交于顺治五年左右。二人相识后就一直有频繁的往来互动。汪淇还曾在黄周星处境艰难之时伸出援助之手，给黄周星"推

① 关于黄周星的籍贯问题，参见胡正伟《黄周星研究》，硕士学位论文，南京师范大学，2003 年。
② 黄周星：《柬汪憺漪》，汪淇辑《分类尺牍新语》第 11 册，载《四库全书存目丛书》集部第 396 册，齐鲁书社 1997 年版，第 442 页。
③ 参见胡正伟《黄周星研究》，硕士学位论文，南京师范大学，2003 年。

荐工作"①。黄周星也应汪淇之邀，于康熙二年（1663）前后参与《西游证道书》的评点工作。

> 弟（汪淇）明日拟拉二三同人，携一尊，过放鹤亭奉饯，并为足下重续旧盟，谅不遐弃。至《西游》一书，重辱评骘，可谓妙绝今古，弟意急欲公□□内，数日后望即过我，竣此丹铅之业。彼唐僧师弟在长途，度日如年，不能久待。不然，当遣心猿驾筋斗云来相邀耳。呵呵。②

汪淇亲自携酒为黄周星饯行，并邀约黄周星与自己共同评释《西游记》，其急切的心情犹如在西行途中的唐僧师徒一般，度日如年。若黄周星此去迟迟不归，汪淇则要派遣孙行者驾七彩祥云亲自迎接。信中语言诙谐幽默，二人感情之融洽自不必说。在他人眼中，二人也是莫逆之交。徐士俊曾评价汪淇和黄周星的交情："九烟……独与憺漪莫逆之交，一岁之间，必有十余札之往还，情谊真称无间。"③

---

① 参见汪淇《与友人荐西席》，汪淇辑《分类尺牍新语》第8册，载《四库全书存目丛书》集部第396册，齐鲁书社1997年版，第416页。
② 汪淇：《送黄九烟》，汪淇辑《分类尺牍新语》第17册，载《四库全书存目丛书》集部第396册，齐鲁书社1997年版，第488页。
③ 邓汉仪：《答黄九烟》，载汪淇辑《尺牍新语二编》第20册，康熙六年（1667）刊本。

又如马晋允。马晋允，字昼初，生卒年不详①，明末清初浙江余姚人。顺治十五年（1658）进士，后选为庶吉士，顺治十六年（1659）选为翰林院编修，官至翰林侍读。

马晋允与汪淇交情颇深，在《尺牍新语》系列中虽不见二人互动的书信，但在二人与他人的尺牍中却经常提起彼此。如汪淇在评价他人的尺牍时提道："圣秋（韩诗，字圣秋）曩时至湖上，余与马昼初、邹氏伯仲诗酒盟心，足乐也。"②"余（汪淇）忆戊寅（崇祯十一年，1638）夏日与于周、昼初、佩彝即席联想……今观此牍，又已二十余年矣。"③马晋允在给查望的尺牍中写道："憺漪与弟（马晋允）廿载深交，如左右手。"④还提他到钱塘时经常与汪淇见面，如果查望有书信要寄给自己，又怕自己寓所不定不易收到，所以请查望将书信留在汪淇住处，自己便可随时查看。二人也经常在汪淇的蜗寄斋中畅

---

① 在《分类尺牍新语》中收录一篇余复亨给汪淇的尺牍，其中讲道"至弟（余复亨）以辛丑微幸释褐，而昼初竟长逝矣。"信中的"辛丑年"即为顺治辛丑年（顺治十八年，1661），可见顺治十八年时马晋允已经去世。参见余复亨《与汪憺漪》，汪淇辑《分类尺牍新语》第 15 册，载《四库全书存目丛书》集部第 396 册，齐鲁书社 1997 年版，第 469 页。

② 韩诗：《寄吴无称书》，汪淇辑《分类尺牍新语》第 11 册，载《四库全书存目丛书》集部第 396 册，齐鲁书社 1997 年版，第 441 页。

③ 查望：《柬马昼初》，汪淇辑《分类尺牍新语》第 16 册，载《四库全书存目丛书》集部第 396 册，齐鲁书社 1997 年版，第 484 页。

④ 马晋允：《与查于周》，汪淇辑《分类尺牍新语》第 20 册，载《四库全书存目丛书》集部第 396 册，齐鲁书社 1997 年版，第 504 页。

饮观剧，"（余复亨）忆曩与昼初，同在蜩寄斋中，流连觞咏，无问晨夕，不减韩孟皮陆之欢"①。"（马晋允）乞（查望）传致憺漪兄，明日当过高斋，观朱姬演绿牡丹剧。"②可见马晋允与汪淇的交情之深。马晋允早逝，汪淇每次与他人谈及昼初时，也是怅然若失，"真似钟期顿失，高山流水间，岂可少此良友耶"③。

　　汪淇还与其他社会名流，如云间三子④、钱谦益⑤、沈兰先⑥、西陵十子、金声、叶永圻⑦等人都有交集。

---

① 余复亨：《与汪澹漪》，汪淇辑《分类尺牍新语》第 15 册，载《四库全书存目丛书》集部第 396 册，齐鲁书社 1997 年版，第 469 页。

② 马晋允：《与查于周》，汪淇辑《分类尺牍新语》第 20 册，载《四库全书存目丛书》集部第 396 册，齐鲁书社 1997 年版，第 519 页。

③ 马晋允：《与查于周》，汪淇辑《分类尺牍新语》第 20 册，载《四库全书存目丛书》集部第 396 册，齐鲁书社 1997 年版，第 504 页。

④ 陈子龙：《复林殿飏》汪憺漪评语，载汪淇辑《尺牍新语广编》第 7 册，康熙七年（1668）刊本；李雯：《与吴子远书》汪憺漪评语，汪淇辑《分类尺牍新语》第 12 册，载《四库全书存目丛书》集部第 396 册，齐鲁书社 1997 年版，第 446 页。

⑤ 《尺牍新语二编》第 9 册收录汪淇给钱谦益的尺牍一篇。"怅望各天，忽闻户外剥啄□履，破苍苔而来，惊喜起视，则故人遣使相讯也。"从"故人"二字来看，二人应是旧识。参见汪淇《复钱牧斋先生》，载汪淇辑《尺牍新语二编》第 9 册，康熙六年（1667）刊本。

⑥ 沈兰先，字匋华，浙江仁和人，曾参加过读书社、登楼社等。汪淇称"匋华系余石交"，可见两人友情之坚。参见徐士俊《寄沈匋华》，载汪淇辑《尺牍新语二编》第 20 册，康熙六年（1667）刊本。

⑦ 叶永圻，字蓟埏，婺源人。汪淇称"蓟埏为予莫逆交，一往情深，友谊最为笃"。参见叶永圻《与善伯》，汪淇辑《分类尺牍新语》第 16 册，载《四库全书存目丛书》集部第 396 册，齐鲁书社 1997 年版，第 479 页。

顺治间汪淇与江南地区，尤其是杭州一带文人的交往十分密切。其友人中也不乏当时文坛、诗坛引领风骚的重要人物。汪淇与他们订交的时间多是在崇祯末年至顺治年间，汪淇所交友人也多是明季遗民。此时，社会鼎革，政治环境瞬息万变，相同的遭遇、心境使他们走到一起，通过唱和、宴游等方式抒发心中不满、寄托自己的情怀。此时的汪淇开始脱离徽商后裔的身份，以著书、刻书和书坊为媒介，慢慢向江南地区的文人群体靠拢，与他们唱和宴饮、参与集会结社，逐渐成为江南文人中的一员。他们对汪淇的生活，尤其是刻书产生了极大的影响。

## 三、诗集的刊刻

在明末清初文人结社、诗集刊刻之风的盛行和文人朋友圈的"熏陶"下，汪淇刊刻了五种诗集，其刻书选题也逐渐向更加文人化的方向靠拢。

### 1.《西陵十子诗选》

此书选辑西陵十子的诗歌955首，分乐府，五言、七言古诗，律诗，排律，绝句等十六卷。① 诗选刊印以后，"西陵十子"之名随之大噪，流传甚广。《西陵十子诗选》现存两个版本，一为辉山堂刻本，现藏于上海图书馆；一为还读斋刻本，现藏于中国国家图书馆。

还读斋本封面右侧大字题"西陵十子诗选"，左下角小字题"还读斋梓行"。首有柴绍炳撰《序》一篇；次辉山堂主人作《刻西陵十子诗选启》一篇，落款题"顺治庚寅（顺治七年，1650）仲春辉山堂主人识"；次毛先舒作《西陵十子诗选略例》，次目录，次正文。正文半页九行十九字，白单鱼尾，四周单边，有行格，无圈点。

关于成书时间。从《刻西陵十子诗选启》的落款来看，此书应成于顺治七年。另外，毛先舒在自己的文集《思古堂集》中也提道："庚辛间，余辈有西陵十子之选。"② "庚辛间"即为顺治庚寅（顺治七年，1650）、辛卯（顺治八年，1651）间。由此可见，诗选的成书年代应该为顺治七年无误。

关于辉山堂刻本与还读斋刻本。辉山堂本，无封面，首有

---

① 具体分卷情况：卷一风雅体、四言古诗，卷二、卷三古乐府，卷四至卷七五言古，卷八、卷九七言古，卷十、卷十一五言律，卷十二、卷十三七言律，卷十四五言、七言排律，卷十五五言绝、六言绝、七言绝，卷十六七言绝。

② 毛先舒：《思古堂集》卷3《万里志序》，载《四库全书存目丛书》集部第210 册，齐鲁书社 1997 年版，第 809 页。

柴绍炳撰《序》，次同学友弟沈兰先（旬华）撰《序》，次耻庵道人作《序》，次毛先舒作《西陵十子诗选略例》，次目录，次正文。正文半页九行十九字，白单鱼尾，四周单边，无圈点，有行格。文章最后有《刻西陵十子诗选启》，落款题"顺治庚寅（顺治七年，1650）仲春辉山堂主人识"（半页八行十八字，与还本相同）。柴邵炳《序》及《西陵十子诗选略例》《刻西陵十子诗选启》的内容、版式、正文的内容与还读斋本完全相同。

除辉山堂本多沈兰先和耻庵道人两篇《序》外，两本其余部分不管是版式（行格、鱼尾、字体）还是具体内容都完全相同，可以推测两本很可能是根据同一书板刷印而成的。就现存情况来看，还读斋本存扉页，扉页左侧小字题"还读斋梓行"，从这一点来看，还读斋曾刷印过《西陵十子诗选》是没有问题的。从辉山堂主人所作的《刻西陵十子诗选启》来看，此书的刻板工作大概是辉山堂承担的。考"辉山堂"也是明末清初杭州的一家书坊，崇祯年间刊刻的《经史子集合纂类语》题为"武林辉山堂、金陵汪复初刻本"。[1]就此来看，出现两种版本可能是如下情况：辉山堂先刻板、刷印过《西陵十子诗选》，即为上海图书馆藏本；后还读斋直接用辉山堂原书板重新刷

---

[1]　参见鲁重民辑《经史子集合纂类语》，载《四库禁毁书丛刊》子部20—21册，北京出版社1997年版。

印，人为或因板片已佚等原因剔除了沈兰先和耻庵道人作的两篇序文，并新附上有"还读斋梓行"字样的封面，即为中国国家图书馆藏还读斋刻本。两家书坊同在杭州，还读斋找到辉山堂原板的可能性也比较大。

### 2.《诗体明辨》

《文体明辨》是徐师曾辑录的古代讨论文体的专书，主要目的在于提供各种文体的写作准则和方法，指导人们作文，兼有工具书性质。《文体明辨》正文六十一卷，纲领一卷，目录六卷，附录十四卷，目录（附录目录）二卷，共八十四卷。[①]包括命、诰、赞、颂、碑文、行状、墓志铭、乐府、诗词等各种文体的写作方法，并将历代名人所作的具有代表性的名篇附于论之后，以供人们学习、借鉴。此书约在万历初年由建阳游榕初印铜活字本，后万历八年（1580）、十九年（1591）又重刻过两次。我们现在所能看到的《诗体明辨》，是后人从《文体明辨》中节选辑录出来的。

现存《诗体明辨》有两个版本，一为崇祯年间沈氏编二十六卷本，一为顺治末年还读斋刊十卷本。此两种刊本是否存在

---

① 参见徐师曾《文体明辨》，载《四库全书存目丛书》集部第310—311册，齐鲁书社1997年版。

某种渊源关系呢？我们可以从二者的刊刻时间和版本内容上进行具体分析。

崇祯十三年（1640）浙江嘉兴沈芬、沈骐二人将其《文体明辨》中有关诗的篇目摘抄出来，单独成书，即二十六卷本《诗体明辨》。[①] 沈氏所刻二十六卷本《诗体明辨》卷首为徐师曾原本《文章纲领》中的《论诗》一篇，次为目录及正文。正文包括古歌谣辞、四言古诗、乐府、古诗、近体（歌行）、律诗、排律、绝句、六言诗、和韵诗、联句诗、杂句诗、杂言诗、杂体诗、杂韵诗、杂数诗、杂名诗、离合诗、诙谐诗、诗余等二十余项。沈氏所刻的《诗体明辨》除抄录徐师曾原文中的注释外，在某些诗后也附有沈芬、沈骐二人的评论。

还读斋本《诗体明辨》，封面右侧小字题"最古园评选"[②]，中间大字题"诗体明辨"，左侧小字题"徐伯鲁先生《诗体明辨》久为当世宗法，诚学诗者之津梁也。本坊先梓其五言古风、近体绝句及杂体数种，细加评点外，乐府诗余诸，嗣当以次告成，金科玉律备于斯矣。识者自珍。西陵还读斋主人

---

① 参见徐师曾辑，沈芬、沈骐笺注《诗体明辨》，崇祯十三年（1640）刻本，中国国家图书馆藏。半页九行二十五字，小字双行同，白口，四周单边，有行格、圈点、眉批。

② "最古园"为叶生的书斋名，参见汪淇辑《分类尺牍新语》第 1 册叶生《复查于周》，载《四库全书存目丛书》集部第 396 册，齐鲁书社 1997 年版，第 371 页。

识"。正文半页八行二十字，小字双行同，左右双边，有行格、圈点。首有虞山钱谦益题《序》；次《诗体明辨》凡例，后署"顺治戊戌（顺治十五年，1658）新秋客越汪淇右子氏题于湖上蜩寄"；次目录，目录版心下刻"还读斋"；次正文，题目下题"吴江徐师曾伯鲁父原纂，湖上叶生又生评定，汪淇右子、赵朗天醉参阅"。正文有圈点，大部分诗后面有王元美、刘辰翁、钟惺、谭友夏、汤东涧等名人的简短评语。

　　沈氏二十六卷本《诗体明辨》（以下简称"沈本"）和汪氏十卷本《诗体明辨》（以下简称"汪本"）两书虽然在内容上有多寡之分，但二者却存在一定渊源继承关系，并非都是从《文体明辨》原本摘抄而来的。

　　汪氏所刻《诗体明辨》凡例中说："余（汪淇）不敬从二子（叶生、赵朗）后，网罗旧闻，采葺时论，间抒一得，以佐高深。"[①] 卷端署名为"吴江徐师曾伯鲁父原纂，湖上叶生又生评定，汪淇右子、赵朗天醉参阅"。从此书凡例和卷端署名来看，此《诗体明辨》是汪淇、叶生、赵朗根据徐师曾《文体明辨》原书缩减而成。但仔细将其与沈氏二十六卷本《诗体明辨》对比后，我们可以发现，汪氏此书实则为直接抄录沈本而

---

① 汪淇：《诗体明辨》凡例，载汪淇辑《诗体明辨》，顺治十五年（1658）还读斋刊本。

来，并没有遵从徐师曾原本。两本《诗体明辨》都没有完全抄录《文体明辨》中与诗相关的部分，而是每一卷只选择了部分诗文，且分卷不同。汪本《诗体明辨》除略去了沈本《诗体明辨》的古歌谣辞、四言古诗、乐府、诗余四项内容外，其余部分在诗文选择、分卷上则完全相同。① 以下通过部分五言诗的目录对三者进行比较，可以更加明确其中的渊源关系。

表 2-1 　《文体明辨》与沈氏、汪氏《诗体明辨》部分五言诗对比表

| 《文体明辨》中的题目、作者② | 沈氏《诗体明辨》 | 汪氏《诗体明辨》 | 《文体明辨》中的题目、作者 | 沈氏《诗体明辨》 | 汪氏《诗体明辨》 |
|---|---|---|---|---|---|
| 《述祖德诗二首》（南朝宋谢灵运） | 同 | 同 | 《诗二首》（汉郦炎） | 同 | 同 |
| 《述怀诗十六首》（晋阮籍） | 同 | 同 | 《杂诗六首》（晋张协） | 无 | 无 |

① 两本《诗体明辨》与《文体明辨》诗文在分卷上有不同。
② 表中"作者"指《文体明辨》中的作者，"沈氏""汪氏"《诗体明辨》两栏中的"同"表示题目、作者与《文体明辨》原书相同，"无"表示沈本《诗体明辨》、汪本《诗体明辨》中未选入此诗。此表所选诗文，在沈本《诗体明辨》中为卷七全部内容，在汪本《诗体明辨》中为卷一全部内容，在《文体明辨》中为卷十一全部内容、卷十二部分内容。

（续表）

| 《文体明辨》中的题目、作者 | 沈氏《诗体明辨》 | 汪氏《诗体明辨》 | 《文体明辨》中的题目、作者 | 沈氏《诗体明辨》 | 汪氏《诗体明辨》 |
|---|---|---|---|---|---|
| 《感遇诗二首》（唐张九龄） | 无 | 无 | 《杂诗》（晋张华） | 同 | 同 |
| 《杂诗》（晋傅玄） | 无 | 无 | 《岁暮和张常侍》（晋陶潜） | 无 | 无 |
| 《拟古五首》（晋陶潜） | 同 | 同 | 《杂诗二首》（晋陶潜） | 同 | 同 |
| 《时兴》（晋卢谌） | 无 | 无 | 《杂诗六首》（魏文帝） | 同 | 同 |
| 《杂诗六首》（魏曹植） | 同 | 同 | 《七哀诗》（魏曹植） | 同 | 同 |
| 《杂诗》（魏刘桢） | 无 | 无 | 《杂诗》（晋左思） | 同 | 同 |
| 《在怀县作》（晋潘岳） | 同 | 同 | 《重赠卢谌》（晋刘琨） | 同 | 同 |
| 《初发石首城》（南朝宋谢灵运） | 同 | 同 | 《晚出西射堂》（南朝宋谢灵运） | 同 | 同 |
| 《西陵遇风献康乐》（南朝宋谢灵运） | 无 | 无 | 《学刘公幹体》（南朝宋鲍照） | 同 | 同 |

（续表）

| 《文体明辨》中的题目、作者 | 沈氏《诗体明辨》 | 汪氏《诗体明辨》 | 《文体明辨》中的题目、作者 | 沈氏《诗体明辨》 | 汪氏《诗体明辨》 |
|---|---|---|---|---|---|
| 《杂体三首》（中唐韦应物） | 无 | 无 | 《招隐》（晋陆机） | 同 | 同 |
| 《招隐二首》（晋左思） | 同 | 同 | 《迎大驾》（晋潘尼） | 无 | 无 |
| 《效古》（南朝宋袁淑） | 无 | 无 | 《同王十三维偶然作》（盛唐储光羲） | 无 | 无 |
| 《杂诗》（晋张翰） | 同 | 同 | 《和刘柴桑》（晋陶潜） | 同 | 同 |
| 《和郭主簿》（晋陶潜） | 同 | 同 | 《初去郡》（南朝宋谢灵运） | 无 | 无 |
| 《效陶彭泽》（中唐韦应物） | 同 | 同 | 《癸卯岁始春怀古田舍》（晋陶潜） | 同 | 同 |
| 《庚戌岁九月中于西田获早稻》（晋陶潜） | 同 | 同 | 《归田园居三首》（晋陶潜） | 同 | 同 |
| 《饮酒十首并序》（晋陶潜） | 同 | 同 | 《九日闲居并序》（晋陶潜） | 无 | 无 |

（续表）

| 《文体明辨》中的题目、作者 | 沈氏《诗体明辨》 | 汪氏《诗体明辨》 | 《文体明辨》中的题目、作者 | 沈氏《诗体明辨》 | 汪氏《诗体明辨》 |
|---|---|---|---|---|---|
| 《田南树园激流植援》（南朝宋谢灵运） | 同 | 同 | 《石门新营所住四面高山回溪石濑茂林修竹》（南朝宋谢灵运） | 同 | 同 |
| 《观朝雨》（齐谢朓） | 无 | 无 | 《游西池》（晋谢混） | 晋刘琨 | 晋刘琨 |
| 《游赤石进帆海》（南朝宋谢灵运） | 同 | 同 | 《行乐至城东桥》（南朝宋鲍照） | 同 | 同 |
| 《石壁精舍还湖中作》（南朝宋谢灵运） | 同 | 同 | 《游沈道士馆》（梁沈约） | 无 | 无 |
| 《侍五官中郎将建章台集诗》（魏应玚） | 无 | 无 | 《郡斋雨中与诸士燕集》（中唐韦应物） | 无 | 无 |
| 《军中冬燕》（中唐韦应物） | 无 | 无 | 《登池上楼》（南朝宋谢灵运） | 同 | 同 |
| 《从斤竹涧越岭溪行》（南朝宋谢灵运） | 同 | 他 | 《入华子岗是麻源第三谷》（南朝宋谢灵运） | 同 | 同 |

（续表）

| 《文体明辨》中的题目、作者 | 沈氏《诗体明辨》 | 汪氏《诗体明辨》 | 《文体明辨》中的题目、作者 | 沈氏《诗体明辨》 | 汪氏《诗体明辨》 |
|---|---|---|---|---|---|
| 《于南山往北山经湖中瞻眺》（南朝宋谢灵运） | 无 | 无 | 《始安郡还都与张湘州登巴陵城楼作》（南朝宋颜延之） | 无 | 无 |
| 《晚登三山还望京邑》（齐谢朓） | 同 | 同 | 《七哀诗二首》（魏王粲） | 同 | 同 |
| 《始作镇军参军经曲阿》（晋陶潜） | 同 | 同 | 《过始宁墅》（南朝宋谢灵运） | 无 | 无 |
| 《富春渚》（南朝宋谢灵运） | 无 | 无 | 《之宣城出新林浦向版桥》（南朝齐谢朓） | 同 | 同 |
| 《秋日还京陕西十里作》（初唐薛稷） | 无 | 无 | 《赤谷》（盛唐杜甫） | 同 | 同 |
| 《寒峡》（盛唐杜甫） | 同 | 同 | 《石龛》（盛唐杜甫） | 同 | 同 |
| 《成都府》（盛唐杜甫） | 同 | 同 | 《南涧中题》（中唐柳宗元） | 同 | 同 |
| 《七哀诗》（晋张载） | 无 | 无 | 《桃花源》（晋陶潜） | 同 | 同 |

（续表）

| 《文体明辨》中的题目、作者 | 沈氏《诗体明辨》 | 汪氏《诗体明辨》 | 《文体明辨》中的题目、作者 | 沈氏《诗体明辨》 | 汪氏《诗体明辨》 |
|---|---|---|---|---|---|
| 《还至乐城》（齐谢朓） | 同 | 同 | 《赠徐幹》（魏曹植） | 无 | 无 |
| 《赠丁仪》（魏曹植） | 无 | 无 | 《赠王粲》（魏曹植） | 同 | 同 |
| 《又赠丁仪王粲》（魏曹植） | 同 | 同 | 《赠从弟三首》（魏刘桢） | 同 | 同 |
| 《赠张华》（晋何劭） | 无 | 无 | 《赠山涛》（晋司马彪） | 无 | 无 |
| 《赠从兄车骑》（晋陆机） | 无 | 无 | 《赠羊长史并序》（晋陶潜） | 同 | 同 |
| 《初秋夜坐赠吴武陵》（中唐柳宗元） | 同 | 同 | | | |

　　从表2-1中我们可以看到两本《诗体明辨》只选择了《文体明辨》中的部分诗文，有些诗文并未入选，而两本《诗体明辨》保留和删汰的诗文却完全相同。不仅五言诗如此，其他各卷、各类诗文在两本《诗体明辨》中无论原文或分卷上都没有差异。两本选文完全相同已属罕见，若说纯属偶然，似有不妥。更为明显的一点如表所示，《文体明辨》原本中有晋朝

谢混作《游西池》诗一首，两本《诗体明辨》在目录处皆将此诗作者写为"晋刘琨"，而在原文中却皆写为"谢混"。从此来看，应该是两本《诗体明辨》在目录中刊刻错误，将"谢混"与此卷文中出现的"刘琨"混淆。沈本与汪本同样的错误出现在同样的地方，若说是偶然所致是无法令人信服的，最大的可能即是后刻本直接抄录前本所致。从刊刻的时间来看，沈本刻于崇祯十三（1640）年，汪本刻于顺治十五（1658）年，有明显的时间差。因此，从这一点来判断，汪淇刊刻的十卷本《诗体明辨》并没有摘抄徐师曾原本《文体明辨》，而是直接缩减沈氏《诗体明辨》而来，这一点应该是可以肯定的。汪淇等人在沈氏二十六卷本《诗体明辨》的基础上，缩减古歌谣词、四言古诗、乐府和诗余等四项内容，重新编排分卷，是为还读斋所刻十卷本《诗体明辨》。

### 3.《杜诗分类全集》

《杜诗分类全集》一书是对杜甫诗词的分类汇编，在还读斋刊刻《杜诗分类全集》前，原有《杜诗分类》一书。《杜诗分类》的最早刻本为万历四十一年（1613）傅振商自刻本。此书是傅振商于万历年间为巡按北直隶监察御史时，在真定府所刻，书中收杜甫诗作一千四百余首，分为五卷。书中所收杜诗先按五言古、七言古、歌行、五言绝、七言绝、五言律、七言律为顺序排列，又将内容分为纪行、怀古、时事、将帅等五十八类。傅振商原本《杜诗分类》首有万历癸丑（万历四十一年，1613）傅振商作《杜诗分类叙》，次目录，次正文。正文卷端题"杜诗分类"，后题"天中星垣傅振商君雨父重辑"，半页十行二十字，白口，黑单鱼尾，四周双边，书末有周光燮《杜诗分类跋》。①

傅振商自刻本《杜诗分类》，几经流传，"渐多残缺"②。清初真定府推官杜漻得到残本并将其"补残饰缺"③，于顺治八年（1651）重新刻印。杜漻重刻本《杜诗分类》"卷前有傅振商叙、顺治八年梁清标序及梁清宽跋。……是书卷端首页题'天中星垣傅振商君雨父重辑''东海琅槐杜漻子濂甫重梓'，版式与初刻同（初刻即指万历四十一年傅自刻本）"④。

杜漻重梓后，序跋作者梁清标、梁清宽兄弟将此书送与张缙彦。张缙彦"爱之，携至西湖。谷霖苍公（谷应泰，字霖

① 参见傅振商《杜诗分类》〔据首都图书馆藏明万历四十一年（1613）傅振商刻本影印〕，载《四库全书存目丛书》集部第 5 册，齐鲁书社 1997年版。

② 梁清标：《重刻原序》，载汪淇辑《杜诗分类全集》，顺治十六年（1659）还读斋刊本。

③ 梁清宽：《原跋》，载汪淇辑《杜诗分类全集》，顺治十六年（1659）还读斋刊本。

④ 傅璇琮主编：《中国古代诗文名著提要》（汉唐五代卷），河北教育出版社2009 年版，第 222 页。

苍）见之，爱亦如余，嘱高子尔达梓而传之"①。此本应该就是
还读斋于顺治十六年（1659）刊刻的《杜诗分类全集》。既然
是张、谷二人嘱托高士付梓，为何最终会由还读斋最终刊印
呢？究其原因，大概与高士和汪淇的私人关系分不开。

高士，字尔达，浙江海宁人，性高尚，绩学能文。② 目前，
我们可以找到一封高士写给汪淇的尺牍：

> 承惠《食物本草》，不啻药食之贶。说者谓有形之食
> 物，其救济于人者浅；无形之食物，其救济于人者深。
> 有形如米谷蔬果，禽兽虫鱼诸物，味之可以养身。无形
> 如孝弟忠信、仁义礼智诸德，知之可以养心。养身之方，
> 先生既幸而教我，固欲剂而服之。养心之方，先生尤幸
> 而教我，更当剂而服之也。③

汪淇曾送给高士一本《食物本草》，高士回复表示感谢，
并表示从汪淇身上学到的不仅是食补之方，还有忠信、礼义等
养心之剂。从此封书信可以看出，高士与汪淇的关系应该是比
较亲密的。尺牍编辑者也将此篇放入"砥砺"一卷中，表示此

① 张缙彦·《杜诗分类叙》，载汪淇辑《杜诗分类全集》，顺治十六年
（1659）还读斋刊本。
② 参见《海宁州志稿》卷 32《人物志·隐逸》，载《中国地方志集成·浙江
府县志辑》第 22 册，上海书店 1993 年版，第 4 页。
③ 高士：《与汪憺漪》，载陈枚《襟霞阁主人重刊晚明百家尺牍写心集》，上
海中央书店 1935 年版，第 167 页。

尺牍有相互勉励之意。其中虽有夸张成分，但可以看出两人应该是相识已久的朋友。另外，汪淇在编刊《尺牍新语二编》时，高士也曾作为评论者为多封尺牍撰写评语。虽然现在高士和汪淇之间往来的尺牍仅存一二，且没有涉及刊刻《杜诗分类全集》的问题，但从二人的关系中我们大概可以推测，在张缙彦、谷应泰找到高士，并嘱托其将《杜诗分类》付梓时，高士会找到作为书坊主的朋友汪淇来完成刊刻也在情理之中。

所以，还读斋本《杜诗分类全集》的刊刻过程应该是：梁清宽、梁清标兄弟携真定府推官杜浟重刊本《杜诗分类》找到真定人张缙彦；张缙彦将书带至江南，谷应泰在张处看到此本，亦"爱之"，于是张、谷二人找到高士，嘱托其将《杜诗分类》付梓；后高士找到作为书坊主的朋友汪淇负责刊刻此书，最终于顺治十六年（1659）刻成《杜诗分类全集》。

目前《杜诗分类全集》可见四种版本：中国国家图书馆藏本（以下简称"国图本"）、美国哈佛燕京图书馆藏本（以下简称"哈佛本"）、浙江大学图书馆藏本（以下简称"浙大本"）、个人收藏本。四种版本有何异同？是否皆为还读斋所刻？相互之间是否有一定的渊源关系呢？

国图本《杜诗分类全集》，封面右侧小字题"中州张坦公先生、新安汪憺漪先生辑定"，中间大字题"杜诗分类全集"，左侧小字题"宝纶堂藏板"。首有傅振商万历四十一年

（1613）作《杜诗分类全集原叙》，次顺治八年（1651）梁清标作《重刻原序》，次顺治八年（1651）梁清宽作《原跋》，次顺治十六年（1659）高士作《杜诗分类全集引言》，次目录。序跋和目录版心下刻"还读斋"。正文半页十二行二十五字，白口，黑单鱼尾，左右双边。正文卷端首页题"中州张缙彦坦公、古燕谷应泰霖苍辑定，海宁后学高士尔达、钱塘后学汪淇右子较阅"。正文内容与万历十一年（1583）傅振商自刻本完全相同。

哈佛本与国图本稍有差异，此本无封面，首有顺治十五年（1658）张缙彦作《杜诗分类叙》，次顺治十六年（1659）谷应泰作《杜诗分类叙》，次傅振商万历四十一年（1613）《杜诗分类全集原叙》，次顺治八年（1651）梁清标作《重刻原序》，次顺治八年（1651）梁清宽作《原跋》，次目录。自《杜诗分类全集原叙》起至目录版心下刻"还读斋"，正文样式和内容与国图本完全相同。

除宝纶堂藏板的还读斋本《杜诗分类全集》外，另有亮明斋藏板的《杜诗分类全集》两种。一种为封面刊"亮明斋藏板"。此本封面右题"中州张坦公先生、古燕谷霖苍先生辑定"，中间大字题"杜诗分类全集"，左侧小字题"亮明斋藏板"。此本仅有顺治十六年（1659）高士作《杜诗分类全集引言》，无目录，正文半页十二行二十五字，白口，黑单鱼尾，左右双边。正文卷端首页题"中州张缙彦坦公、古燕谷应泰霖苍辑定，海宁后学高士尔达、钱塘后学汪淇右子较阅"。笔者暂未见原本，此书收藏者记录为："是书编辑者将杜甫所作诗词按五言古、七言古、歌行、五言绝、七言绝、五言律、七言律分类编纂而成。……此本行款与还读斋本同，书首收有顺治十六年引言，然牌记刊印'亮明斋藏版'，辑定者则为中州张缙彦与古燕谷应泰，故应与还读斋本不同。"①实际上，从其款式、内容来看，除封面、序以外，亮明斋本与还读斋本应属同一版本系统。

亮明斋藏板的另一种为浙江大学图书馆藏本。此本封面左侧大字题"杜诗分类全集"，右侧有小字识语："杜工部诗，凡笺疏丹黄，多属蠡测，甚至矫诬穿凿，几没作者本意。兹集恪遵古本，依题分类，不尚诠释，绣梓精工，校订详确，庶几工部真色常存天地间，识者自辨。西陵亮明斋主人识。"目录下刻"还读斋"。正文半页十二行二十五字，白口，黑单鱼尾，左右双边。正文卷端首页题"中州张缙彦坦公、古燕谷应泰霖苍辑定，海宁后学高士尔达、钱塘后学汪淇右子较阅"。

另据范邦甸《天一阁书目》载：

---

① 《杜诗分类全集》，亮明斋藏板。资料来自网站：http://pmgs.kongfz.com/detail/1_645123/，2021 年 12 月 29 日。

杜诗分类全集五卷刊本。国朝中州张缙彦垣公、古燕谷应泰霖苍辑定，海盐高士、钱塘汪淇较阅。西陵亮明斋主人识云："杜工部诗，凡笺疏丹黄，多属蠡测，甚至矫诬穿凿，几没作者本意。兹集恪遵古本，依题分类，不尚诠释，绣梓精工，校订详确，庶几工部真色常存天地间，识者自辨。①

范邦甸所写的《杜诗分类全集》应该就是浙江大学图书馆藏本。

为更加明确上述各种藏本的异同，我们可以将四种《杜诗分类全集》做成表2-2。

表2-2 《杜诗分类全集》四种藏本情况表

| 内容 | 国图本 | 哈佛本 | 浙大本 | 个人藏本 |
|---|---|---|---|---|
| 封面（从右至左） | 1.中州张坦公先生、新安汪憺漪先生辑定；2.杜诗分类全集；3.宝纶堂藏板 | 无 | 1.亮明斋识语；2.杜诗分类全集 | 1.中州张坦公先生、古燕谷霖苍先生辑定；2.杜诗分类全集；3.亮明斋藏板 |

① 范邦甸等撰，江曦等点校：《天一阁书目》卷3，上海古籍出版2010年版，第346页。

（续表）

| 内容 | 国图本 | 哈佛本 | 浙大本 | 个人藏本 |
|---|---|---|---|---|
| 序 | 1.傅振商《原叙》；2.梁清标《重刻原序》；3.梁清宽《原跋》；4.高士《引言》 | 1.张缙彦《叙》；2.谷应泰《叙》；3.傅振商《原叙》；4.梁清标《重刻原序》；5.梁清宽《原跋》 | 梁清宽《原跋》（其他暂未经眼） | 高士《引言》 |
| 目录版心 | 还读斋 | 还读斋 | 还读斋 | 无目录 |
| 正文行格 | 12行25字，白口，黑单鱼尾，左右双边 | 同国图本 | 同国图本 | 同国图本 |
| 正文卷端 | 中州张缙彦坦公、古燕谷应泰霖苍辑定，海宁后学高士尔达、钱塘后学汪淇右子较阅 | 同国图本 | 同国图本 | 同国图本 |

再将几种藏本（见图2-1、图2-2、图2-3、图2-4）仔细对比、对读后我们可以发现，除个人收藏本无目录外，其他三种藏本的目录和正文从行款格式到内容，可以说一模一样。除封面样式、序跋的多寡外，从全书行款、内容来看，以上几种《杜诗分类全集》，不论是宝纶堂藏板，还是亮明斋藏板，应皆属同一版本系统，甚至很有可能他们都是使用同一套书板

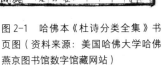

图 2-1　哈佛本《杜诗分类全集》书页图（资料来源：美国哈佛大学哈佛燕京图书馆数字馆藏网站）

图 2-2　浙大本《杜诗分类全集》书页图（资料来源：浙江大学图书馆网站）

刷印而来的，是初刻本与后刻本的关系。仅从目前序跋保存数量来看，哈佛本较为完整，可能是最早的刻本。其后亮明斋和宝纶堂再次刷印时，或是丢失了某些书板，或是刊刻者为显示与其他刻本的不同而有意删减，致使各个版本间在序跋多寡上出现差异。同时，各书坊附上刻有自己堂号（宝纶堂、亮明斋）或识语的封面，使其成为一本区别于其他刻本的"新书"。

另考，亮明斋与汪淇可能存在合作关系。汪淇在康熙元年（1662）所刊《尺牍谋野集》征文启示中提道：

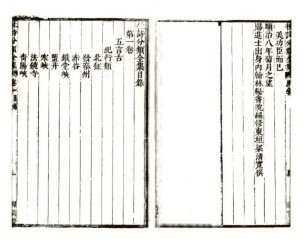

图 2-3　哈佛本目录图（资料来源：美国哈佛大学哈佛燕京图书馆数字馆藏网站）

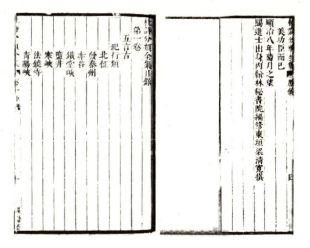

图 2-4　浙大本目录图（资料来源：浙江大学图书馆网站）

所有新篇，或收简于书言，或珍藏于秘笈，尽以贻寄，公诸海内。武林书坊亮明斋丰城剑气，自发牛斗之光；禹穴函定，探龙威之密。[1]

从中看出亮明斋和汪淇可能合作出版过一些书籍，此书也很有可能是汪淇与亮明斋合作刻印、梓行的。

### 4.《诗苑天声》

明末清初，望社成员范良辑录汉唐以来文人学者的诗赋并作简要评价，编成《诗苑天声》。全书二十二卷，由五部分组成——《应制集》四卷、《应试集》三卷、《朝堂集》七卷、《馆课集》六卷、《历代乐章》二卷。"应制"指奉皇帝之命所作诗赋，《应试集》专选唐代科举考试时诗人所作诗赋，《馆课集》专门汇集明代庶吉士在翰林院进学时的应试诗文，《朝堂集》选西汉至明时在朝堂上歌颂朝廷之诗。每集前面都有范良所作各集小引，解释本集内容及编辑主旨。

《诗苑天声》现存两种版本，一为还读斋本，一为旋采堂本[2]。

还读斋本《诗苑天声》，封面上栏写"海内诸先生同定"，

---

① 汪淇：《谋野集题辞》，载王穉登著，汪淇注释《尺牍谋野集》，康熙元年（1662）刻本。
② 范与良：《诗苑天声》，顺治十七年（1660）旋采堂本，首都图书馆藏。

图 2-5　还读斋本《诗苑天声》封面图（资料来源：中国国家图书馆·中国国家数字图书馆）

右侧小字题"黄海范眉生评选"，中间栏大字题"诗苑天声"，左侧题"一历代应制诗、一唐人应试诗、一历代朝堂诗、一明臣馆课诗、一历代乐章，金阊童晋之、武林还读斋同梓"（见图 2-5）。首有顺治十七年（1660）钱谦益《诗苑天声序》，次李楷《诗苑天声序》，次顺治十六年（1659）范良作《诗苑天声序》，次范良作《凡例（十六则）》，次《海内订正诸先生姓氏》，列五百零九人，其中包括汪淇、黄周星、汪桓等人，后附望社成员三十人姓名。正文半页十行二十二字，白口，左右双边，黑单鱼尾，无行格，有圈点。每集都有单独封面，封面右侧刻"范眉生评选某某集"，左侧小字题"幽草轩藏板"。范良有诗集名为《幽草轩诗集》，是故幽草轩当为范良书室名。从总封面题"金阊童晋之、武林还读斋同梓"，单集封面题"幽草轩藏板"来看，此本《诗苑天声》可能是由范良自行刻板，还读斋只负责刷印、发行；也可能由童晋之、还读斋刻板后，书板最后归范良所有，故写为"幽草轩藏板"。

除还读斋本外，另有旋采堂本，首都图书馆[①]、美国哈佛大学燕京图书馆有藏本。封面上栏写"海内诸先生同定"；右栏题"黄海范眉生评选、孙阆夫重订"，中间栏大字题"诗苑天声"，左栏题"一历代应制诗、一唐人应试诗、一历代朝堂诗、一明臣馆课诗、一历代乐章。旋采堂藏板"（见图2-6）。每集前有单独封面，封面右侧刻"范眉生评选、孙阆夫重订"，中间题"某某集"，左侧小字题"旋采堂藏板"。首有顺治十七年（1660）钱谦益《诗苑天声序》，次李楷《诗苑天声序》，次顺治十六年（1659）范与良作《诗苑天声序》，次范与良作《凡例（十六则）》，次《海内订正诸先生姓氏》。正文半页十行二十二字，白口，左右双边，黑单鱼尾，无行格，有圈点。

还读斋本与旋采堂本在内容、版式上几乎完全相同（见

---

① 《诗苑天声》[据首都图书馆藏顺治十六年（1659）旋采堂本影印]，《四库全书存目丛书补编》第38册，齐鲁书社2001年版。该影印本印制时删掉了全书封面和单集封面，首都图书馆藏原本皆存。

图 2-6　旋采堂本《诗苑天声》封面图（资料来源：美
国哈佛大学哈佛燕京图书馆数字馆藏网站）

图 2-7、图 2-8），但对原书作者姓名的写法却完全不同。范
氏自作《诗苑天声序》，还读斋本落款为"大清龙飞顺治十六
年岁次己亥春王正月上澣黄海范良眉生氏题于淮阴寓舍之幽草
轩"，旋采堂本落款为"大清龙飞顺治十六年岁次己亥春王正
月上澣黄海范与良眉生氏题于淮阴寓舍之幽草轩"。另外，集
前小引的落款、卷端作者姓名也如此。两本孰对孰错？此书作
者是范良还是范与良呢？我们可以从两个版本的刊刻者和书板
藏地稍作分析。

第一，从刊刻者来看，本书作者范良与汪淇很可能相识。

图 2-7 旋彩堂本《诗苑天声》书页图（资料来源：美国哈佛大学哈佛燕京图书馆数字馆藏网站）

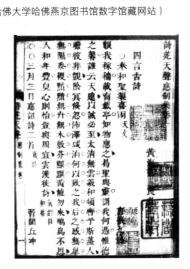

图 2-8 还读斋本《诗苑天声》书页图（资料来源：中国国家图书馆·中国国家数字图书馆）

在《诗苑天声》范良所作的《海内订正诸先生》名录列中有汪淇名字。虽然《海内订正诸先生》开列订正人员名单多达五百余人，其中很大一部分可能有借名之嫌，如钱谦益、毛晋之辈。但汪淇并非名人，范良也没有借汪淇之名宣传书籍的必要。可能因为两人相识，或有共同相识的友人，且汪淇也是此书的梓行者，故范良将汪淇之名列入其中。另外，范良是望社的主要成员，与汪淇共同参订《诗体明辨》的赵朗亦是望社主要成员，也列于《海内订正诸先生》之中。同为望社成员，范良和赵朗应该比较熟悉，与汪淇也有间接联系。从这两点来看，汪淇很可能与范良相识，或有共同的友人，所以还读斋刊本写错作者姓名的可能性不大。

第二，从书板藏地来看，最初拥有并贮藏这套书板的地方是幽草轩，即作者范良的书室。还读斋本《诗苑天声》的封面有"金阊童晋之、武林还读斋同梓"，每集封面有"幽草轩藏板"。①

---

① 有学者对古籍中的"藏板"和"梓行"做了专门研究，认为若写为"A藏板"则说明此书板是由 A 刊刻的，或最终板归 A 所有；若写为"B 梓行"，则说明 B 仅刷印或发行了此书，书板并不归 B 所有。因此，很多刻书中同时出现了两家，甚至多家书坊名，如清刊本《新刻全像三宝太监西洋记通俗演义》封面同时题有"映旭斋藏板""步月楼梓行"的字样。参见骆伟《古籍"藏板（版）"考略》，《图书与情报》2004 年第 1 期；文革红《清代前期通俗小说书板出租现象初探》，《乌鲁木齐职业大学学报》2009 年第 2 期；何远景《藏板与古籍著录》，《文津学志》2012 年第 5 辑。

由此看来，此套书板很可能是由范良自行刊刻，或书板最终归范良所有，还读斋和童晋之仅负责刷印、发行。既是作者自行刻板，或板归作者所有，刻错作者"范良"名字的可能性不大。而旋彩堂本封面题"旋采堂藏板"，说明此书板最终为旋彩堂所有，与范良关系不大。

除此之外，旋彩堂本封面题"黄海范眉生评选、孙阆夫重订"，可见此本为重订本。重订本之前必有旧本，才可能重新评订、刊印，此重订本依据的旧本应该就是还读斋梓行的版本。加之还读斋本可能是范良自己刊刻的版本，作者的自刊本应该是比较早的本子。所以，从成书时间来看，还读斋本的刻印时间应该早于旋采堂本；从内容、版式来看，旋采堂本是后刻本，且与还读斋本属于同一版本系统，甚至很可能直接使用了原书板，并修改了作者的姓名。

"范与良"之称仅在旋采堂本《诗苑天声》中出现，未见于其他典籍之中。范氏自撰诗集《幽草轩诗集》中署名也为"黄濑人范良眉生"[①]。由此可见，旋采堂本所写"范与良"应该是错误的。为何旋采堂在后来刷印时将作者改为"范与良"，是旋采堂主人有意为之，还是其他原因，目前尚无法判定。

---

① 参见郭宝光《清初淮安山阳望社研究》，博士学位论文，苏州大学，2013 年。

### 5.《明七子诗选注》

《明七子诗选注》选李攀龙等"嘉靖七子"（后七子）之诗，首有万历癸巳（万历二十一年，1593）茅坤作《叙》，次目录。每卷卷首刻"浙汜茅坤、云间陈子龙选定"，"古杭汪淇、汪恂订正"。卷一选李攀龙诗五十五篇，卷二选王世贞诗六十七首，卷三选梁有誉诗三十八首，卷四选谢榛诗四十三首，卷五选徐中行诗六十四篇，卷六选吴国伦诗六十六篇，卷七选宗臣诗四十六篇，每首诗后都有题注。

## 第二节　严查、避祸与转向

### 一、政治风向的改变

顺治年间的文人结社多受明季结社遗风的影响，成为清初文人社会的片尾曲。很快文人结社的活跃与热情伴随着顺治十七年（1660）禁止结社的命令而销声匿迹。清顺治十七年上谕："士习不端，结社订盟，把持衙门，关说公事，相煽成风，深为可恶，著严行禁止。"①此谕一出，"自是家家闭户，人人屏迹，无有片言只字敢涉会盟之事矣"②。

紧接着，顺治十八年（1661）又发生了奏销案。顺治十八年江宁巡抚朱国治将苏州、松江、常州、镇江四府钱粮抗交者列名造册，开列江南士绅一万三千余人，上奏朝廷要求严加

① 《清世祖实录》卷131，顺治十七年（1660）正月辛巳条，中华书局2008年版，第12页。

② 杜登春：《社事始末》，载《丛书集成初编》第764册，中华书局1991年版，第21页。

惩戒。于是凡欠税士绅无论出身、官职,无论欠额多少,皆被革黜功名。这一事件不仅涉及吴伟业、徐乾学等江南著名士绅,连仅欠一文钱的探花叶方蔼也被革职查办。实际上,奏销一事并不仅涉江南,福建、陕西、广东、山东等地亦有拖欠钱粮,实因江南地区是赋税重地,亦是遗民、文人最多最活跃之地,故成为奏销案的重灾区,朝廷也尤其重视对江南地区奏销案的处理。奏销案是朝廷借赋税一事对江南士绅阶层的一次重大打击,"特当时以故明海上之师,积怒于南方人心之未尽帖服,假大狱以示威,又牵连逆案以成狱"①。奏销案,是朝廷对待汉族士大夫政策转变的表现——由初入关时的拉拢策略变为强制、控制政策。奏销案后江南地区"仕籍、学校为之一空"②,绝大部分世家大族、文人士子遭到打击,官绅士子,革黜至万数千人,对江南文人士子心态的变化也产生了巨大影响。奏销案之后,文人更是"弃家客游者有人,仰屋毙牖者有人,改名就试者有人,纵酒逃禅者有人,文士之气,稍稍沮丧"③。

① 孟森:《明清史论著集刊正续编》,河北教育出版社 2000 年版,第 367—368 页。
② 孟森:《明清史论著集刊正续编》,河北教育出版社 2000 年版,第 369 页。
③ 杜登春:《社事始末》,载《丛书集成初编》第 764 册,中华书局 1991 年版,第 21 页。

## 二、刻书主题的转向

自社事消歇、奏销一案后，涉及文社、诗社的坊刻书籍亦大为减少，汪淇刊刻诗集的热情最终也随着顺治末年文人结社的沉寂而逐渐消沉。顺治十七年（1660）发出禁止结社的上谕后，为避祸汪淇立刻停止了诗集的刊刻，还读斋于此年将《诗苑天声》付梓后转向更为保守的科举应试和地理风水类书籍的筹备。顺治十八年（1661），汪淇又刊刻了《武经七书全文直解》和《雪心赋直解》两种书。

### 1.《武经七书全文直解》

《武经七书》是北宋时期官方颁布的一套兵法丛书，成为自宋以来应武举者必看的"教科书"之一。由《孙子兵法》《吴子兵法》《司马法》《黄石公三略》《尉缭子》《太公六韬》和《唐太宗李卫公问对》七部书组成。明朝开国以后，朱元璋重视武学，提倡军官子孙讲习武书，并命兵部刘寅注释七书，编成《武经七书直解》，后由兵部刻印分发给有关官员和将领。从此掀起了注释《武经七书》的风气，较有代表性的注解有刘寅的《武经七书直解》、黄献臣的《武经开宗》、张居正的《武经直解》等。清初继承宋明风气，注解武经蔚然成风，如顺治间陈裕的《武经全题汇解》等书。

图 2-9 《武经七书全文直解》封面图（资料来源：日本国立公文書館デジタル
アーカイブ）

　　还读斋本《武经七书全文直解》，封面右侧小字题"张江
陵相国原本"，中间大字题"武经七书全文直解"，左下侧小字
题"还读斋精梓"（参见图 2-9）。

　　卷首有万历五年（1577）张居正作《武经直解序》，次顺
治十八年（1661）汪淇作"凡例"。次上栏"武经直解开宗合
参策题汇解"，下栏录武经七书目录。次正文，分上下两栏，
半页九行，上栏小字十六行十五字，下栏大字七行十一字，四
周单边，白口，黑单鱼尾。上栏题"武经直解开宗合参"，"江

陵张居正泰岳父著辑，西陵王益朋鹤山父鉴定 ①，钱塘汪淇憺漪父纂序"，下栏题"标题武经七书全文"，共七卷，每卷下署订正人（卷一至卷三由汪淇长子汪桓订正，卷四、卷五由汪淇次子汪雯订正，卷六、卷七由汪淇孙汪惟宸订正）。

关于正文的具体内容。所谓"策题汇解"就是武举策问的模拟试题和模拟答案。例如，"问：孙子军形篇曰，决积水于千仞之溪者，形也。军势篇曰，转圆石于千仞之山者，势也。夫山溪等耳，一以于形，一以于势，其旨何如"。"答：当先明白形势二字。然形势二字，甚难分别。若从字演义，则形主静，势主动。但静以动为体，动以静为用。故一喻于深溪，一喻于高山。作文以动静形势四字串和，则千仞高山，自然分别，而形势亦自了然，不必管他孰为形，孰为势耳。"正文部分，汪淇认为之前刊刻的《武经七书》汇编"向来章句割裂注释，分填既不便于吟诵，又多病于琐零"②，不利于读者阅读、理解，所以汪淇在刻板时，将正文分为上下两栏，上栏《武经直解开宗合参》简要解义，下栏仅录七书正文（见图 2-10）。

另外，书中释义的内容也与其他版本有所不同，此本只选

① 鉴定人每卷都不同。卷一《孙子》西陵王益朋鹤山父鉴定、卷六《三略》古杭王益朋鹤山父鉴定，卷二《吴子》、卷三《司马法》、卷五《尉缭子》舜水马晋允昼初父鉴定，卷四《李卫公》、卷七《六韬》禹航严沉颢亭父鉴定。

② 汪淇：《武经七书全文直解》凡例，顺治十六年（1659）还读斋刊本。

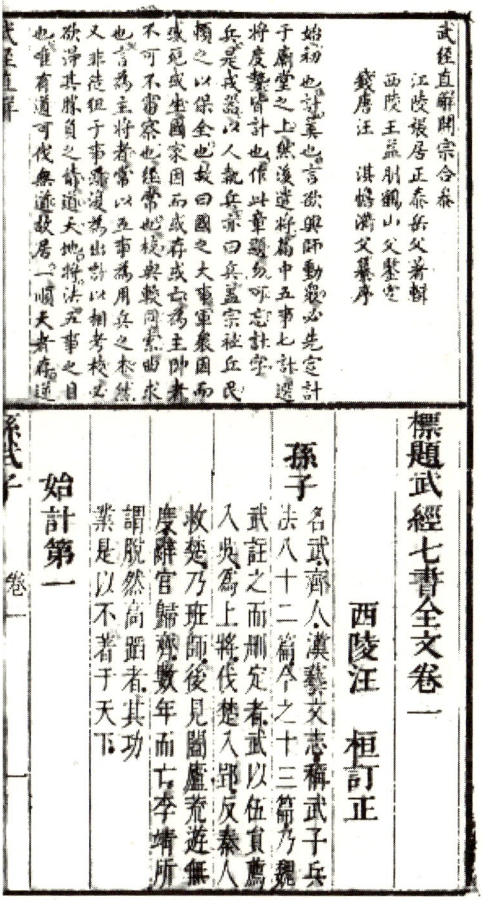

武経直解闓宗合参

江陵張居正泰岳父著輯

西陵王益朋鵬山父鑒定

錢唐汪　淇瞻漪父纂序

始初也計美也言欲興師動衆必先定計于廟堂之上然後遣將興兵五事七計遣將廢繁肯計也作此章冠五事七計之兵是或然計人氣兵兵曰真盖宗祕丘民頼之以保全也故回國之大電軍叢国而或死或坐固國家困而或存或亡為主帥者不可不審察也經常妣檢與敵同繫曲求也言不為主將常以上事為用兵之杶然又非徒徂于市蠡遠為出計以輔考校之目欲帰其勝負之諸通天地斯法冠事之目也雖有道可代無途故居一順天黄在遠

標題武經七書全文卷一

西陵汪　桓訂正

孫子

名武齋人漢藝文志稱武子兵法八十二篇今之十三篇乃魏武詿之而刪定者武以伍貟薦入吳為上將伐楚入郢反泰人救楚乃班師後見闔廬荒遊無度辟官歸殃數年而古李靖所謂脫然高蹈者其功業是以不著于天下

始計第一

孫武子
卷一

武経直解

图 2-10 《武经七书全文直解》书页图（资料来源：日本国立公文書館デジタルアーカイブ）

与原书经义相关的内容，对技法、谋略一类的内容一律不载。①
上栏释义部分，虽写作张居正辑注，其实并非张居正原本内
容，而是经过了汪淇等人的缩减改编。例如《孙子》第一篇
《始计》，翁鸿业本在"始计"题目之下做简要介绍：

> 始，初也。计，算也。言欲兴师动众，群臣必先定
> 计于庙堂之上，而决胜于千里之外，是计乃兵之先也，
> 故孙子以始计为第一篇。首段总言人君与大将于庙堂之
> 上，经此五事，校以七计，搜索彼我胜负之情。第二段，
> 言大将选用偏裨，而授之以计。第三段，言因利制权之
> 道，然后乃诡设形势，以助之于外，是亦所谓计也。末
> 段总结上文，言算多则其策良，算少则其策拙，懵然
> 而无算者，必至于亡国丧师。故曰，吾以此观之，胜
> 负见矣。②

汪淇刻本为：

> 始，初也。计，算也。言欲兴师动众，必先定计于
> 庙堂之上，然后遣将。篇中五事七计，选将度势，皆计

---

① 汪淇:《武经七书全文直解》凡例，顺治十六年（1659）还读斋刊本。
"武经一书，从未单行，非赘以射法、阵法，即附以将略、兵谋。是集概
不并载，使读者潜心经旨，则机略自生。笾笾技艺又属末事矣。"
② 张居正重订:《武经直解》卷1，崇祯十年（1637）翁鸿业刊本，日本内
阁图书馆藏。

也。作此章，题勿可忘计矣。①

诸如此类，汪淇将张居正原本的释义内容加以缩减、精炼，更方便理解与阅读，为应举士子节省更多时间，为应举提供捷径，因此也更符合应举士子的要求。

### 2.《雪心赋直解》

《雪心赋》是唐代卜应天编写的一本教人相宅相墓的地理风水书，内容比较简略。自刊行以来，不断有人进行评释。如谢志道注《雪心赋句解》、吴一棵注《雪心赋翼语》、孟浩注《雪心赋正解》等。还读斋刊本为明代田希玉注解的《雪心赋直解》。

还读斋本封面最上栏小字题"合千家注纂序"，右侧题"卜则魏先生原著、田希玉先生辑解"，中间大字题"雪心赋直解"，左侧小字题"唐朝卜应天先生深明地理，其著为此赋，集古今之言，发山川之奥。盖尽雪此心而为之，毫无隐也，故命名曰《雪心赋》。但其言微，眇后学难穷，明季田希玉先生集千家注而纂序焉。颜目直解，使学者诵注，按图一见了然，真学地之至宝也，识者珍之。还读斋主人识"。首有田希玉撰《雪心赋直解序》，次顺治十八年（1661）何伯达撰《历代

---

① 《武经七书全文直解》卷一，顺治十六年（1659）还读斋刊本。

相传地理始末》，次顺治庚子（顺治十七年，1660）汪淇自撰
《雪心赋直解义例》。正文半页八行二十字，小字双行同，左右
双边，无鱼尾，有行格、圈点。版心上题"雪心赋直解"，下题
"千家注纂、蜗寄家藏"。共四卷，首卷卷端题"唐地师卜则巍
著、明山人田希玉辑，后学何伯达氏、汪右子氏同参订"①。

汪氏《雪心赋直解》与其他版本最大的区别在于此书书后
附有汪淇辑定的与相宅相墓相关的小册子——《地理碎事》。

《地理碎事》首有汪淇识语，次顺治十八年（1661）查望
作《地理碎事序》，次叶生作《碎事纪言》。正文卷端题"蜗寄
辑录地理碎事"，下署"客越憺漪汪淇右子氏辑定"。正文半页
八行二十字，左右双边，无鱼尾，有行格、圈点。版心上题
"地理碎事"，下题"蜗寄著辑"。

《地理碎事》虽附于《雪心赋直解》之后，其内容却大不
相同。此书并非教人如何进行风水堪舆，而是一册借风水故事
劝人为善的小册子。汪淇通过搜集、解析小故事的方式，引导
人们弃恶从善。

如第一则故事：

---

① 每卷参订人不同，卷二题"唐地师卜则巍著，明山人田希玉辑，后学汪
右子氏、叶又生氏同参订"，卷三题"唐地师卜则巍著，明山人田希玉
辑，后学汪右子氏、吴愚公氏同参订"，卷四题"唐地师卜则巍著，明山
人田希玉辑，后学汪右子氏、查于周氏同参订"。

　　万历朝浙宁波有冯姓士人，处馆于新安，岁暮得束
脩八两而归。至江口，见贫民夫妇赴水，士人止之。民
言岁暮债迫，欲鬻妇。妇不忍离，故相率并命。士恻然，
尽捐金与之，民泣谢，代负担，送士归家。妻问所得，
士言遇贫民赴水事。妻曰："胡不周之。"士曰："已与之
矣。"妻欣然……明春赴馆，主人延地师葬母，士以二亲
未葬，常嗟叹焉。主人嘱师为卜穴，至一处，见鹿卧其
地，人至奔去。师曰："此金锁玉钩形，吉地也。"士忆
与梦合，但未知为谁地，适前与金之民至，见士曰："先
生得非冯某乎？自得金完债，夫妇稍温饱，未能报德，
今为何来？"此士言求葬地。民曰："此山一带皆我有，
如可用，当奉献。"士指鹿眠处，民曰："正吾业也。"即
邀至家，厚款，书契以献。士葬二亲之后，登第，官至
都宪，夫妻偕老。冯氏子孙至今繁衍不绝。

　　憺漪子曰，予观为冯公之乐助不难，而难在其妇。
"胡不周之"一语令人敬服，视今之鄙妒之妇何啻霄壤。
予辑碎事，而首录内助，亦由诗以关雎为第一云。[1]
此则故事讲述了万历年间浙江宁波的冯姓士人在徽州为人

---

[1] 汪淇:《地理碎事》，汪淇辑《雪心赋直解》，载《故宫珍本丛刊·相宅相
墓》第 409 册，海南出版社 2000 年版，第 321—322 页。

塾师，年终携薪资回乡，偶遇因债务欲投江的贫民夫妇，遂将所得薪资皆送给了贫民夫妇。冯士人回家后将此事告诉妻子，妻子听闻其将所有"工资"都散尽后非但没有责怪他，反而欣然接受，表示赞许。后冯士人偶遇风水宝地，正是所救贫民之地。贫民为报恩，遂将此地赠送给冯士人以葬双亲。自此后冯姓子孙飞黄腾达、繁衍不绝。汪淇在此文后评价道，冯士人助人并不难得，其妻子的态度则尤令人"敬服"，不禁让汪淇感叹冯氏之妻与当今的妒妇何止天壤之别。故汪淇效仿《诗经》，将"贤内助"一篇放于卷首，以示妇人之德对家族盛衰的重要性。

又如第二则故事：

范文正尝得一宅基，堪舆家相之日："此当世出卿相。"公曰："诚有之乎，不敢以私一家。"即捐其基建之学宫，今苏州府学是也。风水家言尚有系公念者乎。

憺漪子曰：予见湖上两山，求地者纷纭无虚日，而地师各有所献，亦已无余矣。因有某寺年久倾颓，基址废圮为献，而富宅大家，遂有谋为茔葬之举。偶有天台一僧，知而口占一绝云："一带空山已有年，不须惆怅起额砖。道旁多少麒麟塚，转眼无人送纸钱。"嗟乎，此僧之诗真可为微婉而有讽刺之意耶。思谋寺基者，得毋有愧文正乎。①

　　此篇记述范仲淹不为一己之私，将风水宝地捐建为学校的故事。汪淇亦感慨今人为争夺所谓的"风水宝地"天无宁日，而今日之宝地转眼即被子孙后代忘记、抛弃。是故，真正的风水宝地在乎人心德行，而非地段形式。

　　其实，大部分《地理碎事》中的故事在汪淇辑定之前已见于多部书，如第一则冯士人的故事可见于《型世言》《昨非庵日纂》，第二则范仲淹的故事在《福寿全书》等书中亦有所载，内容几乎完全相同，在《地理碎事》中仅多了汪淇的评语而已。即使如此，《地理碎事》仍是汪淇在自己的书坊刊印的第一部"著作"，虽附于《雪心赋直解》后，且多是已有旧篇，但其作为书坊主汪淇自己创作的开始，亦不能忽视。

---

① 汪淇：《地理碎事》，汪淇辑《雪心赋直解》，载《故宫珍本丛刊·相宅相墓》第 409 册，海南出版社 2000 年版，第 322 页。

# 第三节　改编加工和彰显个性

从明末到清初，还读斋的刻书有两个明显的特征。

第一，"跟随潮流"的选题取向。

顺治七年（1650）以后还读斋的刻书共有七种，其中五种皆为诗集。还读斋对诗集刊刻的兴趣明显地受到顺治初年文人结社之风的影响；顺治十七年（1660）以后其对诗集刊刻兴趣的急转直下亦与当时禁止结社的政策密切相关。可见，清初还读斋的刻书选题与当时的社会环境、市场需求仍有密切关系。

第二，彰显个性。

除市场影响外，顺治年间汪淇身份和自我认知的转变对还读斋刻书选题的影响应该也是至关重要的。清初还读斋刊刻的诗集中既有文人结社的成品诗——《西陵十子诗选》，又有教人作诗技巧的《诗体明辨》；既有文人领袖之雅诗——《明七子诗选注》，又有为科举而作的应试诗——《诗苑天声》。其读

者对象可谓广泛，阳春白雪、下里巴人兼顾而有之，既表现出
了汪淇敏锐的商业眼光，又体现了他自身的文人气息。从汪淇
的交游圈中我们也可以看到，在明末清初之际，汪淇与当时众
多江南文人都建立了密切的关系，如徐士俊、黄周星、陈子龙
等，汪淇也逐渐融入江南文人群体之中。汪淇身份和自我认知
也开始逐渐从徽商后裔向江南文人倾斜，这一改变对清初还读
斋刻书选题的变化产生了重要影响，清初还读斋的刻书彰显出
更多的个性，呈现出三大特点，即文人参与、改编加工和注重
质量。

## 1. 文人参与

清初参与还读斋编辑、刻书的文人数量有所增加。清初汪
淇交游圈的扩大不仅影响到书坊还读斋的刻书选题，还为还读
斋网罗了一部分文人"编辑"。一部分江南文人开始参与到还
读斋的刻书活动之中，担任参订、审阅等编辑工作。我们可以
将清初还读斋文人参与刻书的情况做成表2-3。

**表2-3 顺治中后期还读斋刻书情况表**

| 书名 | 著者（辑者） | 主要编辑者 |
|---|---|---|
| 《明七子诗选注》 | 陈子龙选定 | 汪淇、汪恂订正 |

（续表）

| 书名 | 著者（辑者） | 主要编辑者 |
|---|---|---|
| 《西陵十子诗选》 | 毛先舒等 | |
| 《诗体明辨》 | 徐师曾纂 | 叶生评定，汪淇、赵朗参阅 |
| 《杜诗分类全》集 | 张缙彦、谷应泰辑定 | 高士、汪淇较阅 |
| 《诗苑天声》 | 范良辑定 | |
| 《武经七书全文直解》 | 张居正辑 | 马昼初等鉴定，汪淇纂序，汪桓、汪雯、汪惟宸订正 |
| 《雪心赋直解》 | 卜则巍著、田希玉辑 | 汪淇、叶生、查望等校订 |
| 《雪心赋直解》后附《地理碎事》 | 汪淇辑定 | |

对比表 1-4 与表 2-3，可以看到清初还读斋刻书的编辑者较明末有了一定增加，叶生、赵朗、高士、马昼初等江南地区的文人均加入还读斋的编辑行列。

## 2. 改编加工

正是因为更多文人参与到刻书之中，顺治间还读斋的刻书在编辑上才与明末相比表现出一定差异。放弃"拿来主义"，对刻书进行简单的改编。明末还读斋在刻书时更多地选择了市场上已有的旧本，在旧本基础上进行缩编，甚至直接采用改头换面、刊印旧本的方式；顺治后期，还读斋在刻书时不再只选旧本，而选取了一些新内容，如《诗苑天声》《杜诗分类全集》《明七子诗选注》等均为首次付梓，没有旧本。即使选择已有旧本的选题，汪淇在编选时也会对内容进行简要的改编。例如《诗体明辨》是在沈氏《诗体明辨》的基础上删节而来，但在沈本基础上又在每首诗后面添加了一些社会名流的点评，如王元美、钟惺、谭友夏等。虽然诗文内容未作改动，甚至是直接抄录沈本《诗体明辨》，而未遵从徐师曾《文体明辨》原本，但其在诗文后增加的简短评注，也是其所做的编辑工作之一。

　　再如《武经七书全文直解》一书，前有翁鸿业等众多刻本，汪淇认为之前刊刻的《武经七书》汇编"章句割裂，注释分填，既不便于吟诵，又多病于琐零"①，不便于读者阅读、理解，所以汪淇在刻板时，将正文分为上下两栏，上栏《武经直解开宗合参》简要解义，下栏仅录七书正文。另外，书中释义的内容也与其他版本有所不同，此本只选与原书经义相关的内容，剔除了技法、谋略一类内容。上栏释义部分，虽写作张居正辑注，其实并非张居正原本内容，而是经过了汪淇等人的缩减改编。

　　除刊刻他人著述外，汪淇还首次将自己辑定的《地理碎

---

① 汪淇：《武经七书全文直解》凡例，顺治十八年（1661）刊本。

事》附于《雪心赋直解》之后刊印，可算是汪淇在自己的书坊刊印的第一部"著作"。

### 3. 注重质量

还读斋于顺治年间的刻书在刊刻质量上较明末初创阶段有了明显的提高。对比两个时期刻书的行格字数，我们可以做成表2-4。

表2-4　明末与顺治时期还读斋刻书行格、字数比较表

| 明末 | | | | | |
|---|---|---|---|---|---|
| 书名 | 行格 | 字数 | 书名 | 行格 | 字数 |
| 《诗经人物备考》 | 9行 | 21字 | 《通鉴纂》 | 9行 | 26字 |
| 《汉书纂》 | 9行 | 26字 | 《智囊全集》 | 10行 | 27字 |
| 《增订诸名家史记纂》 | 9行 | 26字 | 《绾春园传奇》 | 10行 | 21字 |
| 《通纪纂》 | 9行 | 26字 | 《新锲精选易览通书》 | 15行 | 32字 |
| 顺治 | | | | | |
| 书名 | 行格 | 字数 | 书名 | 行格 | 字数 |
| 《西陵十子诗选》 | 9行 | 19字 | 《诗苑天声》 | 10行 | 22字 |
| 《诗体明辨》 | 8行 | 20字 | 《雪心赋直解》 | 8行 | 20字 |
| 《杜诗分类全集》 | 12行 | 25字 | | | |

　　从表 2-4 中我们可以看到，明末还读斋的刻书一般都在
9—10 行，每行字数多是 26、27 字；顺治年间的刻书行格不
固定，每行基本在 20 字左右，唯有《杜诗分类全集》行格、
字数略多于其他刻书，则是因为此书开本要略大于其他刻书。
尽管《杜诗分类全集》开本大于他书，但其每行字数仍比明末
的刻书要少得多。刻书行格、字数越少，开本越大，书籍阅读
的舒适度就越高。除行格、字数减少外，顺治年间还读斋的刻
书在刊刻质量和水平上也有明显提高。

　　由此看出，经过明末十几年的发展，汪氏书坊还读斋已初
具规模，到顺治年间，汪氏编辑的书已全部由自己的书坊还读
斋负责刊印。随着社会大环境、文化氛围和汪淇自身交际圈的
改变，顺治中后期还读斋的刻书活动发生了一些变化，尤其表
现在选题和编刊方式上：在选题上，多选与文人、文社相关的
诗集；在刊刻时，也并非仅仅抄录旧本，而是将其加以简略编
辑后再行刊刻。这大概与顺治间汪淇和江南文人的交往有密切
关系——因与文人的相识，所以选题多向与文人相关的主题倾
斜；也正因与文人的交往日渐加深，书坊在编辑、刻书时也延
请到许多文人作序、作评，为刻书"增光添彩"，也使还读斋
的刻本区别于其他刻本，表现出更多特色。另外，这一时期的
还读斋还通过减少刻书的行格、字数，提高刻书质量和阅读舒
适性。这些转变总体来说都使得还读斋的刻书更具文学性，减

少了明末刻书的商业性和市场性，在一定程度上也表明还读斋的预期读者受众和阅读群体开始向文人群体倾斜。

或许顺治年间与汪淇相交的文人仅限于相识阶段，关系还不十分密切，所以顺治间参与还读斋刻书的文人并不多，仅有叶生、赵朗、查望、马昼初等数人。直到康熙间，随着汪淇与他们交往日深，这些江南文人也开始更多地参与到汪氏书坊的刻书之中。

走过明末的初创阶段，顺治以后还读斋的发展渐入佳境；书坊主汪淇自身也逐渐向江南文人群体靠拢，淡化了徽商后裔的身份。这一时期，参与书坊的文人逐渐增多，书坊在刻书选题上也开始向文人性倾斜；刻书质量提高，刻书的商业性和市场性弱化，这是顺治年间还读斋刻书的重要特点。

第三章

改弦更张：
还读斋易名蜗寄

　　顺治末年，汪淇弃儒从道的念头日益强烈，并改名为汪象旭，自号残梦道人，以示皈依道教。但从道后，汪淇并没有"与世隔绝"沉迷于修道炼丹，也没有放弃书坊和刻书业。为使书坊更符合自己从道的意志，汪淇于康熙元年（1662）将书坊"还读斋"更名为"蜩寄"，继续从事刻书业，通过著书、刻书宣扬自己的思想。

　　康熙年间，改名为蜩寄的汪氏书坊刻书七种。与顺治年间还读斋刻书相比，这一时期几乎所有蜩寄刻书皆是汪淇自己编著的。汪氏的自著自编之书成为蜩寄刻书的重点，这也是蜩寄与还读斋刻书的最大不同之处，蜩寄也更多地表现出了汪氏书坊的文人性特征。

　　除此之外，康熙以后，随着汪淇与江南文人的交往日益密切，大量江南地区的文人也参与到蜩寄书坊的编辑、刻书之中，成为蜩寄不同于还读斋的特点之一。

# 第一节　崇奉道教与书坊易名

在汪淇自著小说《吕祖全传》前附有他自作《憺漪子自纪小引》一篇，其中可谓将自己的大半生经历及与道教的渊源都讲述了出来：

予童年多病，以寡兄弟，二人绝爱怜之。自诵读外，不许嬉游。迨弱冠后，逐朋侪，恣淫佚。或示以保精啬神之道者，亦未之信也。忽患沉疴，巫医俱谢却。予昏瞀时，乃梦至一山崖，见纯阳子以棕扇拂予首曰："为汝续颈。"仍嘱以数语。余顿醒，病即霍然。每欲皈依祖师，以谢再生之德，而世故纷纶，因循悠忽。又以力攻举子业，思得一当，以遂显扬之志。故虽信奉已久，而未能尚也。继遭世变乱，一麈两徙，皆为兵据，囷无复之。唯有课督儿辈，冀其共成予志。逢时坎坷，屡未得售。庚子（顺治十七年，1660）冬，始克襄两先人大事，遂决意奉玄，用酬夙愿。辛丑（顺治十八年，1661）夏，即于书舍，供奉祖师。又皈依善长孙师，誓无退悔。终日唯简道藏，阅丹经以娱余年，为终老计。①

汪淇年少时曾染重病，梦到吕洞宾将其治愈，自此便有奉道的意向，但此时意志并不坚定，并一直以科举应试为目标，却从未成功。自己在科举仕途上的愿望无法实现，汪淇便时刻督促儿孙辈继续应举，完成自己的夙愿。但儿孙也是历经坎坷，在汪淇有生之年几乎无一成功。直到顺治十七年（1660），父母双亡时，汪淇才下定决心皈依道教，并于次年拜善长孙为师。汪淇一生后几年的时间弃儒从道，"终日唯简道藏，阅丹经以娱余年，为终老计"。

汪淇晚年皈依道教后，改名象旭，号残梦道人。康熙元年（1662）以后在汪氏刊刻的书籍中，开始出现"汪象旭"这一名称，如《吕祖全传》中《憺漪子自纪小引》末署"奉道弟子汪象旭右子氏"，正文卷首题"奉道弟子憺漪子汪象旭重订（原文小字注：'原名淇，字右子'）"；《西游证道书》卷首题"西陵汪象旭憺漪子"。虽有"汪象旭"之名，但"汪淇"这一名字依然继续使用。如在康熙二年（1663）、六年（1667）、七年（1668）汪淇编刻的三部尺牍系列总集卷端仍署"西陵汪

---

① 汪淇：《憺漪子自纪小引》，载《吕祖全传》，康熙元年（1662）蜩寄刊本。

淇憺漪"。由此来看，汪淇在晚年奉道后，虽重新起名为"象旭"，但并未彻底舍弃"汪淇"这一姓名。汪淇的好友叶生曾说："予友汪淇，右子也，号憺漪，其受教善师之门，道名象旭云。"[①] 所以，"象旭"可能只是汪淇的"道名"，这一名称基本用于与道教相关的事物之中，其他情况下仍然用"汪淇"这一姓名。

除汪淇确切明白地指出因疾病、父母下决心奉道外，顺治末年至康熙初年，江南地区发生的一系列事件，对当地文人心态的变化和坊刻业的发展也产生了极大的影响。

首先，顺治十七年（1660）朝廷明令禁止文人结社。从此，自万历末年以来盛行六十余年之久的文人结社之风戛然而止，社事几近消歇。汪氏书坊也立即对此政治环境和社会氛围的变化做出回应：顺治十七年（1660），汪淇刻完《诗苑天声》后迅速将对诗集刊刻的兴趣转向其他刻书，于次年刊刻了《武经七书全文直解》和《雪心赋直解》两种书。明末初创书坊的汪淇对兵书和术数类书籍的刊刻也有某种偏好，顺治末年这两种书的选题与明末还读斋的刻书选题有相似性，可能是汪淇在社会人环境突然改变后，从明末还读斋的刻书选题中挑选

---

① 叶生：《序》，《吕祖全传》，载《古本小说集成》第1辑第32册，上海古籍出版社1994年版，第3页。

出来的，在一定程度上是明末还读斋刻书选题的继承和延续。

其次，顺治十八年（1661）"奏销案"的发生使江南文人受到极大打击。"奏销案"后江南文人士子遭革黜者至数万人，江南地区"仕籍学校，为之一空"①，仕进之路被阻塞。奏销一案对江南文人士子，尤其是明季遗民心态的变化产生了重要影响：弃儒避世、著书"适志"，希望"以文墨立言"实现人生价值，成为很多文人的新选择。汪淇也在顺治末年选择了弃儒从道，以著书、释书宣传自己的思想。顺治十八年（1661）汪淇在还读斋刊刻了自己的第一部"著作"——《地理碎事》，虽仅有二十余页，亦未能单独成书（附于《雪心赋直解》之后），但此书开启了汪淇的创作之路，"蜩寄"之名也出现于此书之中，并于康熙元年（1662）最终取代"还读斋"成为汪淇从事刻书的书坊名。

最后，顺治末年至康熙二年（1663）的《明史》案"成为影响坊刻业的重大事件。以庄廷鑨所著《明史》为中心，朝廷在江南一带大兴文字狱。涉及此案的庄氏和朱氏两家年满十五岁以上族人及参与此书的编纂、作序、参订、刻印、买卖、藏书者皆被处死，甚至刻书匠汤达甫、李祥甫，售书书商，书

---

① 孟森：《明清史论著集刊正续编》，河北教育出版社 2000 年版，第369 页。

坊主王云蛟、陆德儒等人也惨遭横祸。此后，著书、刻书禁忌繁多，汪淇的刻书兴趣也开始向编刊医书、尺牍转向。

汪淇皈依道教后并未停止刻书活动，而是将书坊名由"还读斋"改为"蜩寄"继续刊刻书籍。"还读斋"最后一次出现是在顺治十八年（1661）刊刻的《雪心赋直解》中，而"蜩寄"之名也出现在此书中。《雪心赋直解》封面左侧小字刻"还读斋主人"识语，同时正文版心刻"蜩寄家藏"字样，可见此时的书坊仍然以"还读斋"为名。"蜩寄"最早单独出现于刻书之中应该是康熙元年（1662）汪淇、查望编刊的《尺牍谋野集》，此后又陆续刻印了《吕祖全传》《西游证道书》《历朝捷录直解》《济阴纲目》《分类尺牍新语》《尺牍新语二编》《尺牍新语广编》等七种书。

# 第二节　一梦黄粱——《吕祖全传》对吕洞宾形象的重塑

## 一、《吕祖全传》对黄粱梦故事的全新改造

嘉靖、万历以来，通俗小说的创作与出版一路挺进，迅速占据坊刻出版畅销书的鳌头。此时书坊主们不仅刊刻了大量小说，也积极参与到小说创作之中。最早在小说创作领域"崭露头角"的当属建阳书坊主熊大木。在其姻亲建阳书坊主杨涌泉的鼓动下，熊大木开始着手改编讲述岳飞故事的《精忠录》。嘉靖三十一年（1552），熊大木的处女作《大宋演义中兴英烈传》问世并风靡一时，大获成功。熊大木成功后，余象斗、陆云龙、陆人龙等书坊主们也纷纷加入小说出版领域，或组织下层文人编创小说，或自己创作小说，"几乎主宰了嘉靖、万历时的通俗小说创作"。这种在书坊主控制下的小说创作在通俗小说发展史上形成了"一种带有相当普遍性的创作模式"，这

一现象被现代学者称为"熊大木现象"。①

然而熊大木这类书坊主们的文学、艺术修养并不高，为追求经济利益，又缩短成书时间，所以由这些书坊主们组织编创的小说大都比较粗糙，他们多采用摘抄、汇总、缀合，甚至抄袭的方式完成一部小说。如余象斗主持、邓志谟编创的《飞剑记》，即是前代道教仙传类书籍故事和民间故事的大汇总；陆云龙兄弟编刊的《型世言》也是前代各种故事范本的集合，现代学者顾克勇亦将陆云龙兄弟称为《型世言》的"编者"而非"著者"，并列举出每一回故事的本事来源，说明《型世言》是以"抄编"而非"编著"的方式完成的。②然而汪氏的《吕祖全传》和在"熊大木模式"影响下书坊主们靠抄录、缀合完成的小说完全不同。这是一部完全由汪淇自编自创的小说，其内容与之前流传的版本完全不同，某些故事情节更是汪淇自身经历的写照，也包含了汪淇尚未达成的夙愿。

《吕祖全传》是康熙初年书坊主汪淇自创的一部神魔小说，主要讲述被奉为道教祖师的吕洞宾在得道成仙前的故事。目前学界对《吕祖全传》的研究没有专门的论文，大多都是

① 参见陈大康《熊大木现象：古代通俗小说传播模式及其意义》，《文学遗产》2000年第2期。
② 参见顾克勇《陆云龙、陆人龙兄弟文学研究》，博士学位论文，浙江大学，2004年。

在相关论著的某一章节中提及。如王汉民《八仙小说的渊源暨嬗变》①一文，将《吕祖全传》作为八仙小说发展阶段的代表，与早期《飞剑记》《东游记》和同一时期的《韩湘子全传》相比，"艺术性比较高，作者的独创性也比较明显"。吴光正的《中国古代小说的原型与母题》②一书，主要从道教教理方面解释汪淇创作《吕祖全传》的思想来源及依据。如为何汪淇摒弃了过去所有关于吕洞宾出生时间及地点的记载，独创一个生辰及地点；为何要特别写明黄粱梦醒时是"申刻"，并在旁边用黑点特别强调等问题，最后得出"《吕祖全传》在本质上是一部独创性的小说……是一部利用固有的情节大框架独创具体情节来阐释全真教教理及其修炼过程的一部宗教小说"的结论。③

《吕祖全传》中最主要的部分当属"吕祖悟黄粱"和"云房十试吕洞宾"的故事，这两部分也是吕洞宾得道成仙故事中最主要的内容。在不分卷的《吕祖全传》中，汪淇用了约二分之一的篇幅来描写吕洞宾醒悟黄粱梦和钟离权十试吕洞宾的过程，由此可见汪淇对这两个故事重视程度之高。两则故事

① 王汉民：《八仙小说的渊源暨嬗变》，《明清小说研究》1999 年第 3 期。
② 吴光正：《中国古代小说的原型与母题》，社会科学文献出版社 2002 年版。
③ 参见吴光正《中国古代小说的原型与母题》，社会科学文献出版社 2002 年版，第 191 页。

中，黄粱梦故事又占据主要地位。《吕祖全传》中的黄粱梦故事，与历代道教传统的黄粱梦故事有很大不同，在故事情节和内容上做了很多改动。对于小说中的这些改动，有学者认为这是在前代小说的基础上改造而成的："明万历时邓志谟撰小说《飞剑记》，采纳文献记载并杂以俗说，完整地讲述了吕祖出身、求道、度世、成仙的历程。本书（《吕祖全传》）则在《飞剑记》的基础上改作，在体例上作意安排，使之蒙上一层宗教色彩。"① 是否如上所说，《吕祖全传》是在《飞剑记》的基础上附会而来的？书坊主汪淇所撰《吕祖全传》是否和熊大木、余象斗、陆云龙编创的小说相似，仅仅是对吕洞宾仙迹故事的简单缀合？若非如此，《吕祖全传》中黄粱梦的本事渊源出自何处？汪淇对黄粱梦故事的改造蕴含着怎样的思想和深意？

汪淇改编的这场黄粱梦，既是吕洞宾的黄粱梦，也是汪淇自己的黄粱梦。汪淇在梦中将前半生自己秉持的儒家理想结合起来，并借此告诫自己，前半生一直追求的举业仕途，也不过是一场梦而已。汪淇自己在《证道碎事》中也写道："功

---

① 石昌渝主编：《中国古代小说总目·白话卷》，山西教育出版社 2004 年版，第 223 页。

名盖世，无非大梦一场；富贵惊人，难免无常二字。"①吕洞宾梦醒后决心拜钟离权为师，汪淇在经历了前半生的坎坷之后，也下定决心皈依道教。

汪淇编创的小说《吕祖全传》以道教北宗的黄粱梦故事为原型，独创性地编写了一则新的黄粱梦故事。这则故事中，不仅用三个小故事详细铺陈梦中细节，还创造性地加入佛教十八层地狱的情节，让吕洞宾体验到儒家之出世不顺、佛教之轮回痛苦，最终选择皈依道教。在黄粱梦故事中，汪淇将吕洞宾刻画成一位智勇双全、忠孝仁义的儒者形象。这种形象既是汪淇理想中吕洞宾应有的形象，更是汪淇理想中儒士文人的形象，亦是世人效仿学习的形象，这也是汪淇作此书的目的之一。汪淇讲道："（作此书）将以砭世俗淫秽之说，启高明信持之志。使知古今有其理，实有其事，有其人，实有其应，以自勉者推之以勉斯世云尔。"②同时使自己"至心发露，绝欲独处，所以断淫；施钱济贫，所以除贪；闭户安分，所以去僭。庶几躬行不怠，克践素履。虽不敢自附于刘向、嵇康、张良、屈平之列，而于忠孝、和顺、仁信之道，亦特身体而力行之"③。所以，

---

① 汪淇：《证道碎事》第 1 卷，载《古本小说集成》第 1 集第 32 册，上海古籍出版社 1994 年版，第 3 页。

② 汪淇：《憺漪子自纪小引》，载《吕祖全传》，康熙元年（1662）蜩寄刊本。

③ 汪淇：《憺漪子自纪小引》，载《吕祖全传》，康熙元年（1662）蜩寄刊本。

汪淇塑造的忠孝仁义的吕洞宾形象，是以自己推崇并身体力行的"忠孝、和顺、仁信之道"为出发点的。

## 二、《吕祖全传》的版本

《吕祖全传》目前共有两个版本：康熙元年（1662）蜩寄刊本和咸丰九年（1859）宝贤堂刊本。

### 1. 康熙元年（1662）蜩寄刊本，美国哈佛大学燕京图书馆藏

康熙元年蜩寄原刊本为残本，仅存两册（暂称为上、下两册）。上册存封面，封面上栏红字题"修仙度世小说"，右侧题"西陵憺漪子重订"，中间大字题"吕纯阳祖师全传"，左侧题"艳说浮词，启邪导恶，匪特上犯王章，抑且阴贻仙□。兹得吕祖鸾笔手著全传，义虽通俗，意本渡人。短咏长叹，每寓修真妙诀；搜奇说梦，俱属觉世良方。盥手宜扬，不亚列仙源流；□记虔心信奉，岂减太上感应之篇。不但有异乎? 稗编真是迥超□瞽说。庶见者闻者共乐流传，在道在家，争为宝玩云尔"。

首页有白玉蟾撰《纯阳吕仙传叙》，序末署"上清玉虚得道真人白玉蟾撰"。次有汪淇自撰《憺漪子自纪小引》，末署

"康熙元年初夏西陵奉道弟子汪象旭右子氏书于蜩寄"。次有图九幅，第一幅图题《吕祖像》，后附《正阳真人赠吕祖丹诀歌》；第二幅图内容似是吕洞宾在出生之前，其父偶遇道士的场景；第三幅图有"风雷驾见点睛时"七字；第四幅绘与黄粱梦相关的内容；第五幅图旁题"人民尽已非，华表依然旧"十字；第六幅图有"念翌写"三字①；第七幅图旁题"为问幡□熟也无"七字；第八幅图似与文中柳行童重生为柳树精的内容相符；第九幅图旁题"离□即济，功成太还"。次有王处一、林逋、张仲子（写作"七曲山张仲子"）、默玄子、广成子赞词。次《校辨俚说》，末署"奉道弟子憺漪子叩识"。后有"附载"目录，题"绣像吕洞宾祖师全传"，分神通变化、更名点化、进谒儒门、经从道观、游戏僧寺、市廛混迹、庵堂赴会、丹药济人、景物题诗、因缘会遇等十个主题，五十四个吕洞宾仙迹故事。下册为小说正文，卷首题"吕祖全传"，"唐弘仁普济孚佑帝君纯阳吕仙传，奉道弟子憺漪子汪象旭重订（原文小字双行注：原名淇，字右子），同道何应春、费钦、钟山、吴道隆、郑汝承、查宗起同校"。正文半页九行二十四字，黑单鱼尾，

---

① 根据文革红的考证，"念翌写"表示此图是名为胡念翌的画工所刻。胡念翌为清初杭州画工，"曾于顺治年间为《无声戏合集》绘图 12 幅，康熙间为《豆棚闲话》绘图，还为汪淇刊刻的《西游证道书》绘图 16 幅"。参见文革红《从传播学的角度考察清初通俗小说的发展》，博士学位论文，复旦大学，2006 年。

四周双边，有行格、圈点，版心上刻"吕祖全传"，下刻"蝴寄"。下册仅存二十九页，末句为"未得长生术，欲教先生缩地方"。书末尾处有齐如山跋语：

> 此系原刊初印本，实不多见，惜已残缺，余收此则专为书前几页图画。这种技术，自以明朝为最精，到清朝已大见退化。而此画工、刻工尚均能工细如此，殊属难得。因付镶衬而保存之。
>
> 民国三十三年冬，齐如山识于表背胡同之百舍斋。时年六十有八，正避难家居，七年余未出门矣。

此本除有原刊本保存于哈佛大学燕京图书馆外，今有两种影印本——《哈佛大学燕京图书馆齐如山小说戏曲文献汇刊》本①和《古本小说丛刊》本②。

### 2. 咸丰九年（1859）宝贤堂刊本

除美国哈佛大学燕京图书馆藏蝴寄原刊本外，另有咸丰九年（1859）宝贤堂本，现藏于北京大学图书馆。此本是迄今为止仅存的全本。全书共分三部分：前有《证道碎事》，次为《吕祖全传》正文，后附《吕祖全传后传》。

---

① 《哈佛大学燕京图书馆齐如山小说戏曲文献汇刊》第 2 册第 2 种《吕祖全传》，国家图书馆出版社 2011 年版。

② 《古本小说丛刊》第 38 辑第 5 种《吕祖全传》，中华书局 1991 年版。

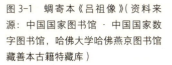

图 3-1　蜩寄本《吕祖像》(资料来源：中国国家图书馆 · 中国国家数字图书馆，哈佛大学哈佛燕京图书馆藏善本古籍特藏库)

图 3-2　宝贤堂本《吕祖像》(资料来源：《吕祖全传》，载《古本小说集成》第 1 辑第 32 册，上海古籍出版社 1994 年版，图第 1 页)

此本首为叶生序，序后题"壬寅（康熙元年，1662）夏日同学弟叶生顿首拜书"。次吕祖像一幅，画像上共两人，前后站位，前为吕祖，后者头上长柳枝，似为柳行童。此本画风与原刊本有明显不同：宝贤堂本比较随意、简单，原刊本画工十分精细、考究（见图 3-1、图 3-2）。

也正如上文齐如山跋语所述，康熙间能有如此精细的雕版图插页，实属难得，也足可见汪淇对此书的重视。从图中我们可以明显看出，咸丰九年（1859）宝贤堂刻本并非康熙元年（1662）蝼寄刊本的递修本，两者应该属于不同的版本系统。宝贤堂本图后为《正阳真人赠吕祖丹诀歌》，除个别字词外①，与蝼寄原刊本基本一致。此本除北京大学图书馆藏原本外，还有两个版本。一为《古本小说集成》本②，是北京大学图书馆藏本的影印本，从叶序到后传，全书影印。另一个为缩略校点本，只有《吕祖全传》正文及后传，省略序、图、《正阳真人赠吕祖丹诀歌》、《证道碎事》等内容。此种缩略点校本多为丛书中的一种，有《八仙全书》本、"中国神怪小说大系"本两种。③《八仙全书》本由张颖、陈速校点④，正题名为《吕纯阳祖师全传》，附《吕纯阳祖师全传后卷》，后卷下小字题"奉道憺漪子汪象旭辑"。"中国神怪小说大系"本，有《吕纯阳得道·吕祖全传》⑤合刻为一册，李建业校点。

---

① 原刊本第7行第7至9字为"亲洒血"，宝贤堂本第7行第21至23字为"心酒血"，可能是抄写或刊刻错误。

② 《古本小说集成》第1辑第32册《吕祖全传》，上海古籍出版社1994年版。

③ 另有姜子夫主编《吕祖全传》，此书实为清人刘体恕所作《吕祖全书》的误写。

④ 《八仙全书》，春风文艺出版社1987年版。此书由《韩湘子全传》、《吕仙飞剑记》和《吕祖全传》组成，封面误将《吕祖全传》写为《吕祖全书》，应该是笔误，书中其他地方均写作《吕祖全传》，正题名为《吕纯阳祖师全传》。

⑤ 《吕纯阳得道·吕祖全传》，齐鲁书社1990年版。

宝贤堂本首为《证道碎事》四册，每册卷首题"西陵憺漪子汪象旭著辑（原文小字双行注：原名淇，字右子）"，每册有同参订两人。第一册为"同道邵象鼎玄□、徐象诚天生同参订"，摘抄《悟真篇》诗词三首，每首后有"憺漪子"评语。第二册为"同道徐樵阳子、曹一沤子同参订"，题"真诠纪要"，是对内丹道修炼著作《真诠》的简要抄录及评价，有憺漪子评语。第三册为"同道丁尔唐肯仲、韦人骏山兹同参订"，题"三教同源"，摘抄上阳子、钟离权等人对三教源流的看法，每条下附憺漪子评语。第四册为"同道余一淳体崖、徐倬方虎同参订"，题"偶采仙迹"，摘录各类道书中仙道的事迹，如从《神仙传》中截取的"老君"条，从《列仙传》中截取的"吕洞宾"条，从《搜仙传》中截取的"秦役夫"条等八人的事迹，每条事迹下均有憺漪子的评语。

《证道碎事》后为《吕祖全传》正文，卷首题"唐弘仁普济孚佑帝君纯阳吕仙撰，奉道弟子憺漪子汪象旭重订（原文小字双行注：原名淇，字右子），同道何应春、费钦、钟山、吴道隆、郑汝承、查宗起同校"。正文不分卷，半页八行十八字，四周单边，黑单鱼尾，无行格，有圈点。正文后有《吕纯阳祖师全传后传》，题"奉道憺漪子汪象旭辑"，包括分神通变化、更名点化、进谒儒门、经从道观、游戏僧寺、市廛混迹、庵堂赴会、丹药济人、景物题诗、因缘会遇等十个主题，五十个故事。与康熙间蜗寄原刊本相比，此宝贤堂本目录少"神通变化"中的"墨化成金"和"广陵散钱"，"更名点化"中的"谷客"，"景物题诗"中的"七夕题诗"四则事迹。①

①　《吕祖全传后传》，宝贤堂本与原刊本目录相比，除少上述四则事迹外，从所列事迹名称上看，还有几处不同之处。例如："市廛混迹"中，宝贤堂本"汴京茶肆"，原刊本目录作"汴京茶店"；宝贤堂本"绍兴会道"事迹列于"因缘会遇"条目中，原刊本目录列于"庵堂赴会"条目中；"因缘会遇"中，宝贤堂本"何仙遇道"，原刊本目录作"何仙姑遇道"；"因缘会遇"中，宝贤堂本"祖师劝世"，原刊本目录单列一条目"又附，祖师劝世言"。

# 第三节　广征博采——汪氏刻书稿源探究

在现代图书编辑中，选题和组稿是编辑工作的基础。没有稿件、没有稿源，选题计划就无法实现，编辑工作也无法进行下去。古代的图书编辑也完全相同，尤其是对经营兼刊刻图书的书坊主来说，在确定刊刻的图书主题后，组稿成为最重要的工作。本节欲以汪淇编刻的《尺牍新语》三编为代表，探讨古代"兼职编辑"的书坊主在编辑各种总集时是如何获取稿件的，他们的稿件来源有哪些途径。

《尺牍新语》系列是汪淇主持编辑的时人尺牍总集，共有三编：第一编《分类尺牍新语》（以下简称"初编"）、第二编《尺牍新语新编》（以下简称"二编"）、第三编《尺牍新语广编》（以下简称"广编"）。每编皆分理学、政事、文章、家庭、闺阁等二十四个主题，收尺牍六百余篇；每个主题前有小序，介绍此册主要内容、辑定原因及汪淇对这一主题的认识；每篇尺牍后都有徐士俊、黄周星、汪淇等人作的简短评语。初编每篇尺牍后都标注出处，二编和广编则不再标注出处。

选择《尺牍新语》系列为代表基于以下两点原因。第一，它在明末清初编选的尺牍总集中十分有代表性，基本涵盖了总集编选中的各种稿件来源。在二编凡例中说："集中所载诸牍，大约抄本为多，或远地邮筒，或同乡手授，或藏之匣箧，或传诸友朋，异采新花，光华夺目。"①比较全面地概括出了整个《尺牍新语》系列的稿件来源：主要有邮寄、朋友相赠和自己的收藏等。第二，它在篇目或评语中标明了一些尺牍的来源，这是其他尺牍总集中没有的珍贵资料。初编遵循凡例中"书各署以篇名"的规定，在每一篇尺牍后都标注了具体来源，如源于《尺牍初征》的标为"初征选"，源于《尺牍新钞》的标为"新钞选"，选自个人文集的标为"文集选"，选自个人遗稿的标为"遗稿选"，等等。二编和广编虽然没有延续初编这一做法，但有些尺牍后面的评语说明了这些文章的来源。这些都是同时期其他尺牍总集中没有的，为我们研究这些尺牍的来源提供了极大帮助。

总体来看，以《尺牍新语》系列为代表的汪氏刻书的稿源大致来自以下四个方面。

---

① 《尺牍新语二编》凡例，康熙六年（1667）刊本。

## 一、引进

在古代总集编辑中，不管是通代总集还是断代总集，有相当一部分内容都是直接摘自前人总集。这些文章先出现在甲总集之中，又出现在后编的乙总集之中，而乙总集中也明确表示这些文章来自甲总集，也就是说乙总集"引用"了甲总集中的部分尺牍。对于类似这样的稿件，本文欲借用现代图书编辑学中"引进稿"这一概念来表示。"引进稿"在现代图书编辑学中解释为："通过版权贸易或者出版交流而获得的稿源。"① 本文的"引进稿"是指将其他书籍中的文章直接引入到自己的书籍之中。在此需注意，本文中的"引进稿"指来自其他尺牍总集的稿件，而非来自个人文集或别集的稿件。因为尺牍总集本来就是多人尺牍的合集，所用的文章很大一部分都是从他人文集中找到的，都属于引用的范围，但不属于引进的范围。所以只有直接摘抄其他尺牍总集的稿件才可称之为"引进稿"，这也是本文不用"引用稿"来称呼这一稿源的原因。

在三编中，尤其是初编中的引进稿数量占了相当大的比重。初编大约于康熙二年（1663）成书，在此之前已有的

---

① 李琪：《现代图书编辑学》，湖南师范大学出版社 2008 年版，第 205 页。

相似尺牍总集主要有李渔编刊的《尺牍初征》（顺治十七年，1660）和周亮工编刊的《尺牍新钞》（康熙元年，1662）两种。汪淇在编刊《尺牍新语》初编时则基本依赖于这两种尺牍和其他的小品文总集，如《冰雪携》等。在初编中，明确标明出自三者的尺牍有一百二十多篇。

除了这些明确标注源自《尺牍新钞》《尺牍初征》和《冰雪携》三者的尺牍外，如果再仔细对比初编和《尺牍新钞》《尺牍初征》，还会有一些有趣的发现。我们可以发现，除了这些明确标注源自《尺牍初征》和《尺牍新钞》的尺牍外，还有一些标注出自个人文集的文章也与《尺牍初征》和《尺牍新钞》的节选完全相同，只是个别在题目上有所变化。如初编有黄虞龙的尺牍七篇，《尺牍新钞》有其尺牍十八篇，初编所选七篇尺牍除《与缪大质书》题目与《尺牍新钞》不同外（《尺牍新钞》作《与客》），其他不论题目、内容完全一致。[①] 由于黄虞龙著作现已散佚，无法查证。但有如此多的重复之处，不免让我们心生狐疑。其中端倪我们可以从初编选辑的郝敬和曾异撰的几篇尺牍来分析。

郝敬（1558—1639），字仲舆，号楚望，京山（今湖北京

---

① 第11册《与俞平弟》一篇尺牍，《尺牍新语》目录中写作《与俞平弟书》，正文中写作《与俞平弟》，《尺牍新钞》写作《与俞平弟》。

山）人，万历十七年（1589）进士，明末经学家，主要著作有《山草堂集》（此为郝敬的全集，包括《谈经》《毛诗序说》《春秋非左》《小山草》《啸歌》等）。在初编第十册和第十一册列有郝敬的两篇尺牍，分别是《与田肖玉》和《寄缪大质》。根据尺牍条目下标注的来源，我们可以看到其中《与田肖玉》一篇标注为"新钞选"，意为来自《尺牍新钞》；《寄缪大质》标注为"小山堂选"，意为来自郝敬的文集《小山堂》。首先，初编在标注来源时便出现了一个错误，即"小山堂选"。不论是全集还是文集，在郝敬的现存著作中，并没有一本名为《小山堂》的作品，而有全集《山草堂集》和文集《小山草》十卷，这里应该是汪淇在标注时出现了错误。这两篇尺牍在周亮工编辑的《尺牍新钞》和郝敬的《小山草》中都可以找到。在周亮工编著的《尺牍新语》卷七"郝敬"条下列《与王百谷》《寄缪大质茂才》《与田肖玉》三篇尺牍，标明选自《小山草》。郝敬著文集《小山草》卷七中有《寄缪大质茂才》和《与田肖玉》两篇文章。《与田肖玉》一篇，初编直接标明来自《尺牍新钞》。现以寄给缪大质的这篇尺牍为例进行分析。为方便对比，现将三本书中的内容分别摘抄如下。

初编第十一册《寄缪大质》：

大质足下。天地陋，环宇窄。流光驶，生死迫。羡足下能以一斗酒，销磨魂磊，箕踞蓬头。侬侬作吴语数声，捧腹一笑，世上机阱都尽。每暗中摸索，白昼观想，真崎嵚历落，可笑人也。①

《尺牍新钞》卷七《寄缪大质茂才》：

大质足下。天地陋，环宇窄。流光驶，生死迫。羡足下能以一斗酒，销磨磈磊，箕踞蓬头。侬侬作吴语数声，捧腹一笑，世上机阱都尽。每暗中摸索，白昼观想，真崎嵚历落，可笑人也。②

郝敬自著《小山草》卷七《寄缪大质茂才》：

大质足下。天地陋，环宇窄。流光驶，生死迫。羡足下能以一斗酒，销磨磈磊，箕踞蓬头。侬侬作吴语数声，捧腹一笑。而世上机阱，填塞都尽。足下人哉人哉。仆尝想嵇叔夜阮嗣宗为人，恨不与同世。足下兼嵇阮，生幸同世，而居不同里。每于暗中摸索，白昼观想，崎嵚历落，可笑人也……③

---

① 郝敬：《寄缪大质》，汪淇辑《分类尺牍新语》第11册，载《四库全书存目丛书》集部第39册，齐鲁书社1997年版，第441页。

② 郝敬：《寄缪大质茂才》，载周亮工《尺牍新钞》卷7，《四库禁毁书丛刊》集部第36册，北京出版社1997年版，第137页。

③ 郝敬：《小山草》[据中国科学院图书馆藏明天启三年（1623）刻本影印]卷7《寄缪大质茂才》，《四库全书存目补编》第53册，齐鲁书社1997年版，第109页。关于《小山草》的版本问题。据《中国古籍总目》载《小山草》现仅存一种版本，"《小山草》十卷，明郝敬撰，（目前存）《山草堂集本》（万历崇祯刻本）。《山草堂集》十六种一百四卷首一卷，明郝敬撰。（转下页）

从上述摘抄中可以看到，初编和《尺牍新钞》内容完全一致，只有题目不同，初编为《寄缪大质》，《尺牍新钞》为《寄缪大质孝廉》。而《尺牍新钞》和《小山草》的题目一致，内容有节选，而且在内容细节上有明显差异。如《尺牍新钞》作"世上机阱都尽"，《小山草》作"世上机阱，填塞都尽"，《尺牍新钞》省略了"填塞"二字。《尺牍新钞》中"每暗中摸索"一句省略"于"字，"崎嵚历落"又加入"真"字。三处改变在语意上都没有很大的差异，大概是周亮工在节选时人为地做了一些改变，或无意中抄书疏漏所致。那么，反观初编，为何在这些细微之处的不同都与《尺牍新钞》一模一样，而没有遵照原文来抄录呢？其中个就现已不得而知，但通过对比大概可以推测这就是直接将《尺牍新钞》中的尺牍直接搬来使用的缘故。而为了表现与《尺牍新钞》的不同，初编便在题目上做了一些无伤大雅的修改。

---

（接上页）明万历崇祯间郝洪范刻本，国图、清华、中科院、吉林、无锡（藏）"（《中国古籍总目》集部第 2 册，第 857 页）。《四库全书存目补编》中的《小山草》即为《山草堂集》中的一种，首有"天启癸亥（天启三年）季夏仲舆"作《小山草题辞》，卷首有"京山郝敬著，男洪范校"的字样，且国图藏本与《四库全书存目补编》收录本完全相同。所以从《题辞》和卷首的署名来看，中科院藏本即为《中国古籍总目》所载《小山草》。从此可知，在《尺牍新钞》和《分类尺牍新语》刊刻以前，应该只有一个版本的《小山草》，所以在此可以排除二者参考不同版本的情况。

如果郝敬只是偶然，那么通过对曾异撰尺牍选文的对比，可以更清楚地说明这一问题。曾异撰（1590—1644），字弗人，晋江人，万历四十四年（1616）秀才，崇祯十二年（1639）举人，著有《纺绶堂集》。初编收其七篇尺牍，标注均来源于《纺绶堂集》。《尺牍新钞》卷一"曾异撰"条下有尺牍十二篇，也标注来源于《纺绶堂集》。初编所收的七篇尺牍均可在《尺牍新钞》中找到对应篇目，且内容完全相同。为方便对比，现将部分内容摘抄如下①。

（1）初编第三册《与曾叔祈》，与原集中内容相同，在此不做摘抄。

（2）初编第四册《复潘昭度师》（两者前后有删节）：

———————

① 由于七篇尺牍在初编和《尺牍新钞》中完全相同，在此以初编为例只列一次。唯有卷九《复曾叔祈》一篇稍有差异，在摘抄时做单独说明。参见曾异撰《纺绶堂文集》（据中国科学院图书馆藏崇祯刻本影印），载《四库禁毁书丛刊》集部第163册，北京出版社1997年版。以下未做特殊说明，摘抄内容均出自此版本，括号内为页码。据《中国古籍总目》记载："《纺绶堂集》八卷《二集》十卷《文集》八卷，明曾异撰撰。明崇祯间益友斋刻本，国图、北大、上海（藏）。明崇祯间益友斋刻、清康熙五十七年曾天采重修本，国图（郑振铎跋）、北大、山东。"（第940页）从《中国古籍总目》的记载来看，《纺绶堂文集》在顺治以前的刻本应该仅有"益友斋"刻本。《四库禁毁书丛刊》所列的《纺绶堂文集》据中国科学院图书馆藏崇祯刻本影印，经对比，其与国图藏益友斋刻本完全相同。也就是说中国科学院图书馆藏崇祯刻本与国图藏益友斋刻本实为同一版本。从此可知，在《尺牍新钞》和初编刊刻以前，应该只有一个版本的《纺绶堂文集》，在此可以排除二者参考不同版本的情况。

大序中谓诗之纤艳不逞者，皆情之衰。人人能知诗，则天下无复事，此古今未发之论……（初编第 389 页、《尺牍新钞》第 30 页）

《纺绶堂文集》卷五《复潘昭度师书》：

……至序文中谓诗之纤艳不逞者，皆情之衰。人人能知诗，则天下无复事，皆古今未发之论……（第 563 页）

（3）初编第九册《复曾叔祈》：

……与夫辟谷仙游之霞举，其赞之不容口。至想象于其状貌，不知史迁此际如何想慕。迁之生，后于子房，所云状貌，亦不过得于传闻。伊人宛如暗中摸索……（第 419 页）

《尺牍新钞》卷一《复曾叔祈》：

……与夫辟谷仙游之霞举，其赞之不容口。至想象于其状貌，不知史迁此际如何想慕。迁之生，后于子房，所云状貌，亦不过得于传闻。伊人宛在暗中摸索……（第 30 页）

《纺绶堂文集》卷五《复曾叔祈》：

……与夫辟谷仙游之霞举天外，其赞之不容口。至想象于其状貌，不知史迁此际如何想慕。迁之生，后于子房，所云状貌，亦不过于传闻，得之伊人，宛在暗中摸索……（第 574 页）

（4）初编第十册《问余希之足疾》（初编前后有删节）：

兄近来足疾，知未脱然……兄之足，弟之肺，殊为同病。留此一双脚，他日小则跪拜上官，胼胝民事；大则跨马据鞍，驰驱天下，极为要用物事，不可不善养之也。（初编第 433 页，《尺牍新钞》第 32 页）

《纺绶堂文集》卷五《与余希之书》：

宜城君所即问兄近来足疾何如，知未脱然……兄之足，弟之肺，殊为同病……留此一双脚，他日小则跪拜上官，胼胝民事；大则跨马据鞍，比清中原，东复辽土，极为要用物事，不可不善养之也。（第 581 页）

（5）初编第十册《与施渔仲书》：

兄飘然高蹈，如赤松子仙游，视萧相国汉廷械系，不哑然一笑乎……（初编第 429 页，《尺牍新钞》第 33 页）

《纺绶堂集》卷五《与施渔仲书》：

兄少于弟二岁而飘然高蹈，如赤松子仙游，视萧相国汉廷械系，不哑然一笑乎……（第 585 页）

（6）初编第十四册《与赵十五》（初编前后有删节）：

十五双腕能画，不能纵力于诗，使千百年后，少吾代赵十五一位者……弟与兄俱老矣，至四十年以上，尚茫茫然不计算百世而下，位置何所，无乃蜉蝣不知旦暮

者乎。（初编第 465 页，《尺牍新钞》第 30 页）

《纺绶堂集》卷五《与赵十五书》：

> ……但恨十五双腕，使千百年后，少吾代赵十五一位者……弟与兄俱老矣，人至四十以上，尚茫茫然不计算百世而下，位置何所，无乃蟪蛄不知旦暮者乎……（第571—572 页）

（7）初编第十八册《与黄东崖先生书》（初编后有删节）：

> 在里闬中，二十年梦想，竟未敢自通于左右……尝谓吾人心中，不知《史记》为何书。虽司马子长复生，日与之居处笑语，只以增其人藏之名山之懊恨耳。故虽日把先生诗文，而不敢一通书问，留未尽之晤语摸索于心目宛在中，不更意远而味长乎……（初编第 491 页、《尺牍新钞》第 30—31 页）

《纺绶堂文集》卷五《与黄东崖先生书》：

> 在里闬中，二十年梦思，竟未敢自通于左右……尝谓吾人心，不知《史记》为何书。则虽司马子长复生，日与之居处笑语，只以增其人藏之名山之懊恨。故端居而把先生诗文，辄高咏昔人"海内知己，天涯比邻"之句。且同处一乡，而故若跻阻其道路，留未尽之晤语摸索于心目宛在中，不更意远而味长乎……（第 575 页）

上述七则尺牍选文中，几乎每篇都与原文有些细微的差异，这些差异可以分为以下几种。

### 1. 有意识地节选改动

因为原文较长或原文并不完全符合分类要求，尺牍编选者有选择地节选了一部分内容，并相应对节选的内容做了一些改动。如，初编第四册《复潘昭度师》，原文中已经提到潘昭度给自己写的序，再引用序文中的内容时用"至"字，表示"至于序中的内容"。而尺牍选文中省略前面的内容，以此句为开始，用"大序"二字既可以表示对序作者的尊重，用于开头又不会显得突兀，所以此处应该是有意而为之的改动。

又如，初编第十四册《与赵十五》一篇也应该属于此范围。《纺绶堂集》卷五《与赵十五书》一篇，先讲赵十五对作诗的看法，然后曾异撰感慨赵十五虽精通于诗却极少作诗，通篇中并没有涉及赵十五善画的问题。初编中省略前述大段内容，直接节选到感慨的部分，如果没有"十五双腕能画，不能纵力于诗"一句，直接以原文"但恨十五双腕"开头，会使人感到疑惑，不明白尺牍想表达的内容。"十五双腕能画，不能纵力于诗"一句大概是尺牍编选者为方便读者理解，自己添加进去的。原文中没有涉及赵十五善画的问题，而尺牍编选者却可以加入对赵十五生平的总结，这位编选者应该对赵十五有相当的了解。这位了解赵十五的编选者不是别人，正是周亮工本人。周亮工在任福建布政使时，对闽中人士多有提携。在其《因树屋书影》中写道："莆田布衣赵十五，名璧，亦工诗，善作画，所为枯木竹石类，闽人珍之。"①周亮工还曾为赵十五与陈叔度的墓碑题字，可见周亮工对赵十五应该是有一些了解的。

周亮工对赵十五是有一定了解的，所以才能在这篇尺牍的开始加入"十五双腕能画，不能纵力于诗"一句，作为对赵十五生平总结。反观汪淇的生平和朋友圈，并未与赵十五产生过交集，大概无法对赵十五的生平做出这种总结。且周亮工也曾说"十五不多为诗，无传者"，说明赵十五的知名度并不是特别高，汪淇从别处听说的可能性不大。所以，从《尺牍新钞》、初编的编刊时间和周亮工、汪淇对赵十五的了解程度这两方面来看，《与赵十五》一篇尺牍中"十五双腕能画，不能纵力于诗"一句，应该是周亮工添加进去的，初编中的内容应该是直接转录《尺牍新钞》而来的。这类有意识地节选和改动为我们研究《尺牍新语》和《尺牍新钞》的渊源关系提供了更清晰的线索。

---

① "先是莆田布衣赵十五，名璧，亦工诗，善作画，所为枯木竹石类，闽人珍之。然性孤僻，不多为人作，惟山房寺壁，则淋漓泼墨。与叔度先后死，亦不能葬。存永因举十五之棺，与叔度合墓于小西湖之侧。余为书碑曰：'明诗人陈叔度，赵十五合墓。'……十五不多为诗，无传者。"参见周亮工《因树屋书影》卷四"陈叔度"条，康熙四年（1665）刊本。

## 2. 一分为二

初编第三册《与曾叔祈》和第九册《复曾叔祈》在原集中实为一篇尺牍，在初编和《尺牍新钞》中将其节选、拆分为两篇，并且初编和《尺牍新钞》节选、拆分的内容和顺序也完全相同。

## 3. "豕亥鱼鲁"之讹

初编、《尺牍新钞》中的有些内容与原著不同，可能是无意识的，或抄写或刊刻错误而致。这些改动，有的对理解文章影响不大，如第十八册《与黄东崖先生书》中的"二十年梦想"与"二十年梦思"。有些地方改动过后，文章的意思也随之发生了一些变化。如第十四册《与赵十五》："弟与兄俱老矣，至四十年以上，尚茫茫然不计算百世而下，位置何所。"对于"四十年以上"一句，似乎不好理解。再看原文为："弟与兄俱老矣，人至四十以上，尚茫茫然不计算百世而下，位置何所。"这样一来就很好理解了，讲的是人到四十岁之后对自己的定位问题。这些与原文本意有出入的改动，汪淇仍然与周亮工一样，这就无法不让人想到汪淇编刊的初编应该是直接抄录周亮工的《尺牍新钞》。

除郝敬与曾异撰的尺牍选文外，初编中还有一些选文，内容与《尺牍新钞》完全相同，题目却略有差异。如初编中收李陈玉尺牍四篇，分别是第二册《与沈临秋》《与门人廖田生》、第三册《与钱彦林》、第六册《复支日旦》。在《尺牍新钞》第五册"李陈玉"条下列二十一篇尺牍，其中与《新语》内容相同的部分题目分别是《复友人》《与门人廖田生》《与钱孝廉彦林》《复支日旦年兄》。而查阅李陈玉《退思堂集》目录①可以发现，李陈玉本人所著的全集中，题目与《尺牍新钞》完全相同，也就是说初编只对这些尺牍的题目做了一些修改。

这种只改题目内容完全相同的情况，尤其在和周亮工所辑尺牍总集的对比最为明显，不仅初编如此，在二编、广编中也可发现有些尺牍与周亮工编辑的《藏弃集》也完全一致。这些相同的篇目中，大部分题目、内容完全一致，还有一小部分题目略有差异。那么这些完全相同的内容是汪淇自己搜罗的，还是直接摘自《尺牍初征》和《尺牍新钞》呢？本文更倾向认为是后者。

大量使用"引进稿"，大概是由于成书时间过短造成的。在初编凡例中，汪淇提到"是编两月以来，竟成善本"。也就是说，初编仅用了两个月的时间就完成了编选工作，成书速度

---

① 李陈玉:《退思堂集》，据台湾汉学研究中心明人文集联合目录与篇名索引资料库。受当前限制，只能通过台湾汉学研究中心网站查询《退思堂集》的相关篇目目录，无法查阅全文。所以在此只能在目录上做一些对比。

可谓非常之快。因为成书时间短，书中的错误也比较多。例如，上文提及的初编选郝敬文集《小山堂》中的尺牍两篇，"小山堂"实为汪淇刻书之误，郝敬的文集名应该为《小山草》或《山草堂集》；李陈玉文集为《退思堂集》，初编错刻为《思退堂集》。在两个月的时间中，仅靠编刊者汪淇和徐士俊二人，翻阅如此多的个人文集已属困难之事，更何况还需要在文集中选择合适的内容，并对尺牍进行分类和撰写评语。相较自己翻阅他人文集来讲，直接摘抄其他总集应该是一种更加快捷的途径。周亮工所编的《尺牍新钞》似乎极为符合直接引用的需求。在《尺牍新钞》中，周亮工将每一作者的字号、籍贯、文集名称等都标注出来，汪淇只需要将没有分类的《尺牍新钞》和《尺牍初征》等文选中的尺牍挑选出来，稍作分类即可。

成书时间既短，又要搜集尽可能多的内容，直接引进其他总集无疑是一种比较便捷的方法。那么为什么有些直接标明来自其他尺牍总集，而有些又要故意标注来自个人文集呢？这大概与对书籍销售量的考虑有关。汪淇作为书坊主，在编辑、刊印书籍时，必然会考虑书籍对读者的吸引力。如果自己编刊的尺牍大部分是市面上已经存在的内容，对读者来说没有太大吸引力，而且集内有如此多的引进稿大概也并不是一件能为书籍增光添彩的事情。所以，在尽可能不影响整体理解的情况下，汪淇有选择地对文章题目做了一些小的修改，营造出一种不同于其他尺牍总集的氛围，这也是古代书坊主们经常使用的、能够吸引读者的便捷法门。

通过以上分析，我们大概可以确定，引进稿在《尺牍新语》系列的编刊中（尤以初编为主）占了较大的比重。况且我们所能看到的目前仅有《尺牍初征》和《尺牍新钞》等几种现存文献，可能还有更多尺牍来源于像《冰雪携》等已佚文献。

虽然《尺牍新语》系列中有很多引进稿，但这种情况在尺牍总集的编选中应该是经常出现的。几乎每种总集的编刊者，在编辑初编时都很难采用征稿等方式搜集稿件，所以只能采用引用其他尺牍总集的方式，再加上大量搜集才能完成。不仅汪淇所编的《尺牍新语》系列如此，其他总集也常采用引进稿，如黄容等人在编辑《尺牍兰言》时就曾经说道："是书采择选本专刻者，仅十之三。"①说明《尺牍兰言》中有十分之三的内容来自其他尺牍总集。

## 二、征稿与投稿

征稿是现代图书编辑，尤其是报纸、杂志编辑中常见的一

---

① 黄容、王维翰：《尺牍兰言》凡例，康熙二十年（1681）刊本。

种稿件来源。征稿为图书编辑带来很多便利之处，可以更方便地收集到更多材料，集稿地域也更加广泛，丰富了书籍的稿件来源。其实，征稿这种形式古已有之，并得到了十分广泛的应用。

早在南宋初年便出现了一些类似征稿的举动，如洪迈编《夷坚志》时，"《夷坚初志》成，士大夫或传之……人以予好奇尚异也，每得一说，或千里寄声，于是五年间又得卷帙多寡与前编等，乃以《乙志》名之"[①]。虽然洪迈并没有发布征稿启事，但已经出现了"千里寄声"等类似投稿的举动。

可以确定的最早的征启来自元代李氏建安堂《元诗》一书：

> 本堂今求名公诗篇，随得即刊，难以人品齿爵为序。四方吟坛多友，幸勿责其错综之编。倘有佳章，毋惜附示，庶无沧海遗珠之叹云。李氏建安书堂谨咨。[②]

明代以后，征稿在图书编辑中得到更广泛的应用，如天启三年（1623）陈仁锡评选《明文奇赏》一书，在总目之后专列一篇征稿启事。陆云龙刻印的《皇明十六家小品》后附两

---

① 洪迈：《夷坚乙志·序》，载《夷坚志》，中华书局1981年版，第185页。
② 转引自张秀民《中国印刷史》（增订版），浙江古籍出版社2006年版，第230页。

页征稿启事，直接写明下次拟刻的书籍名单，以便大家投稿。①
另外，明末清初刊刻的总集《皇清诗选》《昭代诗存》《明文奇
赏》等都附有征启。从中我们可以看出，征启多见于总集选本
之中，对征稿需求最大的往往也是总集选本。

另外，稿费虽然古已有之，尤其是明清时期，"写文章拿
稿费已是天经地义，习以为常"②，但能赚得稿费的文章，大多
是文人名士受他人所托而作的文章，甚至有些时候在作文之前
就已明码标价。但付稿费这一现象在征稿中并不常见，甚至如
果作者的文章能入选某些总集还要向刊刻者付费。例如，蒋寅
在研究清诗话时曾讲道，目前"还未发现清代有作品入选诗话
收费的例子，诗选则是很常见"。③从中可以推测，在古代通过
征稿得来的文章可能不需要向作者支付稿费，作者文章入选还
需向刊刻者支付一定的费用。加之文人墨客皆以自己的文章能
被刊布为乐事，一般也不会主动索要稿费，这样无形中为书坊

---

① 陆云龙征稿启事如下："一、刊《行笈二集》，征名公制诰、奏疏、诗文、
  词启、小札。一、刊《广舆续集》，征各直省昭代名宦人物。一、刊《续
  西湖志》，征游客咏题，嘉隆后杭郡名宦人物。一、刊《明文归》，征名
  公、逸士、方外、闺阁散佚诗文。一、刊《皇明百家诗文选》，征名公、
  逸士、方外、闺阁成集者。一、刊《行笈别集》，征名公新剧，骚人时
  曲。一、刊《型世言二集》，征海内异闻。"参见张秀民《中国印刷史》
  （增订版），浙江古籍出版社 2006 年版，第 372 页。
② 曹之：《中国古代图书史》，武汉大学出版社 2015 年版，第 63 页。
③ 蒋寅：《清诗话的写作方式及社会功能》，《文学评论》2007 年第 1 期。

减少了部分经费开支。[①]

征稿既可以快速便捷地获得一些文章，又减少了经费开支，因此成为总集编选者们愿意采用的一种稿件搜集方式，也是编选总集的一种常见途径。尺牍总集的编选们当然也不例外，李渔编《尺牍初征》、周亮工编《尺牍新钞》、陈枚编《凭山阁写心集》等都曾随书发布过征稿启事，汪淇在编选《尺牍新语》时自然也会想到利用征稿这种途径扩大稿源。《尺牍新语》三编的篇后评语内容丰富，为我们研究古代征稿的情况提供了大量史料。

下面以《尺牍新语》三编为例，梳理古代征稿的形式、内容、效果等几方面情况。

### 1. 征启的形式

有些书籍的征启单独成篇，附于书前或书后，如李渔的《尺牍初征》，在序文后作《征尺牍启》一文："……今即以《初征》为媒，见斯集者，谅有同心，倘蒙不鄙，悉为邮寄，则仆得以竟此鸿愿，色独二征、三征、四征而已耶。"[②]周亮工

---

① 关于晚明清初江南的征稿之风及征稿的便利之处参见张升《晚明清初江南征稿之风初探》，《历史文献研究》2009年总第28辑。

② 李渔：《尺牍初征》，载《四库禁毁书丛刊》集部第153册，北京出版社1997年版，第505页。

则直接将征启刻在《尺牍新钞》的扉页上："……海内同人，共惠瑶篇，续成新集。凡有所寄，望邮至金陵状元镜内大业堂书坊，或苏州阊门外池白水书坊。二集即出，尤望早寄。"①

像李渔和周亮工一般，将征启单独成文的情况比较少见，更多的是类似《尺牍新语》的做法——在凡例中将征启单列成条。

初编《例言八则》中的第八则即为：

> 续刻余笺。鱼沉雁杳，人间多未见之书；笔塚墨庄，艺苑有难穷之力。谁能兴尽于一往，还宜推广于方来。凡我同心，总祈藉手，妆藏渐富，再举堪图。②

二编《凡例八条》的第八条为：

> 初集既投众好，二编复启新裁。然而学士家著作日增，鱼雁往来自多逸制。且邮寄稍晚者，尚贮匣中。因而预告同人，即有三集行世，异投珠玉，敬拂枣梨。③

这种凡例中的征启是比较常见的形式，汪淇也多选用这种形式。除此之外，在《尺牍新语》系列中我们还可以看到其他两种略显特殊的征启形式。

---

① 周亮工：《尺牍新语》，载《四库禁毁书丛刊》集部第36册，北京出版社1997年版，第3页。

② 《分类尺牍新语·例言八则》，载《四库全书存目丛书》集部第396册，齐鲁书社1997年版，第362页。

③ 《尺牍新语二编·凡例八条》，康熙六年（1667）刊本。

第一种是在总目后附加征稿启事。在二编总目之后有"即有三编问世，倘投珠玉，敬拂枣梨，惠教者乞付还读斋邮致"的文字。这则征启既弥补了前面凡例中没有告知邮寄地址的不足，又可再一次提醒读者投稿，加深读者印象，可谓一石二鸟。类似这样在总目之后又附加征启的形式比较特别，在其他总集征启中并不常见。

第二种是在文中某尺牍后面的评语中再次表明续刻新篇的态度，鼓励士人投稿。如二编第十八册，汪淇在钱士赍的尺牍后评语云：

> 余（汪淇）选尺牍，随到随选。告竣之急，惜借佳牍，不能多载，真恨事也。急谋三集以布天下，鸿文早赐，是祷。①

二编中，汪淇选辑钱士赍的尺牍只有两篇，并非因为钱氏的尺牍不合要求，而是汪淇得到钱氏的尺牍时二编已基本编刻完成，无法再补入，只能在第十八册最后加入两篇钱士赍的尺牍，其余尺牍，汪淇意图编入广编之中。汪淇在评语中说道："恨集成不获补入，今急增钱子岩烛（钱士赍，字岩烛）数首，

---

① 钱士赍：《与计无能业师》，载汪淇辑《尺牍新语二编》第 18 册，康熙六年（1667）刊本。

余俟冬间补入三编。"① 由此，汪淇才接着提醒大家，为避免再有像钱士贲这样的遗憾，希望大家早早寄来尺牍，以便选入集中。

《尺牍新语》系列发布征启的形式既有常见的凡例征启，又有独特的总目后征启和文中征启两种，反复不断地强调征稿一事，既表现出汪淇对读者投稿的渴望之情，又不断提醒读者莫忘投稿之事，较其他征启而言，《尺牍新语》系列的征启形式表现出多变、独特、新颖的特点。

### 2. 征启的内容

一般来说，征启的内容都比较单一，主要以说明征稿意图为主。在一则征启中，首先会说明随着尺牍的日增月盛，仅凭一己之力或有挂一漏万之责。所谓："鱼沉雁杳，人间多未见之书；笔塚墨庄，艺苑有难穷之力。""学士家著作日增，鱼雁往来自多逸制。"接着表明自己有续刻的意愿——"续刻余笺""再举堪图""即有三集行世"等。最后告诉同人邮寄地址，如上文所述二编总目后"乞付还读斋邮致"。这样大致就构成了一则征启的基本内容。

---

① 钱士贲：《与友人》，载汪淇辑《尺牍新语二编》第18册，康熙六年（1667）刊本。

在《尺牍新语》系列的征启中，除上述常见的积极邀请他人投稿的征稿启事外，还包含一项比较特殊的内容，即在广编中明确表示以后将不再继续刊刻，因而谢绝来稿。广编凡例中单列一条：

> 兹编告竣而后，一切不敢与闻握管。或自有人听从侪辈寄缄，莫寻旧识，恐致浮沉。①

明确提出广编刻完以后不再继续刻尺牍系列，也就不再接受来稿了。另外，这种谢绝来稿的说明还出现在广编的评语之中，例如在广编第一册中汪淇就表示：

> 今于兹编完后，誓焚笔砚，避迹山中，谢绝剞劂诸事，再不作此鄙陋之选矣。②

和凡例一样，汪淇在初编中就向读者表明，在广编完成之后自己便归隐山林，谢绝刻书之事，同时也暗示读者不用再继续投稿。这种谢绝来稿的凡例严格来说不能算作征稿的内容，但因为这种说明也同时出现在凡例之中，内容也是相对征稿而言的，所以本文暂且将其归为一类，以作对比。这种在凡例和评语中明确表示不再续刻新篇的内容也比较独特，在其他尺牍总集的编选中并不常见。

---

① 《尺牍新语广编》凡例，康熙七年（1668）刊本。
② 冯瑱：《寄友》，载汪淇辑《尺牍新语广编》第1册，康熙七年（1668）刊本。

### 3. 征稿的响应和效果——投稿

有征稿就有投稿，对投稿情况的研究可以回答有关征启响应和效果的一些问题。在征稿启事随书发布以后，一些文人学者积极响应，开始投稿，而汪淇收到的稿件也越来越多。汪淇在自己的尺牍中也讲道："兹继二编而起者为广编，小斋中四方糜至之牍，如云如雨，如墨如荼。"①说明受征稿的影响，很多人往还读斋寄稿，收到的稿件也是盈千累万。此中不免有夸张、炫耀的成分，但从中可以看出，比起初编"遐方未及征求"，二编和广编确实获得了一些来稿。这些来稿既有素昧平生之人看到《尺牍新语》后投稿的，如浙江临海人陈璜看到《尺牍新语》后就将自己的文章托人带给徐士俊：

> 近见《尺牍新语》一书，为先生（徐士俊）偕汪憺翁评选……可与《新钞》并称双璧，价重连城。弟生平无他嗜好，惟耽杜撰诗文，潦草授梓，殊不足观，但途遥不能多寄就正，兹因寒宗青霞兄南旋之便，附呈六册。②

也有汪淇好友寄来的稿件，如黄周星"惠寄多篇"钱士贲的尺

---

① 汪淇:《与吴方涟》，载汪淇辑《尺牍新语广编》第18册，康熙七年（1668）刊本。

② 陈璜:《与徐野君》，载汪淇辑《尺牍新语广编》第7册，康熙七年（1668）刊本。

牍，诸匡鼎相赠多篇王端淑的尺牍等。为了更清楚地分析二编、广编的投稿情况，特列下表以做说明。

表 3-1 《尺牍新语》投稿情况表

| 二编投稿情况 | | | | | |
|---|---|---|---|---|---|
| 人名 | 投稿情况 | 稿件数量 | 人名 | 投稿情况 | 稿件数量 |
| 严沆 | 浙江余杭寄来 | 9 篇 | 谢橿龄 | （浙江吴山）赠送 | 4 篇 |
| 来集之 | 浙江杭州寄来 | 8 篇 | 尤侗 | 江苏苏州寄来 | 3 篇 |
| 杨于先 | 汪开楚(湖北)携来 | 2 篇 | 程守 | （安徽人） | 4 篇 |
| 吴百朋 | 浙江钱塘寄来 | 2 篇 | 卢乾元 | | 1 篇 |
| 董俞 | （金山人）托人面致① | 2 篇 | 钱士贲 | 黄周星携来 | 2 篇 |
| 总计 | 37 篇 | | | | |

① 董俞虽是托人将稿件带给汪淇，但其本人为金山人，可能在金山接触过《新语》，所以表 2 中将其算入"江苏"一栏中。

（续表）

| 广编投稿情况 | | | | | |
|---|---|---|---|---|---|
| 人名 | 投稿情况 | 稿件数量 | 人名 | 投稿情况 | 稿件数量 |
| 严调御 严沆 严武顺 | 浙江余杭 | 2篇 9篇 6篇 | 谢橙龄 | （浙江吴山）赠送 | 2篇 |
| 林嗣环 | （居浙江）赠送 | 8篇 | 钱士贲 | 黄周星携来 | 5篇 |
| 莫可期 | 诸匡鼎（浙江钱塘）携来 | 1篇 | 计东 | 王晫（浙江钱塘）携来 | 1篇 |
| 顾宸 | （江苏无锡）赠送 | 1篇 | 陈璜 | （浙江临海人）托人面致 | 4篇 |
| 张芳 | 吴雯清江苏苏州苕中寄来 | 1篇 | 陈毕 | 安徽芜湖寄来 | 3篇 |
| 李尔翼 | 湖南岳阳 | 6篇 | 俞灏 | | 4篇 |
| 沈谦 | （浙江余杭）赠送 | 4篇 | 王勃 | | 3篇 |
| 陈蔚宗 | 安徽芜湖寄来 | 1篇 | 袁于令 | 恽格（浙江）带来 | 2篇 |
| 方炳 | （浙江会稽）寄来 | 9篇 | 吴溥 | 闽中寄来 | 3篇 |
| 恽格 | 诸匡鼎携来 | 6篇 | 罗孚尹 | （江苏南京人）寄来 | 2篇 |
| 张镛 | 方炳（浙江会稽）寄来 | 1篇 | 王廷璧 | 林嗣环携来 | 2篇 |

（续表）

| 广编投稿情况 | | | | | |
|---|---|---|---|---|---|
| 人名 | 投稿情况 | 稿件数量 | 人名 | 投稿情况 | 稿件数量 |
| 李屺源 | 居浙江宁波 | 5 篇 | 程津 | 柏古（浙江嘉善人）寄来 | 1 篇 |
| 莫如锦 | 诸匡鼎携来 | 1 篇 | 黄德贞 | （浙江嘉兴人）寄来 | 5 篇 |
| 宋琬 | 林嗣环携来 | 2 篇 | 沈廷植 | （浙江秀水人）寄来 | 5 篇① |
| 陆进 | （浙江余杭人）赠送 | 1 篇 | 王端淑 | 诸匡鼎携来 | 4 篇 |
| 总计 | 110 篇 | | | | |

表 3-2　《尺牍新语》投稿地区统计表

| 地区 | 浙江 | 江苏 | 安徽 | 福建 | 湖北 | 湖南 | 不明 |
|---|---|---|---|---|---|---|---|
| 数量 | 111 篇 | 9 篇 | 8 篇 | 3 篇 | 2 篇 | 6 篇 | 8 篇 |
| 比例 | 75.6% | 6.1% | 5.4% | 2% | 1.4% | 4.1% | 5.4% |
| 总计 | 147 篇 | | | | | | |

从投稿的数量来看，二编投稿 37 篇，占总数（二编尺牍

---

① 沈廷植 5 篇包括夫人申蕙 3 篇。

总数为 624 篇）的 6%；广编投稿 110 篇，占总数（广编尺牍总数为 725 篇）的 15%，广编比二编的投稿多一倍以上。从投稿的地域来看，稿件多来自南方，尤以江南地区为主。一半以上的投稿来自浙江，其次是江苏和安徽投稿较多，福建、湖南、湖北三地虽有投稿但仅有一人。出现这种情况可能有两方面的原因：首先，南宋以来江南一直是文人墨客集聚的地区，这一区域的文人远多于其他地区，所以有更多的稿件可投；其次，这与《尺牍新语》的传播范围也有一定关系。虽然汪淇的好友吴方滏曾说："虽燕秦闽蜀，楚豫滇黔，荒山遐水之区，谭经煮字之辈，无不知有《尺牍新语》者，盖传播若斯之广也。"①《尺牍新语》看似已经传播到了全国各地，但无疑这是一种夸张的说法。从投稿的情况来看，《尺牍新语》在江南地区传播最为广泛，在汪淇居住的浙江一带尤为明显。在福建、湖南等稍远的地区也有一些，但传播范围可能并不十分广泛。

　　虽然确切可知的通过投稿得到的稿件并不占大多数，但征稿确实发挥了一定作用。征稿不仅给书籍编辑者提供了一些稿件，扩大了稿源，提供了更鲜活的文章，增加了图书对读者的吸引力；对投稿者来说也颇有益处，他们文章的入选对增加自己的知名度有一定积极作用。所以，征稿对书籍编辑者和文章

---

① 吴方滏：《序》，载汪淇辑《尺牍新语二编》，康熙六年（1667）刊本。

作者来说无疑是一个双赢的过程。

## 三、求稿

求稿，即总集编纂者向他人索求稿件。求稿可以分为两类：一类是向他人索要本人所作的文章，另一类是委托他人搜罗别人的文章。求稿在总集稿源中并不常见，《尺牍新语》为我们展现了为数不多的与求稿有关的内容。

### 1. 向他人索要本人所作文章

例如，在二编中，张缵孙回应汪淇求稿之请：

> 今闻佳选云集，拙构谬辱甄收，武令又传台命，岂造凌云柏梁之手，不妨时出余技，为药方绮室之用，贤者洵不可测，败楮数叶，仰祈郢琢。①

所谓"武令又传台命"即指汪淇向张缵孙求稿之事。张缵孙应约稿之请，赠予汪淇自己的尺牍，汪淇将其分别收入二编（两篇）和广编（两篇）之中。

在广编中汪淇寄给关键的信中也提到，汪淇想求得关键的

---

① 张缵孙：《与汪憺漪》，载汪淇辑《尺牍新语新编》第3册，康熙六年（1667）刊本。

书信为《尺牍新语》增光添彩：

> 所求锦囊珠贝，欲为拙刻借光，辱赐数章，独恨其少……若得倾囊见授，炳耀丹青，则此书更当价重鸡林，名高凤阁矣，门下得无意乎。①

关键在回复汪淇的信中也再次提到"新语之征，向贫儿索信货哉"②。

广编中另有汪淇寄给吴雯清索要文章的尺牍一篇：

> 小斋中四方糜至之牍，虽如云如雨，如墨如荼，然不得姚黄一朵、骊龙一珠，无以冠上林而照千里。伏祈大发龙威之藏，倾储相授，荣荷不浅。又闻诸郎君，玉树瑶环，森森竞秀，若得洒五经之余润，霏六艺之遗芬，俾珠玉随风，金石掷地，则鸡林望气者，将有贫儿慕富之叹，岂特增辉竹素已哉。高山不远，跂予望之。③

由此可见，向他人求稿也是汪淇曾使用的搜集稿件的途径之一。

---

① 汪淇:《与关蕉鹿》，载汪淇辑《尺牍新语广编》第7册，康熙七年（1668）刊本。

② 关键:《与汪憺漪》，载汪淇辑《尺牍新语广编》第3册，康熙七年（1668）刊本。

③ 汪淇:《与吴方涟》，载汪淇辑《尺牍新语广编》第18册，康熙七年（1668）刊本。

### 2. 委托他人搜罗别人的文章

汪淇曾请林嗣环代自己求稽永仁的文章："余（汪淇）以老病衰惫避迹山寺，蒙留山（稽永仁，字留山）往顾，不能倒屣相与朝夕晤对为怅。已蒙林铁翁（林嗣环，字铁崖）代索多篇，喜而不寐。"① 这种情况在周亮工编纂的《尺牍新钞》中也时有出现，如周亮工给张怡的尺牍中写道："近人文集有何人可供采择，即先生无其书，亦望示其目，弟当托人四处觅之。"② 周氏恳请张怡帮忙搜集他人文集中的尺牍，并提到就算没有文章，只要有篇目或题目也可以，自己可据此再托人搜寻文章内容。周亮工还请汪淇的侄子汪楫搜集材料："赤牍二钞，已得八卷，再得二卷，便可梓于青州。足下并野人肯搜罗两卷见寄，吾事济矣。"③

由此可见，在古代搜索方式相对贫乏的条件下，向他人求稿、托人搜集应该也是一种常见的稿件来源，可能也是比较快捷、有效的方式之一。

---

① 稽永仁：《答陆荩思》汪淇评语，载汪淇辑《尺牍新语广编》第3册，康熙七年（1668）刊本。
② 周亮工：《赖古堂集》第20册《与张瑶星》，上海古籍出版社1979年版，第780页。
③ 周亮工：《赖古堂集》第19册《与汪舟次书》，上海古籍出版社1979年版，第732页。

## 四、其他

在有资料可查的稿件来源中，除上述所列引进、征稿、约稿外，还有一些尺牍是汪淇及各编同笺自己的尺牍。

《尺牍新语》系列的编辑工作不是由汪淇一人完成的，汪淇的一些好友也会从旁协助，在吴雯清为广编所作的序中提道："憺漪复有《新语广编》之选……闻徐野君（徐士俊，字野君）、黄九烟（黄周星，字九烟）两君子左挟龙宾，右操兔颖，同心商榷，奏阙成功。"[①] 除上述徐士俊、黄周星、吴雯清三人外，《尺牍新语》系列每册都有一至两名参评人，如查望、陆进、毛先舒等，这些编辑或参评人的文章在《尺牍新语》中也有不少，且与其他稿源有所不同——因为是编辑者自己的文章，所以在此单列出来，作为一项独立的稿件来源途径。不过，这种现象是由《尺牍新语》系列有众多参评人造成的，其他总集并没有如此众多的同编或参评的文人，所以这类稿件在一般的总集编选中所占的比例较小，不是当时总集稿源的主流。

《尺牍新语》系列的编选广泛运用了引进稿、征稿、约稿等方式，生动地为我们再现了古人编纂总集的稿源途径。就目

---

① 吴雯清：《序》，载汪淇辑《尺牍新语广编》，康熙七年（1668）刊本。

前现存的总集编选情况来看，"引进稿"的使用应该是比较普遍存在的情况，总集编纂者们往往会"隐晦地"照搬已有的总集原文。征稿也是一种普遍存在并广泛使用的稿源渠道。一般在编选总集时，编者都会随书发布征启。虽然征稿启事常见，但征稿的具体效果却鲜有记载。汪淇编选的《尺牍新语》系列在评语中时有提及，某些尺牍正是作者看到征稿启事后的投稿，这样的评语虽数量有限，但也可以让我们略窥古代征稿效果之一角。相较引进稿和征稿来看，约稿在总集中的占比较小，可能并不是总集编纂中常用的搜集稿源的途径。

# 第四节 文人特质和自著自怡

从顺治年间开始，汪淇逐渐以文人书坊主的身份结识了众多江南地区的著名文人，到康熙年间，汪淇与这些文人的关系已经变得相当紧密。大概也是受此时文人中多信佛道氛围的影响，汪淇不仅自身开始信奉道教，将字号改为"象旭""残梦道人"，更是将书坊名也由"还读斋"改为具有一定道教色彩的"蜩寄"一名。在以"蜩寄"为名的书坊中，其刻书选题及编刻方式都发生了明显变化。

表3-3 康熙年间蜩寄刻书表

| 书名 | 著者（辑者） | 主要编辑者 |
|---|---|---|
| 《吕祖全传》 | 汪淇著 | |
| 《尺牍谋野集》 | 王穉登著、查相如定 | 汪淇、查望同校释 |
| 《西游证道书》 | 汪淇笺评 | 黄周星印证 |
| 《分类尺牍新语》 | 汪淇、徐士俊评笺 | 参订者48人，每篇尺牍后另有评释人 |

（续表）

| 书名 | 著者（辑者） | 主要编辑者 |
|---|---|---|
| 《济阴纲目》 | 武之望辑著 | 张志聪等订正、汪淇笺释、查望参阅 |
| 《保生碎事》 | 汪淇辑定 | 汪开楚、汪镎同参订 |
| 《尺牍新语二编》 | 汪淇、徐士俊评笺 | 参订者47人，每篇尺牍后另有评释人 |
| 《尺牍新语广编》 | 汪淇评笺 | 徐士俊、黄周星参订，每篇尺牍后另有评释人 |

从表3-3中我们可以看出，以蜩寄为名刻印的书籍有两个明显特点。

第一，从刻书选题和编刊方式来看，还读斋多刻他人著述，蜩寄多刊汪淇的自著或他自己参与编辑的书。蜩寄共刻书七种，包括《尺牍谋野集》《吕祖全传》《西游证道书》《尺牍新语》（三编）《济阴纲目》（后附《保生碎事》），每一种书都是汪淇自己编著或重新编辑的，与原有旧本完全不同。

例如，《吕祖全传》是汪淇按照自我认知的道教思想重新编排创作的道教祖师吕洞宾修炼成仙的故事，与元明以来流传的吕洞宾仙传故事完全不同。《西游证道书》是汪淇在古本《西游记》基础上，用道教思想解释玄奘取经故事的章回小说。相比明代百回本《西游记》来讲，本书的最大贡献在于其在世德堂百回本的基础上首次加入唐僧出身故事,并尝试用道教思想评释西游记故事,成为清代道教评释《西游记》的滥觞。这一改变在清代《西游记》评释、改编中得到了普遍认可,对后世影响巨大。同时,对于其新增的唐僧出身故事的来源问题,在现代学术界《西游记》研究中亦引起了激烈讨论。《尺牍谋野集》虽是从旧本而来,但也并非原封不动地直接翻刻,而是在内容和格式上进行了一些修改才刊刻成书。《历朝捷录直解》亦是汪淇、徐士俊整合几种旧本而成,并增加了旧本缺少的崇祯年间史事。

又如,《尺牍新语》系列,虽然有些稿源来自市面上的已刊尺牍总集,尤其是初编《分类尺牍新语》,但也非照搬原本原文,而是在参照旧本的基础上,将每篇尺牍都重新加以圈点、评释。这些评释大多都是汪淇邀约当时的社会贤达、文人名士所作,且多是汪淇好友,并非托名而作。这些评释起到了很好的辅助阅读的作用,有些可帮助读者解析尺牍文意,如《分类尺牍新语》选陈孝逸给萧伯玉的尺牍一篇,内容为赞美萧伯玉的诗词,陈孝逸看到这些诗词后感慨:"如载春浮以东,令我时时见三荛先生于湖头深牧间也。"若对二人不熟悉的读者,不免会对其中的某些专有名词摸不着头脑,无法理解文意。徐士俊在解题评语中说:"伯玉先生以春浮名园,深牧名庵。见此牍，使我神往园中，梦游庵内。"①有了徐士俊的解说，文意就变得清晰易懂了。有些评语说明尺牍作者与收信人的关系，如在陈继儒给汪汝谦的尺牍后，汪淇写道："眉道人（陈继儒，号眉道人）与吾伯然明（汪汝谦，字然明）交谊最深"②，说明陈继儒与汪汝谦两人的关系。有些评语写明了此篇尺牍的来源，如《尺牍新语二编》选程守给金静思的尺牍一篇，汪淇在篇后的评语中写道："今承非二（程守，字非二）远寄此牍，一披阅，宁不令人益深企念心耶。"③在此告诉读者，此篇尺牍是程守寄给汪淇的。《尺牍新语广编》选李式玉给沈谦的尺牍一篇，徐士俊在篇后写道，此篇尺牍是"偶从王丹麓（王晫，字丹麓）案头"④得到的。类似此种在篇后写明尺牍来源的评语在其他尺牍总集中并不常见，但在《尺牍新语》系列中还有很多，这为我们研究尺牍总集的稿源问题提供了珍贵材料。这种篇后评语的编刊方式，在同一时期的尺牍选集中也不多见，如李渔的《尺牍初征》，周亮工的《尺牍新钞》《藏弄

---

① 陈孝逸：《与萧伯玉》徐士俊评语，载汪淇辑《分类尺牍新语》第 7 册，第 408 页。

② 陈继儒：《与汪然明》汪淇评语，载汪淇辑《分类尺牍新语》第 10 册，第 437 页。

③ 程守：《与金静思》，载汪淇辑《尺牍新语二编》第 8 册，康熙六年（1667）刊本。

④ 李式玉：《答沈去矜书》，载汪淇辑《尺牍新语广编》第 3 册，康熙七年（1668）刊本。

集》《结邻集》，陈牧辑定的《凭山阁新辑尺牍写心集》《凭山阁新辑尺牍写心二集》，黄容编辑的《尺牍兰言》等，均采取只刻印尺牍的形式，并无评语。可以说篇后附缀评语的形式是汪淇编刊的《尺牍新语》系列的特殊所在，不仅有助于读者理解文意，更为读者提供了丰富的隐藏在文字背后的社会背景和人际关系，也为我们研究明末清初尺牍总集编刊的情况提供了丰富材料。

第二，从编辑人员来看，参与到蜩寄刻书活动中的文人数量大幅增加，是还读斋时期无可比拟的，《尺牍新语》系列的编刻尤为明显。

汪淇主持编刊的《尺牍新语》系列每册有参订人员两名，在尺牍后还有若干评论人员，这些参与者大都是活跃于江南地区，尤其是杭州西湖附近的知名文人，如黄周星、徐士俊、林嗣环、毛先舒等。这些文人不仅受汪淇之邀评点尺牍，还对尺牍的编刻表现出了极大兴趣，一些文人积极为编刻尺牍搜集稿件，如诸匡鼎。诸匡鼎与汪淇可能相识于编选《尺牍新语广编》之时，其为该书的选录、成书做了大量工作。《尺牍新语广编》中除收录了多篇诸匡鼎自己的尺牍外，还有多篇尺牍是诸匡鼎搜集而来的。例如，恽格尺牍六篇[1]、女性作品多篇[2]，皆为诸匡鼎为其搜集而得[3]，对此汪淇也说："余选广编，承虎男（诸匡鼎，字虎男）赐教颇殷。"[4]

又如林嗣环。汪淇与之相识于康熙年间，林嗣环听闻汪淇有《尺牍新语广编》之选，还许诺要赠予汪淇尺牍数篇。林嗣环也兑现了自己的承诺，将自己的书信赠予汪淇，"余（汪淇）选尺牍，铁翁屡致手札，皆高古超异……"[5]林嗣环对汪淇编选的尺牍总集表现出了极大兴趣，不仅将自己的尺牍寄与汪淇，还在汪淇的好友徐士俊、黄周星、吴雯清、查望等人都奔波忙碌、无暇顾及尺牍编选之时，帮助汪淇广泛搜罗文人名士的尺牍佳篇。如嵇永仁、王廷璧、宋琬等人的十多篇尺牍能够入选，可以说都是林嗣环的功劳。对此汪淇也深表感激，"广编

① 参见恽格《与友人》，载汪淇辑《尺牍新语广编》第4册，康熙七年（1668）刊本。

② "征尺牍于闺阁亦罕有矣……正乏佳篇，得虎男览惠此篇。"王端淑：《柬莫夫人》汪淇评语，载汪淇辑《尺牍新语广编》第24册，康熙七年（1668）刊本。

③ "征尺牍于闺阁亦罕有矣……正乏佳篇，得虎男览惠此篇。"王端淑：《柬莫夫人》汪淇评语，载汪淇辑《尺牍新语广编》第24册，康熙七年（1668）刊本。

④ 莫如锦：《与诸虎男》，载汪淇辑《尺牍新语广编》第16册，康熙七年（1668）刊本。

⑤ 林嗣环：《与嵇留山》，载汪淇辑《尺牍新语广编》第16册，康熙七年（1668）刊本。

之役，原与野君（徐士俊）、九烟（黄周星）两君子共事，未
几各返珂乡。而方涟（吴雯清）又发广陵之棹，于周（查望）
尚留白岳之游，投赠云集，翻阅为烦。幸逢林铁翁（林嗣环）
以古貌冰心，吐奇相示，广罗佳牍，方得编目成书。……偕游
荷花深处，两人谈心论道，致足乐也"①。

---

① 纪映钟：《寄林铁崖》，《尺牍新语广编》后补，康熙七年（1668）刊本。

# 第五节　蜗寄与还读斋刻书比较

从明末到康熙初年，汪淇在身份上经历了从商人向文人逐渐转变的过程，受书坊主身份和思想变化的影响，书坊的刻书也出现了很大改变。从明末还读斋，到顺治年间的还读斋，再到康熙年间的蜗寄，汪氏书坊的这三个发展阶段，在刻书选题、编刊方式、参与人员上都表现出了不同的特点。

我们可以通过以下三个表，更清楚、直观地看到还读斋和蜗寄在刻书选题及编刊方式上的变化。

表 3-4　明末还读斋刻书著者、编辑者情况表

| 书名 | 著者（辑者） | 主要编辑者 |
| --- | --- | --- |
| 《诗经人物备考》 | 陈子龙辑 | 汪桓参订 |
| 《智囊全集》 | 冯梦龙重辑 | 江淇阅 |
| 《汉书纂》 | 钟惺、凌稚隆纂 | 汪淇、查世晋校阅 |

（续表）

| 书名 | 著者（辑者） | 主要编辑者 |
|---|---|---|
| 《增订诸名家史记纂》 | 凌稚隆纂 | 查世晋、汪立秀、尚甲徵、王懋德、汪钟彭、汪之量、朱吴汝、朱绎、朱玄度、邵德延、汪淇参订 |
| 《重订武经七书参同集》 | 谢枋得编辑、李贽参订 | 汪淇重订 |
| 《绾春园传奇》 | 沈嵊编 | 汪淇编次 |
| 《新锲精选简要易览通书》 | | |
| 《通纪纂》 | 钟惺辑 | |
| 《通鉴纂》 | 钟惺辑 | 汪桓订正 |

表3-5 顺治中后期还读斋刻书著者、编辑者情况表

| 书名 | 著者（辑者） | 主要编辑者 |
|---|---|---|
| 《明七子诗选注》 | 陈子龙选定 | 汪淇、汪恂订正 |
| 《西陵十子诗选》 | 毛先舒等 | 无 |
| 《诗体明辨》 | 徐师曾纂 | 叶生评定，汪淇、赵朗参阅 |
| 《杜诗分类全集》 | 张缙彦、谷应泰辑定 | 高士、汪淇较阅 |
| 《诗苑天声》 | 范良辑定 | |
| 《武经七书全文直解》 | 张居正辑 | 王益朋、马昌初等鉴定，汪淇纂序，汪桓、汪雯、汪惟宸订正 |
| 《雪心赋直解》 | 卜则巍著、田希玉辑 | 何伯达、汪淇、叶生、吴愚公、查望 |

（续表）

| 书名 | 著者（辑者） | 主要编辑者 |
|---|---|---|
| 《雪心赋直解》后附《地理碎事》 | 汪淇辑定 | |

表3-6　康熙间蜩寄刻书著者、编辑者情况表

| 书名 | 著者（辑者） | 主要编辑者 |
|---|---|---|
| 《吕祖全传》 | 汪淇著 | |
| 《尺牍谋野集》 | 王稺登著、查相如定 | 汪淇、查望同校释 |
| 《西游证道书》 | 汪淇笺评 | 黄周星印证 |
| 《分类尺牍新语》 | 汪淇、徐士俊评笺 | 参订者48人，每篇尺牍后另有评释人 |
| 《济阴纲目》 | 武之望辑著 | 张志聪订正、汪淇笺释、查望参阅 |
| 《济阴纲目》后附《保生碎事》 | 汪淇辑定 | 汪开楚、汪锌同参订 |
| 《尺牍新语二编》 | 汪淇、徐士俊评笺 | 参订者47人，每篇尺牍后另有评释人 |
| 《尺牍新语广编》 | 汪淇评笺 | 徐士俊、黄周星参订，每篇尺牍另有评释人 |

　　从上三个表格中，我们可以更加清晰地看出，从明末到康熙年间，汪氏书坊的刻书选题更具个性，参与到汪氏书坊中的文人也越来越多。

　　明末，处于初创时期的还读斋刻书大多是他人的著作，虽有"参订"或"参阅者"，实质上他们并没有对旧本内容做多少改变，多是采取"拿来主义"的方式——得到旧本或稿源后直接刊刻，并且此时参与还读斋刻书的编辑人员仍以汪氏家族成员为主。这大概与此时汪淇的身份和交友圈有一定关系。汪淇为徽州府休宁县西门汪氏宗族的一员，祖辈世代居于西门，直到明末其父汪洪信时才因经营盐业迁入杭州。出身商人家族的汪淇在明末初入杭州，开办书坊时也更多地从商业利益出发，多刊刻时下流行的书籍，如史钞纂要类书籍和商人书，体现了还读斋书坊的商业性特点。此时汪淇结识的文人并不多，主要依靠汪氏家族成员完成书籍的编刻，压力还是比较大的。所以，这一时期还读斋多翻刻旧本。虽然《增订诸名家史记纂》中罗列了多达十一位参订人员，但从此书内容来看，无论在内容还是格式上都与凌稚隆原本《史记纂》非常相似，并没有很大改动，所以大部分参订人员可能也并没有做过实质性的工作。也正因为多翻刻旧本，基本无须改动，所以明末还读斋的刻书多是由汪淇及长子汪桓负责编订工作，家族以外的人员极少参与刻书。

　　顺治中后期，受政治环境变化和汪淇自我身份转变的影响，还读斋的刻书与明末相比发生了一些变化。汪淇在明末清初之际结识了大量江南地区，尤其是杭州附近的文人，如陈子龙、毛先舒、吴百朋、李雯、徐士俊、黄周星、叶生、查望等，他们也开始出现在还读斋的刻书活动之中。还读斋于顺治中后期集中刊刻了五部诗集，其中《明七子诗选注》《西陵十子诗选》《杜诗分类全集》《诗苑天声》的作者或辑定者，如陈子龙、毛先舒、范良等人都是当时江南地区的文人名士，都与汪淇有密切往来。其中的一部分文人还一度参与到还读斋的其他编书、刻书之中，如与汪淇共同编刊《诗体明辨》的赵朗即为淮安山阳望社成员之一；校阅《杜诗分类全集》的高士"绩学能文，与前辈范骧其名。评选古今文及大易元赏，丹黄甲乙，艺林纸贵。生徒经指授，辄登科目"①。

　　文人参与编书的情况，在康熙年间汪氏书坊的刻书中表现得更为突出。黄周星直接承担了《西游证道书》的部分评释工作，更明显的是《尺牍新语》系列，参与编辑、评点者多达百余人。

　　顺治以后，或许因为汪淇朋友圈的扩展和文人的加入，还读斋刊刻了多部诗集和尺牍选集，刻书选题开始从商业性向文学性倾斜。同时，在编刊方式上也逐渐抛弃了拿来就用的方式，而是根据阅读群体和对象，对旧本内容斟酌损益，对书籍

---

① 《海宁州志稿》卷11《人物志·隐逸》，载《中国地方志集成·浙江府县志辑》第22册，上海书店1993年版，第4—5页。

进行重新编辑，表现出了一定的特色，如《诗体明辨》意在教人如何作诗，故在崇祯间沈氏所编《诗体明辨》基础上加入了多人评论，方便读者理解；《武经七书全文直解》的读者群体主要为武举士子，故减少与正文、科考关系不大的解释，仅保留精华部分，便于阅读、背诵。除翻刻旧本外，还读斋也开始尝试选择刊刻一些市面上没有的新书，如《明七子诗选注》《西陵十子诗选》《诗苑天声》《雪心赋直解》等书。

　　还读斋对刊刻新书的尝试，延续到康熙年间蜩寄的刻书中，并更加明显。康熙年间，汪淇对刊刻新书的兴趣直接由刊刻他人编著的新书转向刊刻自著自编之书。

表3-7　还读斋、蜩寄刻自著、他著比例表①

| 书坊 | 他著 | 比例 | 他著（后附自著） | 比例 | 自著（编、辑） | 比例 |
|------|------|------|------|------|------|------|
| 还读斋 | 15 种 | 93.8% | 1 种 | 6.2% | 0 种 | 0% |
| 蜩寄 | 1 种 | 14.3% | 1 种 | 14.3% | 5 种 | 71.4% |

---

① 此处书坊的划定以封面或版心下所题书坊名为准。其中《雪心赋直解》封面写有"还读斋主人识"，同时正文版心下刻"蜩寄家藏"。因为其在封面明确有"还读斋主人"字样，而版心下的"蜩寄家藏"表明是汪淇依据家藏《雪心赋直解》刊刻的，所以此处将其归入"还读斋梓行"一类。本表仅计算确定刊刻书坊的刻书，不能确定刊刻书坊的汪淇其他编书不计入数据之中。

　　从表3-7中，我们可以清楚地看到，康熙以前汪淇极少有自编自著的刻书，仅在顺治十八年（1661）自辑《地理碎事》，将其附入《雪心赋直解》之后，并未单独成书，但这仅有二十余页的"附书"却成为汪淇著述的开端；在此时"蜩寄"之名也首次出现于汪淇的刻书之中，并于康熙元年（1662）最终取代"还读斋"成为汪淇从事刻书的书坊名。自此之后蜩寄就很少再刊刻他人著述，汪氏书坊转向自著、自编、自刻的模式。

第四章

子承父业：
还读斋的继承与回归

　　康熙七年（1668），汪淇编完《尺牍新语广编》后表示自己将不再从事刻书之业。因身体原因汪淇于三年后去世，作为书坊的蜩寄也停止刻书。虽然故人已逝，但汪淇创办的书坊并没有因汪淇的去世而消失，康熙十年（1671）还读斋又以崭新的面貌回归于大众视野，由汪淇长子汪桓继承，继续开雕刻书。

　　汪桓主持下的还读斋共刻书九种。从刻书编辑人员来看，作为书坊主的汪桓除了是汪昂编著的三部医书的参阅者外，未出现在其他任何一部刻书之中，可见作为书坊主的汪桓逐渐退出了书籍编辑、校释人员的行列。此时的还读斋也不再像顺治年间和康熙初年的蜩寄那般"热闹"——蜩寄不仅是编书、刻书的书坊，更是书坊主汪淇会友畅饮、文人聚集的场所；汪桓主持下的还读斋仅扮演了刻书的角色，成为更加纯粹的刻书之地。

# 第一节　拨开继承的迷雾：
## 还读斋归谁所有

## 一、汪淇的逝世

关于汪淇的卒年，目前尚没有找到确切的记载，陈恩虎曾在《刻书家汪淇生平考》一文中做出了推测。[①]陈恩虎根据《凭山阁留青二集》中收录汪淇好友徐士俊作《公祭汪澹漪文》推测，汪淇在《凭山阁留青二集》出版之前已经去世。在陈枚作《凭山阁留青二集·自序》中提到"丙辰（康熙十五年，1676）春……偶检四方投赠诸篇什……"[②]说明陈枚在康熙十五年（1676）就开始为编刊总集搜集材料，那么集中收录的徐士俊《公祭汪澹漪文》一文肯定作于康熙十五年（1676）之前。陈恩虎从此中判断，在康熙十五年之前，汪淇应该已经

---

① 参见陈恩虎《刻书家汪淇生平考》,《文献》2005 年第 3 期。
② 陈枚:《自序》,《凭山阁留青二集》,载《四库禁毁书丛刊》集部第 155 册，北京出版社 2000 年版，第 292 页。

去世。

这一考证是正确的，在此基础上，我们还可以从汪氏书坊名的变化上再进一步精确汪淇逝世的时间。汪淇曾用"还读斋"和"蜩寄"两个名称开办书坊，开雕刻书。康熙元年（1662）以前，均以"还读斋"为坊名刻印书籍，康熙元年汪淇从道以后遂将书坊名改为"蜩寄"，此后"还读斋"之名就不再出现于汪淇主持的刻书之中。汪淇在康熙七年（1668）编写《尺牍新语广编》时曾说，自己刻印完此书后将"耽玩道书，学仲舒之键户。兹篇告竣而后，一切不敢与闻握管"①，表示自己年事已高，此后要专心从道，不再从事编辑刻书之事。事实证明汪淇也将这一想法付诸行动，在《尺牍新语广编》编完后，至今没有发现"蜩寄"之名再次出现于刻书之中，汪淇在康熙七年（1668）以后可能已经放弃了刻书事业。所以，当"还读斋"再一次出现时，汪淇可能已经逝世了，此时"还读斋"的刻书应该是由其后人主持的。康熙七年以后"还读斋"再一次出现在刻书中是康熙十年（1671）刊刻的《增补武经集注大全》。此书在《秘拟乡会两闱射谱》版心下镌"还读斋"字样，正文上栏题为"还读斋秘拟乡会两闱标题主意"。由此，我们可以做一个大胆的推测，汪淇于康熙十年（1671）

---

① 汪淇：《尺牍新语广编》凡例，康熙七年（1668）刊本。

之前可能已经去世，去世的时间应该在康熙七年（1668）刻完《尺牍新语广编》以后至康熙十年（1671）之间。

## 二、还读斋的继承

康熙十年（1671）还读斋又"重现江湖"，刊刻了多种书籍。目前很多学者认为，康熙十年以后的刻书是汪淇的侄子汪昂主持刊刻的，也就是说康熙中后期还读斋是由汪昂掌管的，甚至认为汪昂在汪淇在世时就曾参与了还读斋的刻书和经营。另外，目前学术界对汪淇与汪昂之间关系的认识仍不够准确，有的学者称汪淇是医学家；有的学者称汪昂是书坊主、刻书家；有的学者认为汪淇与汪昂是父子关系或叔侄关系，并把汪淇之子汪桓和汪昂混淆为一人。进一步重新认识这些问题，对我们理清汪淇、汪桓、汪昂三者及其与书坊还读斋的关系，拨开还读斋继承的迷雾，还原历史的本来面目有重要意义。

汪昂，万历四十三年生（1615），康熙三十三年（1694）仍在世[1]，字鹤立，号讱庵，是明末清初，乃至中国古代著名医学家。汪昂曾撰写过多部医书，如《医方集解》《本草备要》

---

[1] 在《本草备要》自序中署名为"康熙甲戌阳月休宁八十老人讱庵汪昂书于延禧堂"。康熙三十三年（1694）汪昂虚岁八十岁，由此可推断汪昂生于万历四十三年（1615）。

《素问灵枢类纂约注》等广为流传，后世不断翻刻多达百余次。

另外，在顺治《休宁西门汪氏宗谱》中载，九承奉房八十三世有汪氏名"文昂（养儒子），字鹤立，号讱庵，处州府庠廪生，万历乙卯（万历四十三年）生。有一男，名端善，字其两"①。族谱中此"汪文昂"与上述医学界的汪昂实为一人。"文昂"是族名，实际生活中多用"汪昂"之名。在署名为"文昂"所作的《宗谱后序》《太学养儒公行状》中也均称自己为"昂"而非"文昂"，如"岁壬午，创兹议者为叔祖宗瑞，谋及于昂……""先兹倡议之始，昂恐事难卒集……"②"昂自丙戌之秋奔丧归家"③，等等。另外，在汪昂编著的三部医书卷端均写有"男汪端其两、侄汪惟宠子锡同校"的字样，可见汪昂有一子，名端，字其两。此汪端与族谱中的"汪端善"应该也是同一个人，与"汪文昂""汪昂"之名相似，其族谱名"端善"，实际用名"端"，字号相同。综合出生时间、字号、子嗣情况来看，族谱中记载的"汪文昂"应该就是编写医书之汪昂。

汪昂曾致力于科举，但明清朝代更替使其放弃出仕的念头，"顺治元年，昂……罢制举，专意医学，辑《本草备

① 顺治《休宁西门汪氏宗谱》卷 12《九承奉房世系》，顺治十年（1653）刊本。
② 顺治《休宁西门汪氏宗谱》卷 14《宗谱后序》，顺治十年（1653）刊本。
③ 顺治《休宁西门汪氏宗谱》卷 12《太学养儒公行状》，顺治十年（1653）刊本。

要》《医方集解》二书"①。除医书外，我们对汪昂的情况知之甚少，很多文章中提到的《讱庵填词图》《讱庵诗文集》皆非此汪讱庵留下的作品。《讱庵填词图》为清末林葆恒所作。林葆恒（1872—1950），字子有，号讱庵，福建闽县人，有《讱庵填词图》《讱庵丛录》《讱庵诗稿》《讱庵客座琐谭》等。②另有徽州歙县人汪启淑（1728—1799），字秀峰，号讱庵，乾隆年间著名藏书家、篆刻家，有《讱庵诗存》《讱庵集古印存》等存世。

对于汪桓的身份，学术界目前大致有两种看法：一种认为汪桓应该是汪淇的晚辈，与汪昂为同族；另一种认为汪桓与汪昂实为一人，汪昂早年名"桓"，且参与过还读斋的校对、刻书工作。③汪桓究竟是何许人？与汪淇、汪昂的关系如何？其

---

① 光绪《重修安徽通志》卷 262《人物志·方志一》，《续四库全书》第 654
册，上海古籍出版社 2002 年版，第 396 页。《重修安徽通志》中原文载：
"顺治元年，昂三十二罢制举，专意医学，辑《本草备要》《医方集解》
二书……康熙三十一年，昂年八十，始序而刊行。"其中，关于汪昂年龄
的记载应该是错误的。据族谱记载，汪昂生于万历四十三年（1615）；据
汪昂在自撰《增补本草备要叙》中载，此书成于康熙三十三年（1694），
此时汪昂虚岁八十岁。所以，顺治元年（1644），汪昂应为二十九岁，而
非《重修安徽通志》中的三十二岁；两本医书的刊刻时间应在康熙三十
三年（1694），而非康熙三十一年（1692）。
② 林葆恒相关研究参见姚达兑《清遗民的文化记忆和身份认同——林葆恒
和六幅〈讱庵填词图〉》，《民族艺术》2016 年第 6 期。
③ 参见徐学林《徽州刻书史长编》第 6 编《清代徽州府刻书代表人物
（上）》，安徽教育出版社 2014 年版，第 238 页。

实在（顺治）《休宁西门汪氏宗谱》中就有清楚的记载。

汪桓，生卒年不详（1694 年仍在世）。根据族谱记载，汪桓是汪淇的长子，"字殿武，杭州郡庠生"①，有文集名《美身居杂著》，有书室名"孝友堂"②。

关于汪桓的生卒年代和其他生平情况，目前还没有发现更多的史料记载。我们仅能从还读斋刊刻的书籍中找到一些关于汪桓曾在还读斋从事编辑、校对工作的痕迹，如《武经七书全文直解》卷一至卷三卷首题"西陵汪桓订正"，《尺牍新语》系列有多处汪桓评语。另外，还读斋刊本《医方集解》《素闻灵枢类纂约注》《增订本草备要》卷首皆题为"休宁讱庵汪昂著辑，弟殿武汪桓参阅"③。从此三书卷首题名来看，汪昂与汪桓应该是兄弟关系。依族谱记载，汪桓为汪淇长子、汪昂为汪养儒长子，所以汪昂与汪桓二人非亲兄弟，而是同族兄弟。

从（顺治）《休宁西门汪氏宗谱》来看，汪淇、汪桓、汪昂三人的世系关系可以用图 4-1 表示：

① 顺治《休宁西门汪氏宗谱》卷 12《九承奉房世系》，顺治十年（1653）刊本。
② 收汪桓尺牍《送二弟奉母旋里》，标注选自《美身居杂著》，参见汪桓《送二弟奉母旋里》，载汪淇辑《分类尺牍新语》第 23 册，第 527 页。
③ 汪昂：《医方集解》，康熙二十一年（1682）还读斋刊本。

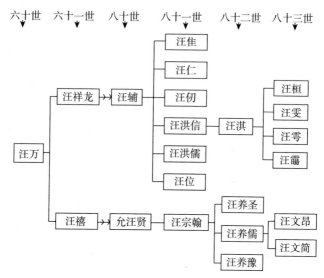

图 4-1　汪桓支、汪昂支世系图

　　从世系图中可以看到：汪桓与汪昂是已出五服的家族同辈关系，两人是血缘关系较远的同族兄弟。至此汪淇、汪桓、汪昂三人生平及关系我们就比较清楚了：汪淇与汪桓是父子关系，汪桓是汪淇的长子；汪桓与汪昂仅是同为西门邑汪氏宗族九承奉房的同族同辈而已，两人虽以兄弟相称，实则已出五服，血缘关系甚远。

　　因为材料的缺乏，以往对汪昂的研究多有猜测成分，并将诸多汪淇的生平、经历误加到汪昂简历之中，如有学者认为汪昂拥有的刻书楼或书室名为"钓矶楼"等。造成这一误解的原因，大概是受魏爱莲等国外学者将中文"蝌寄"音译为"Diaoji Lou"[1] 的影响，所谓"钓矶楼"的本来面貌实则是汪淇的书坊"蝌寄"。另外，频繁与黄周星、钱谦益、徐士俊等江南文人往来的，也应是汪淇而非汪昂。明确三人的生平及关系，对认清还读斋的继承问题将有很大帮助。

关于汪淇逝世后还读斋的继承和汪昂是否为还读斋书坊一员的问题，以魏爱莲为代表的绝大多数学者对此一直持肯定态度。魏爱莲将汪淇和汪昂都视为还读斋的一员，并以此为基础将还读斋的发展分为两个阶段：第一个阶段是在汪淇主持下，刻书地点在杭州，主要目的是营利；第二阶段是在汪昂主持下，还读斋从杭州迁往苏州，因为此时主要刊刻医术，且对"版权"也并不那么计较，往往允许别人翻刻。所以，魏爱莲认为在汪昂执掌下的还读斋经营的主要目的是慈善。虽然对汪昂来说，与还读斋最明显的联系也只有刻在封面上的"还读斋梓行"的标记而已，但魏爱莲认为还读斋仍然是汪淇和汪昂"二者的一个明显的联系"[2]。徐学林也认为汪昂"与同族、寓居

---

[1] Ellen Widmer, "The Huanduzhai of Hangzhou and Suzhou: A Study in Seventeenth Century Publishing", *Harvard Journal of Asiatic Studies*, Vol.56, No.1, 1996.

[2] Ellen Widmer, "The Huanduzhai of Hangzhou and Suzhou: A Study in Seventeenth Century Publishing", *Harvard Journal of Asiatic Studies*, Vol.56, No.1, 1996.

杭州的汪淇一道在苏州设立还读斋刻书铺，从事坊刻业"[①]。黄辉等人也同意这一说法。[②] 持汪昂继承还读斋观点的学者最主要的证据有两点：第一，汪昂编著的三部代表性医书——《素问灵枢类纂约注》《本草备要》和《医方集解》都曾于还读斋刊刻，且还读斋刊本是目前为止发现的最早版本；第二，汪昂是汪淇同宗的侄子，关系可能比较亲密。但仅从这两点是否就可以推测汪昂继承了还读斋，且以"还读斋"为名刻印书籍这一问题还值得思考。对于上述观点，笔者并不赞同。

首先，从三部医书的刊刻来看。上文提及的《医方集解》等汪昂的三部代表性医学著作最早都是在还读斋刻印的，这三部医学著作中每部正文卷端都有如下文字："休宁汪昂讱庵著辑，弟汪桓殿武订，男汪端其两、侄汪惟宠子锡同校"[③]。从三书正文卷首关于参订人员的列举中，我们可以看到汪淇长子汪桓参与了汪昂每一部医学著作的校阅、编辑工作。

---

① 徐学林：《徽州刻书》，安徽人民出版社2005年版，第170页。
② 参见黄辉《新安医药学家汪昂（一）》，《中医药临床杂志》2010年第10期。
③ 三部著作卷首人名字号的顺序略有差异，《素闻灵枢类纂约注》作"休宁汪昂讱庵著辑，弟汪桓殿武参阅，男其两汪端、侄汪惟宠子锡、侄婿仇沄天一同订"，《医方集解》作"休宁讱庵汪昂著辑，弟殿武汪桓参阅，男其两汪端、侄子锡汪惟宠同校"，《增订本草备要》作"休宁汪昂讱庵著辑，弟汪桓殿武参阅，同学郑曾庆赞寰同订，男汪端其两、侄汪惟宠子锡、侄婿仇沄天一同订"。

古代书坊在刻印书籍时，负责刻印的书坊主作为"参订"或"同校"人员出现在著作者之后是常有的现象。汪淇刊刻的许多书籍就有类似情况，如《杜诗分类全集》是由张缙彦和谷应泰辑定的，还读斋负责梓行，在正文卷首则题为"中州张缙彦坦公、古燕谷应泰霖苍辑定，海宁后学高士尔达、钱塘后学汪淇右子较阅"；《绾春园传奇》本由沈嵊作，还读斋刻印，正文卷端题"四海孚中道人编、新安右子居士次"。所以据此推测，作为三部医书参阅人的汪桓也极有可能就是负责刻印的书坊主，也就是还读斋的主人。

其次，从汪昂和汪桓的个人经历来看。汪昂除编著医书外，尚未见其编校或修订过还读斋刻印的其他书籍。相反汪桓却在还读斋从事过一些书籍的编辑工作，如钟惺辑定的《通鉴纂》，正文卷端题为"竟陵钟惺伯敬氏定、西陵汪桓殿武父订正"；陈子龙编《诗经人物备考》，正文卷端题"云间陈子龙辑，古杭汪桓殿武参"；《武经七书全文直解》卷一至卷三皆由汪桓订正；《尺牍新语二编》汪桓参与了第十三、十六、十九册等多卷的参评工作。从个人编辑经历来看，多次参与还读斋刻书活动的是汪桓，而非汪昂。

最后，从二人的活动地域和还读斋的开设地点来看。古代书坊主在刻书时有将地域名称加于书坊前作为标识的习惯。福建建阳的书坊主一般会刻作"建阳书林""闽建""建邑"等，如建阳书林余文台双峰堂、建邑书林种德堂；南京书坊主多用"金陵""白下""秣陵"等词，如金陵书林奎壁斋；苏州书坊名前多冠以"金阊""吴门"，如金阊书业堂、吴门宝翰楼；杭州书坊则多称"武林""西陵""古杭"。从书坊前所冠地名，我们可以大致判断书坊所在地及主要经营地点。

汪淇的父亲汪洪信从休宁迁往杭州后，汪淇及后代就一直生活于杭州，并未迁往其他地区；大部分学者皆认为汪昂一直居于苏州，且于苏州经营还读斋，如魏爱莲、徐学林、黄辉等。但笔者新发现一种名为《岁寒堂初集》[刻于康熙十八年（1679），此时汪淇已经去世]的还读斋刻书，此书封面右侧栏题"毛稚黄、孙宇台、丁药园三先生论定"，中间大字题"岁寒堂初集"，左侧栏小字题"武林还读斋梓行"。由此可见，汪淇去世以后，还读斋仍然以"武林"，也就是杭州作为地域标志，所以此时还读斋应该还在杭州，而不是苏州。并且，纵观至今为止发现的还读斋刻书，也没有出现"金阊还读斋"或"吴门还读斋"等写法，而是一直自称为"西陵还读斋"或"武林还读斋"。由此来看，魏爱莲等学者关于"苏州还读斋"的相关观点，尚有可以商榷之处。

综上三点所述，汪桓在汪淇经营下的书坊中参与过《诗经人物备考》《武经七书全文直解》《尺牍新语》等多部书籍的刊刻，并且作为汪淇的长子，继承父业的可能性非常大。对于汪昂来说，汪淇仅是已出五服的同族叔辈而已，目前尚未见汪昂参与过除三部医书以外的还读斋的编刻工作，在《尺牍新语》中也未见其与汪淇有任何交集。由此，我们基本可以确定，汪淇逝世后，继承汪氏书坊、重新经营还读斋的应该是汪淇的长子汪桓，而非汪昂。

# 第二节　还读斋的医籍刊刻

汪桓继承了还读斋后，主要刊刻了六种医书。

1.《苍生司命》八卷，虞抟撰，康熙十六年（1677）还读斋刊本

虞抟（1438—1517），字天民，浙江义乌人。还读斋本《苍生司命》封面上栏题"医宗秘髓"，右侧栏题"古婺虞天民先生手辑"，中间大字题"苍生司命"，左侧栏小字题"还读斋梓行"。正文卷端题"苍生司命"，"花溪老人虞抟天民辑，钱塘徐开先振公校，静观居士程林云来阅，海昌陈彝则子奇订"。

2.《医方集解》三卷，汪昂撰，康熙二十一年（1682）还读斋刊本

还读斋本封面上栏小字题"名医指掌"，下分三栏，右侧栏小字题"汪切庵先生著辑"，中间栏大字题"医方集解"，左侧栏小字题"药必有方，不加注释则主治不明；病必

有症，不加辨析，则药所治病与病之应药，其义不显方。书□□□□发明及此。先生不惮苦心，既著本草备要，复著是书，相□□□□无医之处，可以据症用方，或功治误施□□□□□□□□□□□□，镜筥箧之要编也。识者鉴之。还读斋梓行"。此书首有汪昂撰《叙文》，次汪昂撰凡例六则，次《医方集解》目录（分上、中、下卷），次正文。正文卷端题"医方集解"，下题"休宁讱庵汪昂著辑，弟殿武汪桓参阅，男其两汪端、侄子锡汪惟宠同校"。①正文分上下两栏（上栏窄小），半页九行二十四字，小字双行同，四周单边，无鱼尾，有行格、圈点。后世翻刻、重刻本极多。②

### 3.《素问灵枢类纂约注》三卷，汪昂撰，康熙二十九年（1690）还读斋刻本

汪昂将《黄帝内经》中《素问》和《灵枢》二书摘录出来，单独成书，是为此书，分藏象、病机、经络、脉象等九部分。此书是汪昂在参考历代各家对《黄帝内经》的注释之上，择其精要、分类注释而成，此书最早的版本即为康熙二十九年（1690）还读

① 上、中、下卷著者、参阅者写法略有不同。中卷题"休宁汪昂讱庵辑，弟汪桓殿武订，男汪端其两、侄汪惟宠子锡同校"。下卷题"休宁讱庵汪昂著辑，弟殿武汪桓参阅，男其两汪端、侄子锡汪惟宠较订"。

② 参见《中国古籍总目》子部2，中华书局、上海古籍出版社 2010 年版，第 856—857 页。

斋刻本。

还读斋本，首有汪昂序，正文卷端题"素问灵枢类纂约注"，下题"休宁汪昂讱庵著辑，弟汪桓殿武参阅，男汪端其两、侄汪惟宠子锡、侄婿仇浤天一同订"。正文半页八行二十二字，四周单边，有圈点，有眉批。

还读斋刻本刊行后，后世翻刻本极多，如乾隆四十四年（1779）天德堂刻本、乾隆四十四年（1779）书业堂刻本、同治十年（1871）宏道堂本、光绪七年（1881）绿荫堂本等约有39种不同刻本，其中扫叶山房就有嘉庆九年（1804）本、同治十年（1871）本和光绪十三年（1887）本三种，可见其影响之大。[1]

### 4.《增订本草备要》四卷，汪昂撰，康熙三十三年（1694）还读斋刊本

还读斋本封面上栏小字题"汪讱庵先生重定"，右侧栏大字题"新镌增补详"，左侧栏大字题"注本草备要"，中间栏小字题"还读斋藏板"。首有康熙三十三年汪昂作《增补本草备要叙》，次《增补本草备要》凡例，次《药性总义》，次目录，

---

① 参见《中国古籍总目》子部2，中华书局、上海古籍出版社2010年版，第493—494页。

次正文。正文卷端题"增订本草备要"，下题"休宁汪昂认庵著辑，弟汪桓殿武参阅，同学郑曾庆赞寰同订，男汪端其两、侄汪惟宠子锡、侄婿仇沄天一同订"。正文分上下两栏，上栏窄小半页十六行三字，下栏半页八行二十二字，小字双行同，白口，四周单边，黑单鱼尾。① 后世翻刻、重刻本较多，有不同卷数、不同版本的约有八十余种。②

### 5.《贻善堂四种须知》四种

即《急救须知》《饮食须知》《修养须知》《格物须知》，朱本中撰，康熙二十八年（1689）还读斋刊本。③

### 6.《保产机要》《保生碎事》合辑

《保产机要》不分卷，柯炌辑；《保生碎事》，汪淇辑，康熙三十三年（1694）乾元堂刊本。本《保产机要》首页版心下刻"还读斋"，最早应该是在汪桓主持下由还读斋刊刻的，乾元堂本应为后刻本。

---

① 汪昂：《增订本草备要》，《续修四库全书》第 993 册，上海古籍出版社 2002 年版。
② 参见《中国古籍总目》子部 2，中华书局、上海古籍出版社 2010 年版，第 527—529 页。
③ 笔者暂未见到该藏本。资料来自《中国古籍总目》子部 1，第 388 页；《中国丛书综录》，上海古籍出版社 1982 年版，第 721 页。

# 第三节　还读斋的文集刊刻

除医书外，汪桓主持下的还读斋还刊刻了三种文集，分别为林璐的《岁寒堂初集》《岁寒堂存稿》和王晫的《霞举堂集》。

## 一、《岁寒堂初集》《岁寒堂存稿》

林璐（1626—1688），字玉逵，号鹿庵，钱塘人。①《岁寒堂初集》和《岁寒堂存稿》为林璐的个人文集。

现存《岁寒堂初集》和《岁寒堂存稿》有两个版本，一为还读斋本（以下简称"还本"），现藏于湖北省图书馆；一为林氏崇道堂本（以下简称"崇本"），现藏于中国国家图书馆。②两个版本存在一定差异。

---

① 参见瞿冕良编著《中国古籍版刻辞典》（增订本），苏州大学出版社2009年版，第809页。

② 林璐：《岁寒堂初集》《岁寒堂存稿》，清初还读斋刻本，湖北省图书馆藏，收于《四库全书存目丛书》集部第284册，齐鲁书社1997年版；康熙二十七年崇道堂刊本，中国国家图书馆藏。

（1）《岁寒堂初集》

还读斋本封面右侧小字题"毛稚黄、孙宇台、丁药园三先生论定"，中间大字题"岁寒堂初集"，左侧小字题"武林还读斋梓行"。首有康熙十八年（1679）丁澎序，次康熙十七年（1678）孙治序，次康熙十七年（1678）毛先舒序。次目录，目录下题"西陵同学毛先舒稚黄、孙治宇台、丁澎药园论定，授业诸子发较"。正文半页九行二十字，黑单鱼尾，左右双边，有行格、圈点。正文包括卷一序24篇，卷二书13篇，卷三传16篇，卷四记17篇，卷五论4篇、祭文3篇、志铭4篇、杂著8篇。

崇本无封面，首有孙治序，次为毛先舒序，次为丁澎序。除此三篇序的排列顺序与还本不同外，崇本无论序或正文的版式、内容均与还本完全相同。

（2）《岁寒堂存稿》

《岁寒堂存稿》是林璐在《岁寒堂初集》的基础上，增汰一些篇目，加以修改润色而成，并亲自将其更名为《岁寒堂存稿》。书尚未完成，林璐去世。其后，林璐的两个儿子林锷和林铭收集其父遗稿，交由族人林云铭编次付梓。

崇本《岁寒堂存稿》共十二卷。封面最上栏书"康熙丙寅新镌"，右侧题"晋安林西仲先生论定、钱唐林鹿庵先生手授"，中间大字题"岁寒堂存稿"，左侧小字题"崇道堂梓行"。

首有颜光敏序，次林西仲序，次毛际可序，次沈珩序，次邵锡荫序，次林西仲撰凡例四则，次吴农祥撰《林鹿庵先生墓志铭》，次卢辂撰《林鹿庵先生传》，次《岁寒堂存稿》目次（下题"晋安林云铭西仲选，钱唐林璐鹿庵著，弟静福玉山订，侄鳌戴仁、男锷去滞、铭虎如、孙洪同校"）。正文十二卷，卷一至卷三为序 54 篇，卷四、五为记 29 篇，卷六、七为书 25 篇，卷八至卷十为传 34 篇，卷十一为论 12 篇，卷十二为铭 8 篇，共 162 篇。正文半页九行二十字，单黑鱼尾，左右双边，有行格，有句读、圈点。

还本《岁寒堂存稿》不分卷，无封面，首有康熙二十三年（1684）颜光敏序，紧接着为正文。正文不分卷，大致按书、序、记、传、其他（墓志铭、祭文等）的顺序排列，有书 21 篇、序 32 篇、记 20 篇、传 21 篇，其他 5 篇，共 99 篇。正文半页九行二十字，黑单鱼尾，左右双边，有行格，有句读、圈点。

还本和崇本除篇目数量外，在版式上亦有一些不同，表现在以下两个方面。

首先，从正文篇名下方的落款来看。两本部分文章的篇名下面有"钱唐林璐鹿庵"的署名落款。崇本仅见于卷八《孙长公传》；还本较多，《报祝子坚先生书》《蔡孺人传》《孙长公传》《吴孝廉传》《同仁祠记》《朱氏义田记》《崇道堂六经记》

《两浙省城河道通塞图记》等八篇下皆有此落款（见图 4–2）。

其次，从正文版心来看。崇本正文版心比较整齐，样式为“岁寒堂存稿，序（随文体改变），黑单鱼尾，卷某，某页”（见图 4–3）。

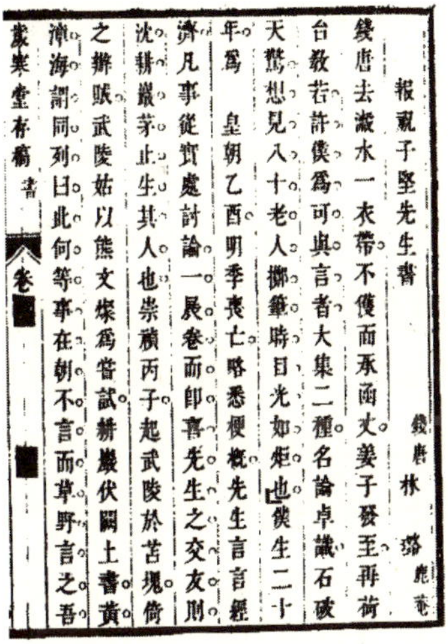

報亂子堅先生書　錢唐林　璐鹿菴
錢唐去澉水一衣帶不侈而承函丈姜子發至再荷
台教若許僕爲可與言者大集二種名論卓識石破
天驚想見八十老人擲筆時目光如炬也僕生二十
年爲　皇朝乙酉明季喪亡略悉便概先生言言經
濟凡事從實處討論一展卷而即喜先生之交友則
沈耕巖茅止生其人也崇禎丙子起武陵於苦塊倚
之辨賊武陵姑以熊文燦爲嘗試耕巖伏闕上書黃
漳海謂同列曰此何等事在朝不言而草野言之吾
歲寒堂存稿　書　卷

图 4–2　还本《岁寒堂存稿》书页图（资料来源：《岁寒堂存稿》湖北省图书馆藏康熙年间还读斋刊本，《四库全书存目丛书》集部第 284 册。以下还读斋本《岁寒堂存稿》图片皆来自此本，不再出注）

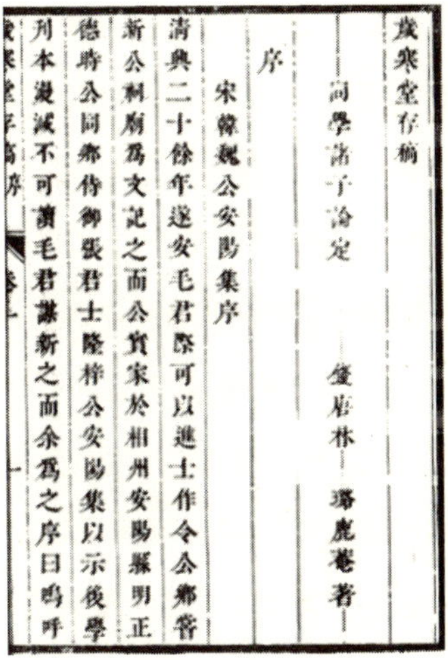

歲寒堂存稿
同學諸子論定　錢唐林　璐鹿菴著
序
宋韓魏公安陽集序
清興二十餘年遂安毛君際可以進士作令公鄉晉
新公嗣廟爲文記之而公實宋於相州安陽縣明正
德時公同鄉侍御張君士隆梓公安陽集以示後學
刊本漫滅不可讀毛君謀新之而余爲之序曰嗚呼
歲寒堂存稿　序　卷

图 4–3　崇本《岁寒堂存稿》书页图（资料来源：中国国家图书馆 · 中国国家数字图书馆中华古籍资源库网站。以下崇道堂本《岁寒堂存稿》图片皆来自此网址，不再出注）

* 墨丁：也称墨钉或墨等。在雕版印刷的版面上，有个别的字没有确定，便留下一个与字的大小相等的方块，待以后再补刻，其形状如一个钉子，故名。也因为它是等待确定以后再补刻，是暂时留下的，所以也叫作墨等，等就是等待的意思。也有留白框的称为“空白”。（资料来源：许力以主编《中国出版百科全书》，书海出版社 1997 年版，第 367 页）

还读斋本的正文版心则比较杂乱，主要有以下六种：

1. "岁寒堂存稿，序（随文体改变），黑单鱼尾，卷■，■"。不标实际卷数和页码，而是用墨丁代替，正文大部分版心属于此类。

2. "岁寒堂存稿，序（随文体改变），黑单鱼尾，卷■，■，某几（表示此篇文章的第几页）"。如《与周朋久书》第二页，版心作"岁寒堂存稿序，黑单鱼尾，卷■，■，周二"，意为《与周朋久书》一文的第二页。此种版心样式的文章约有二十篇。①（见图 4-4）

3. "岁寒堂存稿，序，黑单鱼尾，卷一，■，某几"。仅见三篇：《赠金介山序》（崇本为卷二）、《赠丁药园序》（崇本为卷二）、《舍弟青崖五十序》（崇本为卷三）。②

4. "岁寒堂存稿，序 / 记，黑单鱼尾，卷■，某页"（见图 4-5）。仅见四篇：《癸未拟诣阙上弭盗书》（一至八页）、《朱文

---

① 此种表示方法一般从第二页开始标注，第一页不标注。此种标注方法有如下文章：《报祝子坚先生书》《与孙宇惊论史书》《与沈窈庵书》《与周朋九书》《与门人霍子厚书》《谢过书》《赠朱伶序》《送周敷文之长安序》《赠东雅刘君序》《赠申江末君序》《柴夫人诗序》《卓氏传经堂记》《杨清祠记》《仙霞岭天雨庵记》《汉关壮缪侯祖墓碑记》《盐桥广福庙碑记》《周通政闰牍记》《杨孝廉逸仲合葬墓志铭》《毛继斋先生墓碣》《稽山布衣沈包先生墓志铭》。

② "岁寒堂存稿，序，黑单鱼尾，卷一，■，某几"，仅见于此三篇文章的第二页。文章第一页版心，"岁寒堂存稿，序，黑单鱼尾，卷一，■"。

工同年录记》（一至五页）、《元祐党籍碑记》（六至八页）、《宋谢皋羽晞发集序》（一至二页），此四篇页码与崇本完全相同。①

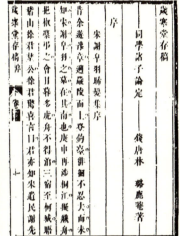

图 4-4 《与周朋久书》书页图    图 4-5 《宋谢皋羽晞发集序》书页图

5. "岁寒堂存稿，书，黑单鱼尾，卷一，某页"。此种版心仅见一文，即《重刻文丞相集序》，卷一，一至二页，此篇版心与崇本完全相同（见图 4-6、图 4-7）。

乍一看还读斋本和崇道堂两个版本有一定差异，两本的文章总数和文章顺序都不同，但仔细对读后会发现，两本实属同

① 此四篇分别为崇本的卷二之首篇，卷五之一、二篇，卷三之首篇。从四篇页码来看，两本相吻合。

一个版本系统。两本文章总数虽然不同，但还本中所有文章均包含在崇本之中，内容基本相同①，仅在排列顺序上有先后差异。两本的行格、字体、圈点等版式内容则完全相同，甚至连标在文章精彩之处的符号"∟"的位置和样式都毫无二致②（见图4-6、图4-7）。

图4-6　还本《重刻文丞相集序》书页图　　图4-7　崇本《重刻文丞相集序》书页图

① 仅有两篇不同。1. 崇本卷七《与友人问病》，还本作《与唐苍甦问病书》，内容相同。2. 崇本卷六《与汪定武书》，内容为："定武足下，仆不揣老钝，仰藉教益，重灾梨枣。……"此篇在还本中有对应的一篇，名为《与朱一斋书》，内容为："一斋足下，仆不揣老钝，仰藉教益，重灾梨枣。……"两篇文章，除篇名和开头的人名不同外，其余内容、版式均完全相同。

② 在崇本《岁寒堂存稿·凡例》中提道："兹集于逐段佳处必加一裁'∟'。于结构工妙处，必加密圈'〇〇〇〇'，以便省览。"文中在编者认为精彩的地方都加"∟"表示。

从上述文章内容和版本情况来看，还本和崇本中内容相同的部分应该属于同一版本系统。只不过一个是初刻本，一个是在初刻本的基础上稍作修改、增补而成的增刻本。那么究竟哪本是初刻本，哪一本是增刻本呢？

首先，从两本版心的样式来看。还本版心在卷和页处都用墨丁代替，崇本则清楚标明卷数和页码。由此来看，带有墨丁的还本很有可能是初刻本。留有墨丁之处，可能是该书在刊刻之时尚未定稿。《四库全书总目》亦论此书"相其板式，盖陆续开雕，尚未编定成帙"[1]。正因是"陆续开雕，尚未编定成帙"，所以才将卷数和页码用墨丁代替，为后续定稿做准备。除此之外，还本正文版心还多次出现"卷■，■，某几"的情况（如图4-4），所谓"某几"即表示为此篇文章的第几页。出现这种情况，大概是因为还本不分卷，且页码也用墨丁暂代，为防止刻板后刷印、装订出现混乱的情况，才将"某几"标于版心下方，方便定稿时排序。崇本在刊印时，可能已是定稿，所有卷数、页码都已排好，也就没有必要在版心下标注"某几"。

其次，从某些篇目正文篇名下方的落款来看。如上所述，两种版本部分文章的篇名下面有"钱唐林璐鹿庵"的署名落款

---

① 纪昀：《四库全书总目提要》，河北人民出版社2000年版，第5078页。

（见图 4-2），崇本仅有一篇，见于卷八《孙长公传》；还本较多，有《报祝子坚先生书》等八篇。出现这一情况的原因可能是崇本在利用还本原书，甚至原板时，为保持各篇目的一致性，人为将"钱唐林璐鹿庵"六字挖掉。《孙长公传》保留此六字，可能是重新刻板时疏忽所致。

再次，从卷首题名来看。崇本分十二卷，每卷卷首都题有书名——"岁寒堂存稿"、校订者——"同学诸子论定、钱唐林璐鹿庵著"的字样（见图 4-7）。还本虽不分卷，除首篇《癸未拟诣阙上弭盗书》外，在《与孙宇惊论史书》《宋谢皋羽晞发集序》《重刻文丞相集序》《朱文工同年录记》四篇文章篇名之前也和崇本一样，有《岁寒堂存稿》，同学诸子论定、钱唐林璐鹿庵著"的字样（见图 4-6），而此五篇恰恰皆为崇本一卷之首篇。出现这种情况有可能是因为还读斋在刊刻时尚未定稿，准备以此五篇做为一卷之首篇，故在卷端下皆刻论定、编著人名；崇本则直接将此五篇做为首篇，省去了再次排版、刻板的麻烦。

最后，从刊刻时间看。崇道堂本封面上栏题"康熙丙寅新镌"，由此来看此本似是刊于康熙丙寅年（康熙二十五年，1686）。但该本中又有康熙二十七年（1688）邵锡荫作《序》、同年卢辂作《林鹿庵先生传》及《林鹿庵先生墓志铭》，所以，崇道堂本《岁寒堂存稿》肯定不是刊于康熙丙寅年（1686），其刊刻时间应不早于康熙二十七年（1688）（林璐于次年去世）。那么，为何在封面出现了"康熙丙寅新镌"这种明显的错误？这可能与还读斋本《岁寒堂存稿》刊刻的时间有关。还读斋刊本未写明具体刊刻时间，仅有颜光敏作《岁寒堂存稿序》落款时间为"康熙二十三年四月"。此序中写道："岁庚申（康熙十九年，1680），仆与林子鹿庵定交西陵寓舍，出岁寒堂一编相质问。别去凡五载，林子更删定前后诸作，名之曰存稿，而邮书属仆序。"① 从此序的内容看，林璐至少在康熙二十三年（1684）四月以前就已经完成了《岁寒堂存稿》的选编，并将其寄给颜光敏，嘱托其作序。加上修订、刊刻、刷印的时间，还读斋很可能在一年多以后，也就是康熙丙寅年（康熙二十五年，1686）大致完成此书的刊刻。所以，崇道堂在刊刻时很可能直接使用了还读斋原书板，其所题"康熙丙寅新镌"应该是还读斋本封面的内容。

从以上四点来看，还本和崇本虽然在文章数量和版式上有一些不同，但两者应该属于同一版本系统。还读斋所刻不分卷的《岁寒堂存稿》应该是初刻本，且在刊刻之时，此书可能尚未定稿。崇道堂所刻十二卷本《岁寒堂存稿》应该是在还读斋

---

① 颜光敏：《岁寒堂存稿序》，载林璐《岁寒堂存稿》，《四库全书存目丛书》集部第284册，齐鲁书社1997年版，第1页。

刻本的基础上修改、增补而成的增刻本，并且有大可能直接使用了还读斋的书板。

## 二、《霞举堂集》

还读斋本封面右侧栏题"武林王丹麓著"，中间大字题"霞举堂集"，左侧栏小字题"文部、诗部、词部、文治、尺牍、杂著、外编，还读斋梓行"；后有一序，缺首页、作者；后有康熙十九年（1680）王嗣槐作《霞举堂集序》；次《霞举堂集》总目列《南窗文略》八卷、《松溪漫兴》十卷、《峡流词》三卷、《尺牍偶存》三卷、《杂著》十种、《木庵外编》二种。正文每半页九行二十字，小字双行，黑单鱼尾，四周单边，版心下刻"霞举堂"，有圈点，每卷卷端题有著者、选定者。文集《南窗文略》收有赋、序、传、墓志铭等内容，首有林云铭、张彦之二序，每篇文章后附时人简短评论，如徐士俊、徐乾学、毛奇龄、曹荣等。诗集《松溪漫兴》，首有顾贞观、徐喈凤、汪光被三序，每卷卷端题有著者、选定者，每卷后题"男萧大受较注"。词集《峡流词》首有曹尔堪、毛奇龄、丁澎三序，后有方炳、王用说跋。《尺牍偶存》首有陈玉璂、牛奂二序及王晫自序，每卷后题"男萧大受较注"。《杂著》十种首有毛际可序，后题"男萧大受较"。

# 第四节　退居"二线"的书坊主

康熙十年（1671）左右汪淇去世，后蜩寄"偃旗息鼓"，不再出现于刻书之中。与之相反，"还读斋"却再一次通过《增补武经七书大全》的刊刻回归大众视野，此时的还读斋应该是由汪淇的长子汪桓主持经营的。

汪桓继承父业重新刻书时为何放弃"蜩寄"而重新选择"还读斋"作为书坊名？这大概是由汪淇经营下书坊不同阶段的不同性质导致的。在汪淇的经营下，以康熙元年（1662）为界，分别将书坊命名为"还读斋"和"蜩寄"。书坊还读斋活跃于明末、顺治年间，多刊刻他人著作。这些刻书多以时兴题材为主：在明清之际普及性史学成为社会潮流时，还读斋刊印了《汉书纂》《史记纂》等书；在以钟惺、谭元春为代表的竟陵派在文学中掀起热议时，还读斋刊刻了钟惺评释的《通纪纂》《通鉴纂》和钟谭合评的《绾春园传奇》等书。这种追随社会"热点"的选题方式即使在顺治年间汪淇开始接触江南文人后，仍然有所保留，在文人结社、诗社盛行的环境中，还读斋随之刊刻了多部诗选，其中《西陵十子诗选》即是毛先舒等"西陵十子"的社集之诗。但在康熙元年（1662）以后，或许由于与江南文人的交往日渐密切并深受他们的影响，汪淇在彻底皈依道教后，将书坊名由"还读斋"改为"蜩寄"，并在刻书选题上也做出了改变。

还读斋多以刊刻他人著述为主，唯一一种自著《地理碎事》的内容也比较少，仅有 29 页，且附于《雪心赋直解》之后，并未单独成书。还读斋刻书大多是直接刻自旧本，对旧本的编辑和改变有限。蜩寄的刻书几乎都是汪淇自著和自编的书籍，很少再刊刻他人的著作。不仅如此，其选题也不再与社会潮流亦步亦趋，而是更多地取决于汪淇自身的兴趣，如《吕祖全传》《西游证道书》都与宣扬道教思想有密切关系。还读斋所刻的他人著述多与应试、科举、诗选、杂著等当时社会流行的题材有关，表现出明显的商业性。蜩寄所刻的道教小说和时人尺牍虽也有一定的商业性，但这些选题皆是在汪淇自身信仰的推动下，以汪淇广泛的交际圈为基础创作的。

由此，我们可以推测，从还读斋到蜩寄，汪淇经营的书坊性质发生了一些变化：书坊还读斋体现出来的商业性和营利性大于蜩寄，表现出了更多商业书坊的属性；书坊蜩寄刻书时版心下出现"蜩寄家藏""蜩寄自怡"等字样，更体现出了书坊主自娱、家藏的特点，文人性增强，商业性减弱。

由于蜩寄更多地表现出了书坊主自娱的特点和文人化的倾向，所以在选择书坊名时，汪桓可能更加倾向于更具商业性的还读斋，而非个性化的蜩寄。

汪桓重开还读斋后，陆续刊刻了九种书，其中医书六种、文集二种、兵书一种。此时除汪昂编著的三部医书外，书坊主汪桓很少再作为刻书的参订、校释等人员出现在刻书之中。汪桓主持下的书坊和书坊主在刻书中扮演的角色，与汪淇时代相比更加单纯——书坊主从编校成员中退出，书坊仅承担刻印工作，这是汪桓主持下还读斋刻书的重要特点。

第五章

重归儒业：康熙中叶
以后汪氏家族的发展

　　汪淇长子汪桓于康熙十年（1671）继承书坊以后，陆续刊刻了九种书。在此之后，约于康熙中叶，汪氏及其书坊便从刻书业中销声匿迹。汪桓以外，汪淇家族还有哪些成员？这些家族成员是否又将书坊"改名换姓"，继续从事坊刻业？除刻书外，汪氏家族成员还从事了哪些"行业"？汪淇家族自万历末年迁杭后是一直定居于杭州，还是汪桓停办书坊后又迁回了徽州？为更好地适应社会环境，他们在事业、婚姻上做出了怎样的选择？本章将以汪淇后代的事业和婚姻选择为中心，对康熙中叶以后汪淇家族的发展略作探讨。

# 第一节 重归儒业：汪氏家族事业重心的迁转

汪淇父亲汪洪信因经营盐业，于明末从休宁迁往杭州，之后汪淇一支就一直定居于杭州，子孙也再未迁回休宁。自汪洪信迁杭始，我们可以从史料中找到汪淇一支的家族约十二代[①]，共三十二人。从此十二代家族成员中，我们可以大致勾勒出汪氏从17世纪到19世纪两百余年的家族发展脉络。

## 一、明末至康熙中期：从营商到贾儒并重

明中叶，徽州休宁西门汪氏大家族中有大多数族人紧跟家族、时代脚步，纷纷选择到外地经营商业，尤以盐业作为自己营生的手段。汪淇之父汪洪信大概也是在这一时期开始经营盐业，并于天启年间从休宁迁往杭州。汪洪信应该通过经营盐业

---

① 此处的"十二代"并非连续的十二代人，其中第八、九代缺乏史料记载。

积累了一定的财富，汪淇在青年时才可以"于豪侠场中，挥金结客，掷锦缠头"①。

"贾而好儒"的徽商一般在自己经营成功后，多希望子孙可以走上科举、仕宦的道路，汪洪信对自己的子孙也有同样的期待。作为徽商之子的汪淇，年少时，曾为"钱塘邑庠生"②，"力攻举子业"，"自诵读外，（双亲）不许嬉游"③，但直到中年，汪淇在科举之路上也并无建树。或许是受父辈及徽州宗族经商的影响，举业无望的汪淇并未像明中后期的大多数下层文人一样以"开馆授徒"或"卖笔佣文"为生，而选择了一种儒商兼顾的事业——开办书坊，开雕刻书。一方面由于父辈的财富积累，一方面汪淇自身开办书坊也获得了一些盈利，所以人到中年的汪淇虽谈不上"腰缠万贯"，但也衣食丰足，还可以经常邀约江南文人于杭州西湖附近游玩畅饮，与他们不时"携杖头，买小艇，载酒向榴花开处，照眼擎杯"④，徐士俊、黄周星、林嗣环等都成为汪淇的座上宾。

汪淇自身可能因仕进无望，不得不选择儒商结合的生存方

---

① 徐士俊：《柬汪憺漪》，汪淇辑《分类尺牍新语》第 13 册，载《四库全书存目丛书》集部第 39 册，齐鲁书社 1997 年版，第 458 页。
② 顺治《休宁西门汪氏宗谱》卷 12《九承奉房世系》，顺治十年（1653）刊本。
③ 汪淇：《憺漪子自纪小引》，载《吕祖全传》，康熙元年（1662）蜩寄刊本。
④ 汪淇：《与徐野君》，汪淇辑《分类尺牍新语》第 17 册，载《四库全书存目丛书》集部第 39 册，齐鲁书社 1997 年版，第 488 页。

式，但在思想深处对科举仕宦仍然十分渴望。所以，汪淇在科举道路上"升沉废放四十余年"，屡败屡战，直至明清易代后才慢慢松懈。汪淇对科举的执着和渴望促使其经常"课督儿辈，冀其共成予志"①。但汪淇的四个儿子似乎皆未能达成父愿。

长子汪桓，字殿武，杭州郡庠生②，有文集名为《美身居杂著》，有书室名"孝友堂"。汪桓虽为杭州郡学学生，也曾参加过科举考试，但均未成功，最终继承了书坊，并重新以"还读斋"之名刊刻书籍。

次子汪雯，字云章，有书室名"玉树堂"③。汪雯可能有事佛倾向，《分类尺牍新语》中收其三篇尺牍，皆归入"释道"一门，且都为寄给禅师之信。④

---

① 汪淇：《憺漪子自纪小引》，载《吕祖全传》，康熙元年（1662）蜩寄刊本。
② 参见顺治《休宁西门汪氏宗谱》卷 12《九承奉房世系》，顺治十年（1653）刊本。
③ 惟宋，字子亮，为汪雯四弟汪霨之次子，过继给汪雯。
④ 汪雯：《与载一上人》《与豁堂禅师》《寄仁庵禅师》，载《四库全书存目丛书》集部第 39 册，齐鲁书社 1997 年版，第 511、513、514 页。其中《寄仁庵禅师》在《分类尺牍新语》中作者写为"汪上珍，字云章"，应该是刊刻错误。"上珍"为《医方集解》作者、西门汪氏第八十三世孙汪昂之父汪养儒的字。此篇写为"玉树堂稿选"，玉树堂和云章是汪雯的堂号和字号，且在徐士俊的评语中亦写为"云章"。又因为文中写道"广平来宁亲"，此人即为张广平，是徐士俊的女婿，到杭州省亲，作为徐士俊好友的汪淇之子前去应酬，比较合情合理。汪养儒应该生活在苏州一带，且从现存文献中尚未找到张广平与汪养儒的交集。所以，此篇尺牍应该是汪雯所作。

三子汪雺，字霖生。没有更多的史籍记载，这也从侧面说明此人很可能一直默默无闻，在科举仕途之路上并不成功。

四子汪霭（1630—1688）[①]，字季昭[②]（一说字旸生[③]），以其孙汪新（惟宁子）赠按察使[④]。妻丁氏，生五子，惟宣、惟

---

① 在汪霭子汪惟宪的《先考妣神像识后》一文中写道："府君殁时年仅五十九，不孝才八岁。"参见汪惟宪《积山先生遗集》卷7《先考妣神像识后》，载《四库未收书辑刊》9辑第26册，北京出版社1997年版，第793页。考汪惟宪生于1681年，按古人年龄一般用虚岁，其8岁时应该是1688年，所以汪霭当卒于此年。1688年，汪霭虚岁59岁，当生于1630年。此时汪淇27岁，汪霭为其四子，也比较符合当时的生育状况。另外，汪霭第三子和第四子都名为汪惟"níng"，且都字子"jìng"，只不过"níng"和"jìng"的写法不同。三子名惟宁，字子静；四子名惟宁（宁、甯），字子敬，二人是否为同一人呢？在《积山先生遗集》中有汪惟宪（汪霭第五子）所作《哭三兄子静》一文，说明其三兄逝世于汪惟宪之前。同在此遗集中胡炑作《汪积山先生传》载："（汪惟宪）卒年六十有一……子敬先生（汪惟宪四兄）怜双承（汪惟宪独子）之幼弱，复命己子以承为之子，可谓友爱逾常者。"（胡炑：《汪积山先生传》，汪惟宪《积山先生遗集》，载《四库未收书辑刊》9辑第26册，北京出版社1997年版，第720页。）说明汪惟宪卒于四兄之前，由此可见子静和子敬是汪惟宪的三兄和四兄，并非一人。故文中凡遇"汪惟甯""汪惟宁"之处皆保持文献原样，不做简体字处理，以免混淆。
② 参见顺治《休宁西门汪氏宗谱》卷12《九承奉房世系》，顺治十年（1653）刊本。
③ 参见汪惟宪《积山先生遗集》卷8《先考妣神像识后》，载《四库未收书辑刊》9辑第26册，北京出版社1997年版，第793页。
④ 参见民国《杭州府志》卷115《封爵》，载《中国方志丛书》，台湾成文出版社1974年版，第2251页。

棠（出继汪雯），惟宁（字子静）、惟宁（字子敬）①、惟宪（字
子宜）②。妻丁氏，勤俭持家，八十一岁卒，丁氏同母弟为"后
西陵十子"之一的丁文衡③。汪霦于二十岁左右就放弃了科举考
试，以买卖书籍为生计，但因"未谙经营"，不过数年就把不
足百金的家产用尽了。④汪霦一家的生活也一直比较拮据，其
子汪惟宪在文集中写道："贫贱偏辜骨肉缘，此时真觉恨无边。
那能薄产供饘粥，只愧衰门析爨烟"⑤；"菽水犹惭况鼎烹，（汪
惟宪母丁氏）艰难负米借诸兄"⑥。汪霦两子早亡，四子汪惟宁
曾"客吴门为谋生计"；五子汪惟宪则一直以儒业为主，生活

---

① 汪霦第四子的名字各处记载有些差异，《积山先生遗集》卷7《先考妣神
像识后》写为"惟宁"，《简松草堂诗文集》文集卷一《总督衔湖北巡抚
汪勤僖公墓志铭》写为"惟寕"（"考子敬公，讳惟寕，三代皆以公（汪
新）贵，封如其阶"），民国《杭州府志》写为"维甯"（汪维甯，以子新
赠按察使）。

② 参见汪惟宪《积山先生遗集》卷8《先考妣神像识后》，载《四库未收书
辑刊》9辑第26册，北京出版社1997年版，第793页。

③ 丁文衡，字公铨，又字乃清，号茜园，为"后西陵十子"之一。博雅工
吟咏，撰著最多，为毛奇龄、朱彝尊推崇，卒年七十一，无子。撰有
《湖上词》《说狐》《乃清诗》《彩露堂文集》等。家贫，以布衣终老。

④ 参见汪惟宪《积山先生遗集》卷8《先考妣神像识后》，载《四库未收书
辑刊》9辑第26册，北京出版社1997年版，第793页。

⑤ 汪惟宪：《积山先生遗集》卷1《哭三兄子静》，载《四库未收书辑刊》9
辑第26册，北京出版社1997年版，第729页。

⑥ 汪惟宪：《积山先生遗集》卷1《壬寅十二月三日泣述》，载《四库未收书
辑刊》9辑第26册，北京出版社1997年版，第730页。

也比较拮据，使用的"酒器无金银犀玉，率用磁瓦"[1]。汪惟宪称自己和兄弟为"贫贱骨肉"，母亲只能向舅父借米为生，可见其生活的窘境，父辈并未留下任何家产。

由此来看，汪淇子辈的生活状况似乎并不乐观。长子汪桓虽继承了还读斋，但其刻书较少，虽刊刻了一些医书，但也没能像吴勉学一样因刊刻医书而累金十万。

## 二、康熙中期至嘉庆间：从经营书坊到科举仕宦

汪淇的子辈在科举之路上未尽如人意，也和汪淇一样选择了儒商结合的维持生计的方式，或开办书坊，或以卖书为生。直到孙辈汪惟宪才在一定程度上实现了汪淇在科举、仕途上的愿望。

汪惟宪[2]（1681—1742），汪翯第五子，字子宜，号水莲。

---

[1]　陈兆仑：《原序》，汪惟宪《积山先生遗集》，载《四库未收书辑刊》9辑第 26 册，北京出版社 1997 年版，第 719 页。

[2]　关于汪惟宪之名，史料记载较为混杂。有些史料写作"汪维宪"，如《清史稿》志一百三十《艺文四》载："《积山先生遗集》十卷，汪维宪撰。"民国《杭州府志》卷 145"丁文衡"一条出自"汪维宪《尊阁录》"（民国《杭州府志》卷 145，第 2763 页）。同一书——民国《杭州府志》卷 145又有"汪惟宪，字积山，仁和人，雍正七年拔贡"（民国《杭州府志》卷145，第 2768 页）。其自作《先考妣神像识后》署名落款为"雍正四年十二月三日不孝惟宪仅识"，故本文以其自作所写为准。

"年十九受知于山左昆麓姜公，补博士弟子员，自是试辄冠侪偶，名声甚噪。"① 汪惟宪虽有才学，却从未参加过科举考试，有人说这与汪惟宪自身患有洁癖存在一定关系。在陈兆仑所作《〈积山先生遗集〉原序》中讲道："每遇大比贡士，（汪惟宪）辄望门反走，或不终场遽归。盖秋闱多风雨，或水深没髁，甚乃流恶蔽席，禁不得他徙。秽气中人则泄则呕，以积山之爱洁而忍此乎？"当然，这也仅是其中的插曲而已，真正原因大概与汪惟宪淡泊名利有密切关系。雍正七年（1729）有所谓举贤为国子监贡生的"宾兴"之举，"人欲争得之"，但汪惟宪却托病不试，后被教授官"拘"来考试，试后"果列第一"，但最终也并没有去国子监。汪惟宪不执着于科场，而"以文酒为乐……每春秋佳日，约客泛舟"②，"所与游皆当世之名士"③，如杭世骏、厉鹗等皆为其好友。汪惟宪门下学生众多，"遍浙东西，远及江淮"④。汪惟宪亦攻书法，其书法"清挺苍秀"⑤"其

① 胡㻞：《汪积山先生传》，汪惟宪《积山先生遗集》，载《四库未收书辑刊》9 辑第 26 册，北京出版社 1997 年版，第 720 页。
② 陈兆仑：《原序》，汪惟宪《积山先生遗集》，载《四库未收书辑刊》9 辑第 26 册，北京出版社 1997 年版，第 719 页。
③ 胡㻞：《汪积山先生传》，汪惟宪《积山先生遗集》，载《四库未收书辑刊》9 辑第 26 册，北京出版社 1997 年版，第 720 页。
④ 胡㻞：《汪积山先生传》，汪惟宪《积山先生遗集》，载《四库未收书辑刊》9 辑第 26 册，北京出版社 1997 年版，第 720 页。
⑤ 丁丙：《善本书室藏书志》卷 19《罗屋书见一卷（写本）》，载周膺、吴晶主编《杭州丁氏家族史料》，当代中国出版社 2016 年版，第 306 页。

鉴赏书画，别真赝，如辨淄渑，出自天授无师傅"[1]。妻张氏，有二子：以承（汪惟宪四兄过继）[2]、双承（字两玉，号若谷）[3]；二女，一女为金文涛妻，一女为梁同书妻。[4]现存《积山先生遗集》十卷，含诗、序、碑、书、题跋等内容。

汪惟宪一直以业儒为主，虽未取得功名，但品行卓越，门生众多，成为远近闻名的文人、学者，也正是从汪惟宪开始，汪淇家族的社会身份和职业选择逐渐发生了改变。如果说以品行、学识闻名的汪惟宪给汪淇家族带来了一定的声望，那么，汪惟宪四兄汪惟宁之子汪新在科举之路上的巨大成功，最终完成了汪淇生前未能实现的夙愿，也彻底改变了汪淇家族。

---

① 陈兆仑：《原序》，汪惟宪《积山先生遗集》，载《四库未收书辑刊》9 辑第 26 册，北京出版社 1997 年版，第 719 页。

② 汪以承，汪惟宁子。胡㷊称汪以承是汪惟宪逝世后，"子敬先生（汪惟宁）怜双承之幼弱，复命己子以承为之子"（胡㷊：《汪积山先生传》，汪惟宪《积山先生遗集》，载《四库未收书辑刊》9 辑第 26 册，北京出版社 1997 年版，第 720 页）。汪以承应该是汪惟宪的四兄汪惟宁在汪惟宪去世后主动过继给汪惟宪的。

③ "兄两玉爰裒集所遗诗、古文若干卷请于乡太史董浦杭先生鉴定。"（汪新：《跋》，汪惟宪《积山先生遗集》，载《四库未收书辑刊》9 辑第 26 册，北京出版社 1997 年版，第 803 页）"汪双承，字两玉，号若谷，钱塘人。"（《清人室名别称字号索引》（增补本）下册，上海古籍出版社 2001 年版，第 269 页）

④ 参见胡㷊《汪积山先生传》，汪惟宪《积山先生遗集》，载《四库未收书辑刊》9 辑第 26 册，北京出版社 1997 年版，第 720 页。

汪新，汪惟宁第三子①。生于雍正五年（1727），卒于嘉庆三年（1798）。字又新，号芍陂。乾隆丁丑（乾隆二十二年，1757）进士，入翰林院为庶吉士。后授云南道御史，乾隆三十三年（1768）转礼科给事中，第二年转户科给事中。嘉庆元年（1796）升任安徽巡抚署湖北布政使，加总督衔，忠于职守，后卒于军营，谥号勤僖。②汪新以上三代——汪淇、汪霱、汪惟宁皆因汪新受封按察使。汪新先娶吴夫人，三年而卒；继娶方芳佩，两夫人皆被封为一品诰命夫人。子一人（汪农），女三人（缵祖、纫、绣祖）。

汪新之子汪农为太学生，方芳佩出，字竹隐。于乾隆五十一年（1786）钦赐举人，官至兵部职方司员外郎。正配王德宜，子六人，女七人。

汪淇家族从明万历年间第一代汪洪信开始至嘉庆年间第七代为止，其中第五代汪惟宪、第六代汪新因自身的文学修养或仕宦为官等原因，留下了较多的史料可供我们研究，其余家族

---

① "子敬公生子三，公其季也。"汪以承亦为汪惟宁子，所以汪新应该还有一兄。（参见张云璈《简松草堂文集》卷1《总督衔湖北巡抚汪勤僖公墓志铭》，载《清代诗文集汇编》第421册，上海古籍出版社2010年版，第520页。）

② 参见张云璈：《简松草堂文集》卷1《总督衔湖北巡抚汪勤僖公墓志铭》，载《清代诗文集汇编》第421册，上海古籍出版社2010年版，第520页。《大清仁宗睿皇帝实录》卷2，嘉庆元年（1796）二月，第87页。

成员的情况仅能从一些零星发现的史料记载中管窥一二。我们可以通过下图（见图 5-1①），对汪淇家族的世系有一个更清晰的认识。

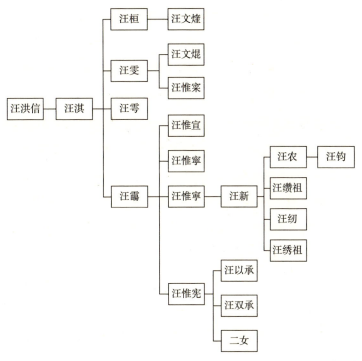

图 5-1　汪淇家族世系图

---

① 世系图仅载从第一代汪洪信至第七代汪钧的世系，其他家族成员因姓名、事迹不详，或关系不详，不列于世系图之内。

## 三、光绪末年至民国：以商为主

从生活于嘉道间的汪农、汪钧以后，我们就很难再从史料中发现汪淇一支的家族发展情况。直到民国年间在杭州徽商所修的《吴山汪王庙志略续编·宗人录》中才又发现了汪淇一支的发展脉络。

汪銮（汪淇八世孙），生活于光绪年间，约于光绪年间从杭州迁居湖州吴兴县，有二子，维贤、维善。①

汪维贤（汪淇九世孙），字乐之，生于光绪十二年（1886），从事丝业，随父汪銮从杭州迁居吴兴，居住于吴兴县南浔镇南栅观音弄十四号。

汪维善（汪淇九世孙），字养之，生于光绪十五年（1889），从事典业，父汪銮，与兄维贤同住，子传声［民国十四年（1925）生］。

汪维瀛（汪淇九世孙），字铸清，生于光绪二十年（1894），于杭州从事绸业，居住于杭州小螺蛳山三十五号。有二子，坤声［民国二十一年（1932）生］、艮声［民国二十三（1934）年生］。

---

① 参见戴振声、汪濂《吴山汪王庙志略续编·宗人录》，第 179 页。以下第十一代、十二代皆源自《吴山汪王庙志略续编·宗人录》。

汪宏声（汪淇十世孙），字洪生，生于宣统元年（1909），从事教育行业，祖汪銮，居于吴兴县南浔镇南栅观音弄十四号。汪颂声，宏声弟，生于民国十二年（1923）。

汪桐声（汪淇十世孙），字吟秋，生于民国四年（1915），从事钱业，祖汪銮，居于吴兴县南浔镇南栅观音弄十四号。

汪骏声（汪淇十世孙），生于民国十年（1921），居于吴兴县南浔镇南栅观音弄十四号。①

我们大概可以看到，在抗战前夕，可考证的汪氏第十一代家族成员皆从事商业，第十二代成年的两人中，一人从商，一人从教，却无为官从政之人。

从事业选择来看，汪淇一支的发展脉络实则与休宁西门汪氏大宗族的情况非常相似。从明中后期万历年间至清中期乾嘉年间，西门汪氏大家族大致经历了业盐（明中叶）—儒贾结合（明末清初）—重回儒业（康熙以后）的发展历程，而这也正是汪淇家族的发展过程：明万历末年的汪洪信选择迁出徽州旅杭，以业盐为生；明末清初的汪淇及其子辈走上儒商结合的道路，虽未成功却一直致力于儒业，并开办了书坊；康熙中后期以才学闻名的第四代汪惟宪，乾隆间官至巡抚、总督的第五代

---

① 从《吴山汪王庙志略续编·宗人录》所载宏声、颂声、桐声、骏声的籍贯及住址看，四人应该皆为汪銮之孙，汪维贤、汪维善的子侄辈，具体的父子关系在《吴山汪王庙志略续编·宗人录》中并未注明。

汪新，嘉庆间官兵部职方司员外郎的第六代汪农，促使汪淇家族的身份完成了从"士商"向士人的转变。直至民国年间，从商又重新成为一部分家庭成员的主要选择。

# 第二节　门当户对：汪氏家族婚姻的选择

从汪淇父亲汪洪信业盐迁杭开始，汪淇一支逐渐脱离休宁西门汪氏宗族，发展成为较为独立的一支。虽然其支系并不繁盛，但从现有资料中我们仍然可以十分清楚地看到 17 至 18 世纪汪淇一支在事业和婚姻选择上的变化。

## 一、以徽州为中心的婚嫁圈

汪淇父汪洪信所娶王氏，汪淇所娶朱氏，虽皆未写明籍贯，但汪淇成婚时，汪洪信应该仍然居住于休宁西门，还未迁往杭州。按照徽州汪氏家族的婚姻习惯，"休宁西门汪氏婚姻的缔结主要以休宁县城为中心，向四城各乡辐射……主要婚配对象为休宁县城中的宗族"①，王氏和朱氏二人是徽州府人的可

---

① 魏梅：《社会变迁与宗族扩展——明清时期休宁西门汪氏宗族研究》，博士学位论文，安徽大学，2009 年。

能性较大，而且极有可能是休宁县人。汪桓在《送二弟奉母旋里》一文中写道："余之违里门也，几二十年矣……奈试事在即，不能奉母以行……外祖父母寿臻耄耋，而吾母以耳顺之年，承欢膝下……"[①]说明此次汪桓母亲（汪淇妻子）返回故里可能与照顾其外祖父母有关，从这一侧面至少可以说明汪淇妻子朱氏并非杭州本地人。

## 二、融入杭州和"门当户对"的婚姻观

汪洪信、汪淇两人原配皆为徽州府人的可能性比较大，这一婚配情况与徽州当地宗族和徽商的婚姻习惯基本一致。以汪洪信迁浙、汪淇定居杭州为契机，这一婚配习惯开始发生变化。

受史料所限，对于汪氏第三代而言，我们仅知汪淇第四子汪霱的婚姻状况。汪霱娶丁氏，丁氏同母弟为丁文衡。丁文衡（1653—1723），字公铨，号茜园，仁和（今杭州）人。博雅

---

① 汪桓：《送二弟奉母旋里》，汪淇辑《分类尺牍新语》第23册，载《四库全书存目丛书》集部第39册，齐鲁书社1997年版，第527页。

工诗，家贫以布衣终老，为毛奇龄、朱彝尊等人推崇。[①]从丁文衡的情况可见，丁氏应为仁和本地人。虽然丁氏家境并不优渥，但丁文衡以诗文见长，在杭州文人圈中有一些名气。所以汪霨妻丁氏出身应该也非一般"目不识丁"的百姓之家。

　　汪氏第四代，即汪淇孙辈的婚姻关系，目前尚未找到相关史料，仅知汪霨第五子汪惟宪娶张氏，未知籍贯。

　　汪氏第五代婚配情况可考之人有两个，一为汪惟宪之女，一为汪惟宁之子汪新。

　　汪惟宪有二子二女，其二子婚姻状况尚无史料可查，其二女的婚配对象却十分明确。二女一为金文涛妻，一为梁同书妻。金文涛的情况，目前尚未找到相关资料，但梁同书却"大有来历"。梁同书（1723—1815），字元颖，自号山舟，自称不翁，晚年又号新吾长翁，钱塘人，乾隆十七年（1752）特赐进士出身，授翰林院编修，官至侍讲，嘉庆年间恩赐翰林院侍讲学士。祖父梁文濂为诸暨训导，父梁启心（实为梁同书伯父，梁同书过继给梁启心）为翰林院编修赠侍讲，生父梁诗正为东阁大学士赠太傅，叔父梁梦善为蠡县知县，弟梁敦书曾任

---

① 参见汪惟宪《积山先生遗集》卷2《丁茜园先生传略》，载《四库未收书辑刊》9辑第26册，北京出版社1997年版，第748—749页；民国《杭州府志》卷145，第2768页；潘衍桐编纂，夏勇、熊湘整理《两浙輶轩续录》卷3，浙江古籍出版社2014年版，第202页。

福建等地按察使、湖北布政使，官至工部侍郎。梁氏一门三代
仕宦，伯父、生父皆为高官，梁同书可谓真正出自书香门第、
官宦世家。虽然汪惟宪二子的婚姻目前尚不清楚，但仅就其女
婿梁同书的家族情况来看，汪惟宪子女的婚配选择已经开始向
科举世家、仕宦显贵之家倾斜。梁氏家族之所以会认同与汪惟
宪结为姻亲，也从侧面反映出汪惟宪在杭州应该有一定的名望
与地位。

　　汪氏第五代另一位婚配情况可考之人是汪惟宁之子汪
新。汪新原配吴氏，三年而卒，继配方氏。方氏，名芳佩
（1728—1808），字芷斋，号怀蓼，工诗词，以诗词闻名，著
有《在璞堂集》。方芳佩父方暠，字宜照，后改名德发，钱塘
人，寄籍海宁，补县学弟子。自康熙五十六年（1717）参加
科举开始，屡困场屋，后入幕为官。方暠待友如亲，古道热
肠，常舍己为人。方暠无子，仅有一女，即芳佩。方暠为其女
请名师"督课，（女）既长，深通诗文，书法隽绝擅场。慎择
婿，及笄未字，后乃归翰林今改御史汪君（汪新）"①。在"女子
无才便是德"的男权社会中，方芳佩之父方暠在家境并不富裕
的情况下亦为其女延请名师，教其习字作诗，这并非一般人家

---

① 陈兆仑：《紫竹山房诗文集》文集卷 14《诸生方宜照别传》，嘉庆年间
　　刻本。

可以有的举动，并且也是在谨慎"择婿"下才"选定"汪新为其婿。方芳佩虽非出自名门，但也可谓出自诗书之家，且方芳佩自身"才艺超群"，诗赋水平极高，其"未嫁时，所撰《在璞堂吟稿》，已盛行吴越间"①。时汪惟宪之婿梁同书（汪新妹夫）重赴鹿鸣宴，时年八十岁的方芳佩所作的唱和之词受到多人的赞扬、钦佩。② 与方芳佩交往的女子也皆非"等闲之辈"，如杭世骏之妹杭澄等，皆为当时才女。

与汪惟宪之婿梁同书的家境相比，汪惟宁之子汪新继配方氏并非仕宦之家，两者婚姻家境的差异，可能与其父辈，即汪惟宪与汪惟宁自身情况有关。汪惟宪虽未任官职，但通过举荐的途径"补博士弟子员"，且品行超群，为乡党、士人推崇；反观汪惟宁非但没有出身，还可能曾经做过商人。父辈身份和家庭社会地位的不同，是影响子辈婚姻选择极为重要的因素之一。且方氏并非汪新原配，而是继室，这大概也是方氏家族的社会地位比梁氏家族要略低的原因。方氏原生家族的社会地位虽较低，其自身素质和才学却十分有名，对后代也产生了很大

---

① 王昶：《春融堂集》卷45《名媛尺牍跋》，载《续修四库全书》第1438册，上海古籍出版社2002年版，第134页。

② "嘉庆丁卯（嘉庆十二年，1807），梁山舟学士重宴鹿鸣，赋诗四章，和者不下百余人。夫人（方芳佩）时年八十，和诗三章，评者以为诸人皆不能及。"参见徐珂编撰《清稗类钞》（文学类），中华书局2010年版，第3937页。

影响。

汪新独子汪农的原配妻子王德宜比汪新继室方芳佩的家世又高出一个层次。王德宜，字韫辉，号云芝，晚年自号笑隐，工诗词，著有《绿筠吟稿》《语凤巢集》《黔中吟》等。王德宜为华亭张堰王氏家族成员，张堰王氏从顺治年间王广心开始至嘉庆年间，世代为官。王广心为顺治六年（1649）进士，官兵部主事，擢御史。长子王顼龄为康熙十五年（1676）进士，授太常博士，后改翰林院编修，康熙五十七年（1718）升武英殿大学士进太傅；次子王九龄康熙二十一年（1682）进士，由庶吉士授编修，官至左都御史；幼子王鸿绪，康熙十二年（1673）进士，授翰林院编修，官至户部尚书。王绍曾，王德宜父，王顼龄曾孙，乾隆二十二年（1757）进士，任宁波知府；王绍曾弟王显曾，乾隆二十五年（1760）进士，任礼科掌印给事中。康熙、乾隆年间是张堰王氏家族最鼎盛时期，曾有"一门十进士"的盛况，康熙皇帝曾多次赐书画、堂匾等物，直到嘉庆以后，王氏家族京官减少，多任地方官员。故外人评价张堰王氏道："琅琊门第继三槐，八座声华迹未冷。宰相尚书都御史，至今入耳灌如雷。""华亭鼎族，冠盖相望。"[①]

---

① 张云璈：《简松草堂文集》卷 3《汪母王宜人家传》，载《清代诗文集汇编》421 册，上海古籍出版社 2012 年版，第 543 页。

不仅王德宜父系家族为当地望族，其母张氏亦为礼部尚书张泰
开之孙女。虽然张堰王氏在乾隆后期、嘉庆年间的势力较康熙
年间有所消退，但也一直是"钟鸣鼎食之家"，王德宜可谓出
自显赫之家。除家族外，王德宜本人也是德才兼备，工诗赋，
曾"一夕成七言律三十首"。与汪氏家族比，王氏可谓世家，
两家之所以可以缔结姻亲与汪农父汪新官宦身份有密不可分的
关系。汪氏虽非世家，但汪新通过科举跻身仕宦之列，与王氏
也算门当户对。

　　汪缵祖，汪新长女，字嗣徽。受母方芳佩影响，汪缵祖在
诗赋上也颇有造诣，著有《蕉雨轩吟稿》。山东候补通判汤燧
妻。汤燧，字仲炎，号古巢，汤莼棠子，仁和人，山东候补通
判，著《客游草》。汤燧少慧好学，星文、算术推测最精，兼
熟于古今印法。[1]父汤莼棠，字铧斋，仁和人，乾隆二十八年
（1763）进士，以刑部郎中出知江西南安府，治理有功，四民
乐业。[2]汤莼棠曾为塾师[3]，从这一点看汤氏祖辈应该并非显赫
之家，出世为官大概始于汤莼棠一辈。汤氏虽非世家，汤莼棠

---

[1]　参见潘衍桐编纂，夏勇、熊湘整理《两浙輶轩续录》卷 53，浙江古籍出
　　版社 2014 年版，第 4399 页。
[2]　参见民国《杭州府志》卷 136《人物三》，《中国地方志集成·浙江府县志
　　辑》，上海书店 1993 年版，第 2608 页。
[3]　参见民国《杭州府志》卷 143《人物七》，《中国地方志集成·浙江府县志
　　辑》，上海书店 1993 年版，第 2722 页。

与汪新经历相似，皆是通过科举步入仕宦之列，两家在婚姻上也比较般配。

汪绂，汪新次女，字畹姝，号香隐，有《香隐集》《馨音集》。教谕王御（松江人）妻。①

第七代汪农有子六人，女七人，其中男性家庭成员的记录比较少，仅有汪钧一人可考②，这可能与其科举不第有一定关系。汪农第六女，为张袥妻。张袥，张云璈第四子③。张云璈（1747—1829），字仲雅，号简松，晚号复丁老人，钱塘人。乾隆三十五年（1770）举人，初官湖南安福知县，后调湘潭④，善理词讼，后称病回乡，多以著述自娱，或登山玩水，其博学雄才，颇工于诗，与杭州文人多赋诗唱和。著有《简松草堂诗集》《蜡味小稿》《归艖草》《知还草》等。张袥无记载。张氏家族非钱塘望族，但张云璈亦曾出仕为官，也有一定身份和社

---

① 参见潘衍桐编纂，夏勇、熊湘整理《两浙輶轩续录》卷 53，浙江古籍出版社 2014 年版，第 4136 页。王国平主编《杭州文献集成》第 5 册，杭州出版社 2014 年版，第 363 页；王英志主编《清代闺秀诗话丛刊》2，凤凰出版社 2010 年版，第 1571 页。

② 王德宜《语凤巢吟稿》跋署名为"嘉庆己卯立夏日男钧百拜恭跋"。参见王德宜《语凤巢吟稿》，载江晓敏主编《南开大学图书馆藏稀见清人别集丛刊》7，广西师范大学出版社 2010 年版，第 352 页。

③ 参见张云璈《简松草堂文集》卷 3《汪母王宜人家传》，载《清代诗文集汇编》第 421 册，上海古籍出版社 2010 年版，第 544 页。

④ 参见潘衍桐编纂，夏勇、熊湘整理《两浙輶轩续录》卷 10，浙江古籍出版社 2014 年版，第 575 页。

会地位。

从汪洪信至第七世我们可以看到，汪氏家族在婚姻的选择上基本可以分为三个阶段。

第一阶段，迁出徽州以前，以徽州休宁地区的家族为主要选择对象。汪氏在迁出徽州前基本保持与徽州本地宗族相同的婚配习惯——以选择徽州地区，主要以休宁及其周边家族为主，受徽州宗族婚姻选择风俗的影响。

第二阶段，汪淇定居杭州后，到第四代汪惟宪，他们极力融入江南地区，以杭州门户相当的家族为主要婚配对象。待汪洪信迁往杭州，并定居于杭州时，其后代的婚姻选择开始向当地倾斜，以当地门户相当的家庭为主，如汪霱所配丁氏。丁氏非钱塘望族，但丁氏弟丁文衡在钱塘文人群体中还算占有一席之地，作为已经基本融入江南文人群体中的汪淇选择丁氏为其子的婚配对象也属"门当户对"。汪氏第四代中以汪霱一支留下的记录最为丰富，其中汪霱二子早卒，其第四子汪惟宁和第五子汪惟宪的婚配情况，目前尚且不知，二人的妻室可能并非仕宦之家，甚至可能仅是普通人家。造成这种情况的原因大概与其父汪霱自身的家庭条件和社会地位有很大关系。如上文分析，汪洪信、汪淇时家族资产尚且丰厚，到汪淇的子辈汪霱一代生活就比较拮据，且汪淇四子中无一人通过科举跻身"仕宦"之列，尤其是汪霱，二十岁左右就弃科场转向经商，但并不成功。这种非官非富家族的婚姻圈也限制在普通家庭之中，所以汪惟宁、汪惟宪的妻室很难找到记载。这一情况在汪惟宪以后发生了"翻天覆地"的变化。

第三阶段，汪惟宪"声名鹊起"、汪新任官后，汪氏家族主要以钱塘本地望族为婚配选择对象。汪惟宪虽未参加科举，但通过提升自己的学识和修养，在钱塘，甚至江南地区"声名鹊起"。汪惟宪身份的变化也直接造成了其后代婚配选择的改变，其一女嫁给了官宦世家、大学士之子梁同书。虽然汪惟宪之子汪双承的婚姻和另一女婿金文涛的家族情况目前尚不清楚，但仅就其女婿梁同书的家族情况来看，汪惟宪子女的婚配选择基本开始向科举世家、仕宦显贵之家倾斜。这种倾向在汪新之子汪农身上得到了更为明显的表现：汪新通过科举成为杭州仕宦"新贵"，为其子汪农选择的婚配对象则是"一门十进士"的华亭望族张堰王氏；汪新之女汪缵祖夫汤氏虽非世家，但亦与汪新相似，也是通过科举入仕，也可谓"门当户对"。

从汪氏家族婚姻选择的范围我们可以看到，自汪洪信迁杭、汪淇定居杭州后，汪氏家族也极力通过各种途径融入杭州本地，不仅包括汪淇自身极力通过结交江南地区文人、融入文人群体的努力，其家族婚姻也大多选择与自己门户相当的家族。除门户相当成为婚姻选择的重要条件外，我们还可以发现在有记载的汪氏家族选择的婚配人员，皆为江南地区的家族，尤以杭州为中心：第三代汪霦妻丁氏，第五代汪惟宪婿梁同书、汪新妻方氏，第六代汪农妻王氏、汪缵祖夫汤燧，第七代汪农婿张祤，六人中除王氏为华亭人外，其余五人皆为杭州人。

王振忠教授曾对明清时期徽商的土著化进程做了精彩论述，其中讲到侨寓江南的徽商出现了两个动向：一是以侨寓地为中心重修族谱；二是在侨寓地重建宗祠，从这两点可以看出旅外的徽商逐渐从祖籍地缘转向新的社会圈。[①]结合汪淇家族的情况来看，除上述两个动向外，侨寓江南的徽州人与当地家族的联姻，也是其在江南站稳脚步、拓宽社会圈的重要手段之一。这不仅是徽商大贾融入江南地区的途径，也是普通徽州家族融入当地的门径，而汪淇家族正是徽州小家族通过婚姻融入江南地区的代表性家族之一。

汪淇祖籍徽州府休宁县，是休宁西门汪氏大宗族中的一员。汪淇自小一直生活于休宁西门，直至天启末年才跟随其父汪洪信举家迁往杭州，此后，汪淇一支就一直定居于杭州。

汪洪信迁杭后大概一直从事盐业经营。可能受徽商盐业衰

---

① 　参见王振忠《明清徽商与淮扬社会变迁》(修订版)，生活·读书·新知三联书店 2014 年版，第 62—80 页。

落和徽州家族"好儒"风气的影响，汪洪信并没有让其独子汪淇接管盐业经营，而是时刻监督汪淇"力功举子业"，并且"自诵读外，不许嬉游"。但结果并不理想，汪淇在举业上可以说毫无建树，却又不愿放弃文人身份，所以汪淇在随父迁杭后选择了带有些许文人、儒商色彩的商业经营方式——开办书坊、结交文人，而汪氏书坊也确实比纯商业性书坊表现出了更多的文人化特征，可以说这是一种儒商并重的选择。汪淇自身无法在科举中崭露头角，便经常"课督儿辈，冀其共成予志"，将希望寄托在子孙身上，但其四子也均未能达成父愿，长子汪桓继承了书坊，四子汪霦以买卖书籍为生。直到汪淇孙辈汪惟宪才开始逐渐走上了科举、仕宦的道路，尤其是曾孙汪新，乾隆年间进士，官至湖北巡抚，加总督衔，汪新以上三代——汪淇、汪霦、汪惟宁皆追封按察使，自此汪淇家族的社会身份基本实现了由商人到士人的转换。嘉庆以后至光绪年间汪氏家族成员的记载缺失，我们无法得知其发展情况，直到光绪以后，在汪氏第十代至第十二代中商业又重新成为家族成员在事业上的重要选择之一。

汪淇家族社会身份转变的同时，其家族成员的婚配选择也随之发生了明显的改变。迁出徽州前汪洪信、汪淇父子的原配情况虽无法十分准确地判断，但按照西门汪氏宗族的婚配习惯，父子二人的妻室应该皆以徽州地区的家族为主要选择对象，并很大可能是休宁本地人，至少可以确定不是杭州本地人。迁出徽州后，从汪淇子辈汪霭开始，有史料可考的婚配对象则皆为江南地区的家族，尤以杭州本地为主。并且，随着汪氏家族在科举、仕宦道路上的成功，其婚姻选择对象也开始向官宦大族、书香门第倾斜，如汪惟宪女婿梁同书是三代皆显贵的梁氏，汪农的妻室王德宜是"一门十进士"的张堰王氏，皆是仕宦之家，属门当户对之选。

综上可以看出，汪淇家族从事业、婚姻选择来看明显受到徽州、杭州两地的双重影响。汪氏家族在事业上基本经历了业盐（明末汪洪信）—儒商并重（明末清初汪淇、汪淇子辈）—重回儒业（康熙中后期第三代以后）的过程。这一发展历程受休宁西门汪氏家族的影响颇深，徽商业盐、贾而好儒的思想在汪淇家族中得到很好的体现。同时，汪淇家族又受到杭州本地因素的影响，通过婚姻极力融入杭州本地社会，与众多徽商家族晚年迁回徽州、置土安宅的做法表现出明显的差异。就这样，汪淇家族从汪洪信迁出徽州、迁往杭州开始，通过自身在科举上的努力和婚姻上"门当户对"的选择逐渐融入了杭州本地社会之中。

# 结 语

17世纪大致相当于明代万历中后期到康熙中叶的历史时期。这一时期正是中国古代社会各方面都经历变化的时期，商品经济的迅速发展，朝代更迭的重要改变以及科举、文人社会的变化都发生在这一时期。这些政治、经济、科学技术上的变化对社会各方面都产生了深远、巨大的影响，对古代书坊、坊刻业来说也不例外。明代嘉靖、万历年间，中国古代书坊业迈入全面成熟的鼎盛时期。到明末清初之际，江南地区的刻书、坊刻业全面发展起来，并最终超越福建建阳，成为新的刻书、出版中心。

17世纪中国古代坊刻业的中心走过了从建阳转移到江南的历程，南京首先继建阳而起，与建阳有颇多相似之处，家族、同姓建立的书坊交相呼应，刻书以戏曲、小说为主；杭州占"人和"之利，刻书数量虽不及南京、苏州，但质量却多属上乘，文人参与书坊的情况也十分普遍；苏州于明末以后因经济的发展，成为重要的工商业市镇，受之影响，与其他地区相比，苏州的坊刻业也带有更加浓厚的商业气息。

文人的参与是江南坊刻业复兴的重要助力之一，其背后的原因也发人深省。万历中后期，科举竞争日益激烈，普通文人科举仕进之路也日渐艰难，加之增广生员、附学生员的大量存在，也产生了更多自幼读书，却无政治前途可寻的文人。这些文人群体基本无仕进之望，却又很难放下读书人的身份转投其他行业谋生，也有很多人仍然抱有以满腹经纶经世治国、致君尧舜上的理想抱负。于是，"治生"与"适志"成为横亘在文人，尤其是下层文人心中难以调适的矛盾。明清鼎革以后，这种矛盾更加突出。面对剃发留头、文字狱等政治、文化上的管控，明季遗民中很多人选择了不仕新朝。放弃了政治仕进之路，便只能将自己的思想托之于纸笔和梨枣，希望通过文学作品来抒发忧郁愤懑的情感和朝代鼎革带来的心理冲击。在这两种因素的影响下，参与刻书、投身书坊，既能谋生，又可通过文学作品在一定程度上实现自己的理想和价值，正所谓"既射了贸易诗书之利，又收了流传文字之功。凭他进士举人，见俺作揖拱手，好不体面"①。于是，书坊成为 17 世纪江南地区很多文人安身立命的选择之一。他们中的大部分都是下层文人，知

---

① 孔尚任：《桃花扇》，上海古籍出版社 2016 年版，第 129 页。

名度低、家境贫困，被书坊主雇佣，成为书坊刻书的编辑、校订者；有些家境较好，有一定文学修养的文人，则与书坊合作，或受书坊之托，著书立说；另一小部分社会名流，则因其极高的社会名望为书坊主主动延请，为书坊编写时文、评点小说尺牍、撰写序跋等，如汤宾尹、朱之蕃、钱谦益、毛先舒、黄周星等。除参与书坊的编书、校订外，一部分尚有家资、略懂经营之术的文人则自己开办书坊，开雕刻书，如陆云龙、冯梦龙、毛晋、周亮工等。

徽商后裔、落第文人汪淇正是在这样的背景下，于天启末年随父从世代居住的休宁西门汪氏大家族中迁出，来到杭州开办了书坊还读斋，开始经营刻书业。

受自身和家族影响，明末初涉书坊的汪淇表现出了更多商业家族的传统，刻书具有浓厚的商业特色，多选当下的畅销题材，如史钞类书《汉书纂》《通纪纂》，商人书《新镌士商要览》，智慧故事书《智囊全集》等。由于此时汪淇与当地文人的联系较少，书坊还读斋中担任编辑一职的多是汪氏家族成员，其他文人参与较少。大概也是由于这一原因，明末还读斋的刻书多是直接翻刻旧本，对原本内容少有改动。

明清鼎革以后，汪淇在杭州已经居住了二十余年，在此期间，汪淇与江南地区文人的关系日渐紧密，不仅与陈子龙、钱谦益、李渔、周亮工等人有交集，与西陵十子、云间三子、徐士俊、黄周星等一些地方文坛领袖也成为莫逆之交，汪氏书坊的经营也渐入佳境。顺治中后期还读斋刊刻了多部诗集。这些诗集中既有文人结社的成品诗——《西陵十子诗选》，又有教人作诗技巧的《诗体明辨》；既有文人领袖之雅诗——《明七子诗选注》，又有为科举而作的应试诗《诗苑天声》。读者对象广泛，阳春白雪、下里巴人兼顾而有之，既表现出了敏锐的商业眼光，又在兼顾商业性的同时也表现出了注重文学性的倾向。除此之外，顺治后期还读斋的刻书也放弃了明末"拿来主义"的编刊方式，不再直接翻刻旧本，而是更注重选择市场上未曾出现的新书，如《诗苑天声》《西陵十子诗选》；或对旧本加以调整和改造，如《诗体明辨》《武经七书全文直解》等。

顺治中后期还读斋刊刻诗集的热情与明末清初文人结社的活跃密切相关，而随着顺治末年禁止结社政策的出台，康熙二年（1663）"《明史》案"发生后文字禁忌的日渐增多，汪淇的刻书兴趣也发生了改变。汪淇在康熙年间弃儒从道，书坊也随之改弦更张——由还读斋改名蜩寄，在刻书时更注重刊刻书坊主汪淇自著、自编之书，同时更多的江南文人也参与到蜩寄刻书之中，书坊的文人化特征增强。

康熙十年（1671）汪淇逝后，长子汪桓继承父业，以还读斋之名重新刻书。汪桓主持下的还读斋刻书有限，在二十余年的时间中仅刊刻了九种书。除族兄汪昂编纂的三种医书外，书坊主汪桓在刻书中不再承担任何编辑、修订工作，书坊还读斋仅成为书籍刻印的场所。

康熙中叶汪桓经营还读斋以后，朝廷对思想、文化领域的控制日益严厉，对明季遗民的怀柔政策向高压手段转变，《明史》案、《南山集》案、吕留良案和四库禁书等牵连甚广的文字狱案不断发生。顺治以后书籍禁令也接连不断，朝廷曾多次下令严厉禁止"淫词小说"等书籍，文化、出版领域的氛围日渐紧张。另外，随着清朝政权的逐渐稳固，康熙中叶以后真正经历过朝代鼎革的明季遗民的数量不断减少，清初在文人群体中漫布的浓厚的改朝换代的失落情绪正在逐渐消逝，对朱明王朝的家国之思离遗民子孙已经非常遥远。遗民们虽自己不愿入仕为官，但其子孙却与传统文人一样有着强烈的政治诉求。康熙中叶以后，"随着晚明精神的日渐散去和明末清初民族精神的日渐消泯，社会意识形态开始向传统的方向回归，曾躁动不定的社会心理日渐平静"①，参加科举、铨选为官成为大多数文人置于首位的意愿和选择。虽然科举之路依然充满荆棘，但乾隆以后，幕府的发达，尤其是大量艺文幕府和右文封疆大吏的出现，为各层次文人打开了方便之门，幕府成为他们著书立

---

① 王言锋：《中国十六—十八世纪社会心理变迁与白话短篇小说之兴衰》，博士学位论文，上海师范大学，2003 年。

说、安身立命的重要庇护之所。在高压政策、政治诉求和幕府发达三种因素的影响下，18世纪以后，尤其是乾嘉年间，文人们纷纷退出了书坊，重回书斋。

在这一浪潮的影响下，汪淇家族于康熙中后期也退出了书坊刻书领域，通过第四代汪惟宪、第五代汪新在举业上的成功走上了仕宦之路，最终在身份上完成了从徽州商人到杭州士人的转变。在身份转变的同时，家族成员的婚配选择也随之发生了明显变化。第一、二代（汪洪信、汪淇）婚配时还未迁出休宁，受休宁西门汪氏宗族婚嫁传统的影响，他们的妻室极有可能是徽州本地人，尤以休宁县的家族为主。第三代以后，汪淇一支已经迁往杭州，此后家族婚姻选择主要以与自身家庭地位相当的杭州本地宗族为主。第四代汪惟宪、第五代汪新在社会和政治上获得的名望与地位越来越高，其婚姻也逐渐向与之相当的名门望族、科举世家倾斜，如汪惟宪女婿梁同书便是一门三代仕宦、皆为高官的大学士之子；汪新之子汪农的妻室王德宜，更是出自"一门十进士"之称的张堰王氏。作为侨寓江南的徽州人，汪淇家族通过自身的努力和与当地家族的联姻，逐渐融入于江南地区。

明清之际的社会动荡、社会思潮、文人心理的变化造就了文人走向书坊、参与坊刻的热潮。康熙中叶以后，在朝廷对思想、文化的严格控制之下，受避祸心理的影响，文人们又纷纷退出书坊，重新回到私人书斋之中。不仅从事文学创作、评点的文人大量减少，从事刻书的文人书坊主也唯恐避之不及，都纷纷躲入书斋的故纸堆中，或在幕府中寻求庇护，参与刻书、书坊的文人逐渐减少。大概也是在这些因素的影响下，失去了大量文人的江南书坊在康熙中叶以后虽然表面上仍是一派繁荣昌盛的景象，但实质上一直处于停滞不前的状态，乏善可陈。缺乏创新的书坊刻书业如同其他领域一样，在近代前夜走到了穷途末路，等待着近代转型的到来。

徽商后裔汪淇在明末天启年间随父从徽州府休宁县迁往杭州，并开办了书坊还读斋。书坊经历了两代人的经营与传承，于康熙中后期偃旗息鼓，湮没于历史长河之中。虽然汪氏书坊在名气、规模上都无法像扫叶山房等"明星"书坊一般夺人眼球；汪氏家族不论在徽商还是杭州本地仕宦家族中也仅是一个"枝叶并不繁茂"、默默无闻的家族，他们只是 17 世纪历史长河中一叶扁舟般的存在；但回顾汪氏书坊、汪氏家族的历史，我们就会发现，其书坊、家族一直努力追随着历史发展的大潮，17 世纪历史上每一次重要的社会变化都深刻影响着这一家族的选择和发展，他们紧追时势，或许也带有一些无奈。在社会发展、历史大势面前，他们所能做的也许就是努力追随，不被时代抛弃。

"麻雀虽小五脏俱全"，这些小人物、小事件是最真实的历史重现，我们需要不断挖掘这些底层人物的历史，丰富历史研究的体系和内容。他们可以让我们以一管窥全豹，从一叶扁舟的起伏看历史长河中的巨浪波涛。

# 附录一：汪氏刻书详目

## 一、明末刻书

1.《新镌士商要览》三卷，汪淇辑，天启六年（1626）刊本，上海图书馆藏。

2.《新编百战百胜七书衍义》七种，谢枋得编、汪淇校，明末刊本，日本内阁文库藏。

据《周秦汉魏诸子知见书目》载：

> 《新编百战百胜孙子衍义》。汪淇，西元1627年。[未见]《内阁文库汉籍分类目录》著录。题："宋谢枋得编、明汪淇校。"按：当系据谢枋得本，附以"衍义"。在《新编百战百胜七书衍义》内。①

---

① 严灵峰编著：《周秦汉魏诸子知见书目》第4卷，台湾正中书局1979年版，第39页。书中《吴子》《司马法》《尉缭子》《六韬》《三略》等五部书与《新编百战百胜孙子衍义》介绍类似，在此不一一列举，分别位于书中159页、206页、239页、269页、302页。因《周秦汉魏诸子知见书目》一书按《孙子》《孙膑》《吴子》《司马法》《尉缭子》《六韬》《三略》等七类记载书目，分类中没有李卫公，故不载《新编百战百胜李卫公衍义》一书。

　　除《新编百战百胜孙子衍义》外，另有《吴子》《司马法》《尉缭子》《六韬》《三略》《李卫公衍义》。此七种书如严灵峰《周秦汉魏诸子知见书目》所载未见原刻本。

　　3.《新编百战百胜令法引证韬略世法》二卷，谢枋得编、汪淇参订，明末刊本，中国国家图书馆藏。

　　4.《新编武侯兵要笺注评林韬略世法》一卷，谢枋得辑、汪淇评释，明末刊本，中国科学院图书馆藏。该本收入《韬略世法存十六种》，《四库未收书辑刊》3 辑 22 册。

　　5.《重订武经七书参同集》七种，谢枋得编、汪淇重订，明末还读斋刊本，日本国立公文馆藏。

　　据《周秦汉魏诸子知见书目》载：

　　　　《重订孙子参同集》，汪淇，西元 1627 年（天启七年）。[存]，以宋谢枋得编《参同集》本孙子加以重订。白文圈点、或单圈、或双圈。首题："宋谢昉得叠山父编辑、明李贽卓吾父参订、钱塘汪淇右子父重订。"在《重订武经七书参同集》内。按"昉"当作"枋"。明末还读斋刊本（日本国立公文书馆藏）。[1]

　　　　《重订吴子参同集》，汪淇，西元一六二七年。[未

---

① 严灵峰编著：《周秦汉魏诸子知见书目》第 4 卷，台湾正中书局 1979 年版，第 39 页。

见］当以宋谢枋得《参同集》为底本，体例与《孙子》略同。在《重订武经七书参同集》内。明末还读斋刊本。①

《周秦汉魏诸子知见书目》中除有《重订孙子参同集》《重订吴子参同集》外，另有《司马法》《尉缭子》《六韬》《三略》《李卫公参同集》五种，共同构成《重订武经七书参同集》。

6.《汉书纂》不分卷，凌稚隆辑，明末还读斋刊本，美国哈佛大学燕京图书馆藏。

7.《增订诸名家史记纂》五卷，查世晋、汪立秀纂，明末还读斋刊本，上海图书馆藏。

8.《通纪纂》十卷，钟惺辑，清初还读斋刊本，北京师范大学图书馆藏。

9.《通鉴纂》二十卷，钟惺辑，疑为明末还读斋刊本，湖北省图书馆藏。

10.《智囊全集》二十八卷，冯梦龙辑，明末还读斋刊本，中国国家图书馆藏。

11.《谭友夏钟伯敬先生批评绾春园传奇》二卷，沈嵊撰，汪淇编次，明末还读斋刊本，中国国家图书馆藏。

---

① 严灵峰编著：《周秦汉魏诸子知见书目》第 4 卷，台湾正中书局 1979 年版，第 159 页。其他四部书与《重订吴子参同集》介绍类似，在此不一一列举，分别位于书中第 205 页、239 页、269 页、302 页。

12.《新锲精选简要易览通书》二卷，明末还读斋刊本，北京师范大学图书馆藏。

13.《蜩笑》，汪淇编，天启年间刊本，未见。

《蜩笑》是汪淇编刻的一部时文选集，目前各图书馆及书目均未见载录，我们仅能从汪淇编刻的《尺牍新语》中找到一些蛛丝马迹。在《分类尺牍新语》金声《告邑人与何二尹书》一封尺牍后的评语中，汪淇写道："吾乡金太史，定慧人也。余曩有房文《蜩笑》之选，同先生互为商榷，并嘱序言。"①汪淇提到自己曾编刻过科举时文选集类的书《蜩笑》，并请金声为之作序，且此序"今尚载《燕诒阁集》内"②。查金声文集《燕诒阁集》中确有《蜩笑集序》一文③，可见汪淇所言非虚。在《蜩笑集序》中明确标明此序作于"乙丑"年，金声在世时的乙丑年仅有一个，即为天启五年（1625）。所以，从金声所作序文来看，汪淇所编《蜩笑》的刊刻时间应该在天启五年左右。

14.《归金合稿》，归有光、金声著，汪淇辑，明末崇祯

---

① 金声：《告邑人与何二尹书》汪憺漪评语，载汪淇辑《分类尺牍新语》第2册，康熙二年（1663）刊本。
② 程守：《与金静思》汪憺漪评语，载汪淇辑《尺牍新语新编》第8册，康熙六年（1667）蜩寄刊本。
③ 金声：《金正希先生燕诒阁集》，载《四库禁毁书丛刊》集部第85册，北京出版社1997年版，第96页。

间刊本，未见。

与《蜩笑》一书相似，目前《归金合稿》是否存世，尚不能确定，只能从汪淇编刻的《尺牍新语》中找到只言片语。在《分类尺牍新语》金声《告邑人与何二尹书》一封尺牍后的评语中，汪淇写道："余曩有房文《蜩笑》之选，同先生（金声）互为商榷，并嘱序言。斯时，天下未知有正希之为文也。及戊辰（崇祯元年，1628）捷后艾千子①评其全稿，人人始知有金正希。嗣后余又以《归金合稿》行世，一时纸贵，板经三易。迨辛巳（崇祯十六年，1643）余旋里，值正希致书与何二尹之时……"由此看出，《归金合稿》刊于《蜩笑》之后，具体刊刻时间大致在崇祯元年（1628）至崇祯十六年（1643）之间。目前该书的内容选题尚无法确定，从归有光、金声二人在时文上的声望和汪淇此时刻书的倾向来看，《归金合稿》可能也是与时文编选密切相关的书籍。

15.《诗经人物备考》十三卷，陈子龙编，明末还读斋刻本，北京大学图书馆藏。

还读斋所刻《诗经人物备考》，首有华亭陈子龙撰《序》；次《诗经人物备考》目录，下题"云间陈卧子、周勒卣两先

---

① 艾南英（1583—1646），字千子，临川人，因不满科场八股文章的腐朽，与临川人章世纯、罗万藻、陈际泰等力矫其弊，以兴八股为任，人称"临川四才子"。

生定，古杭汪桓殿武订"。正文卷端题"诗经人考卷某"／"诗经物考卷某"，下题"云间陈子龙辑，古杭汪桓殿武参"。正文半页九行二十一字，黑单鱼尾，四周单边，有行格、圈点、眉批。该书主要是对《诗经》中出现的人、物名称的考证和注释。

## 二、顺治中后期刻书详目

16.《西陵十子诗选》十六卷，毛先舒辑，顺治七年（1650）还读斋刻本，中国国家图书馆藏。

17.《诗体明辨》十卷，徐师曾辑，顺治十五年（1658）还读斋刊本，中国国家图书馆藏。

18.《杜诗分类全集》五卷，傅振商辑，顺治十六年（1659）还读斋刊本，中国国家图书馆藏。

19.《诗苑天声》二十二卷，范良辑评，顺治十七年（1660）童晋之、还读斋同梓，中国国家图书馆藏。

20.《明七子诗选注》七卷，汪淇等订正，清初还读斋刻本，福建师范大学图书馆藏。

21.《武经七书全文直解》七卷，张居正增订，顺治十八年（1661）还读斋刊本，中国国家图书馆藏。

22.《雪心赋直解》四卷，田希玉辑解，后附《地理碎事》，汪淇辑定，顺治十八年（1661）还读斋刊本，故宫博物院藏。该书编入《故宫珍本丛刊·相宅相墓》第 409 册，海南出版社 2000 年版。

## 三、康熙间刻书详目

23.《尺牍谋野集》四卷，王穉登著，康熙元年（1662）蜩寄刊本，中国国家图书馆藏。

24.《吕祖全传》不分卷，汪淇撰，康熙元年（1662）蜩寄刊本，美国哈佛大学燕京图书馆藏。

25.《西游证道书》一百卷，汪淇、黄周星评点，康熙二年（1663）蜩寄刊本，中国国家图书馆藏。

26.《济阴纲目》十四卷，武之望编，汪淇笺释，康熙四年（1665）蜩寄刊本，中国国家图书馆藏。

27.《分类尺牍新语》二十四册，汪淇、徐士俊评笺，康熙二年（1663）蜩寄刊本，中国国家图书馆藏。①

蜩寄刊本《分类尺牍新语》封面右侧栏题"西陵徐野君、汪憺漪二先生笺论"，中间栏大字题"尺牍新语初编"，左侧栏

---

① 此书另有湖北省图书馆藏本，收入《四库全书存目丛书》集部第 396 册，齐鲁书社 1997 年版。此本无封面，其余与中国国家图书馆藏本皆同。

小字题"为命集众人之长，邻邦增重；远方有双鲤之寄，知己兴怀。所嫌浮滥尘文，以致寒暄套习。兹编文必领异，语更标新，诸家各擅精华，近代可方魏晋。类分廿四，吹来等花信之风，选越寻常，流出似春江之月。顿使鸡林长价，真堪□足腾声。怀袖三年，光辉千里矣。蜩寄主人识"。首有康熙二年（1663）徐士俊作《尺牍新语序》，次同年查望作《尺牍新语序》，次同年汪淇作例言八则。正文半页九行二十四字，小字双行同，黑单鱼尾，四周双边，无行格，有圈点。版心上题"尺牍新语"，下刻"蜩寄自怡"。每卷卷端题"分类尺牍新语第某册"，下署"西湖徐士俊野君、汪淇憺漪评笺，同学查望于周、骆仁埏方流参订"。①

28.《尺牍新语二编》二十四册，汪淇笺定，康熙六年（1667）蜩寄刊本，北京大学图书馆藏。

首有康熙丁卯（康熙二十六年，1687）谢橿龄序，次康熙六年（1667）吴雯清序，次同年汪淇、徐士俊作凡例八条，次目录，次正文。正文半页九行二十四字，小字双行同，黑单鱼尾，四周双边，无行格，有圈点。版心上题"尺牍新语二

---

① 每卷有两名参订人员，除查望外都不同，从第二卷到二十四卷分别是汪杰、陆隽、周绰、邵庭延、吕律、王暐、王廷璋、张元时、杨王治、汪以澄、汪缵烈、陆进、徐灏、沈允璧、张之萧、邵斯杨、周廷增、王麃、柳葵、胡乐素、金长兴、张开先、汪如。

编"，下刻"蜩寄自怡"。正文卷端题"西陵汪淇憺漪笺定，徐士俊野君同评，友人某某参论"。①

29.《尺牍新语广编》二十四册，汪淇笺评，康熙七年（1668）蜩寄刊本，北京大学图书馆藏。

首有康熙七年（1668）严沆作序，次同年吴雯清作序，次同年汪淇作凡例七则，次目录，目录下题"西陵汪淇憺漪父、吴雯清方涟父同笺定"，次正文。正文半页九行二十四字，小字双行同，黑单鱼尾，四周双边，无行格，有圈点。版心上题"尺牍新语广编"，下刻"蜩寄自怡"。正文每卷卷端题"西陵汪淇憺漪笺评，同学徐士俊野君、黄周星九烟同参定"。

30.《历朝捷录直解》十二卷，首一卷，徐士俊笺释、汪淇参订，康熙三年（1664）刊本，中国人民大学图书馆、美国哈佛大学燕京图书馆藏本。

31.《增定便改万病回春善本》抄本一卷，龚廷贤撰，汪淇重定，上海图书馆藏。仅存抄本一卷，正文卷端题"增定便

① 各卷参论人员依次为吴雯清（第一卷只有一人，其后每卷有两人），黄周星、林时对、叶生、程光礼、陆垲、张壇、卢乾元、汪玉立、沈九如、吕光轮、谢橝龄、王嗣槐、毛先舒、许风、吴百朋、章昞、陈鸿绩、陆次云、张埈、周遇缘、冯甦、王晫、韦人凤、卓麟异、邵德延、柳葵、徐倬、郑惟飚、许徵、徐汾、高士、詹龙锡、王枚、陆进、陆本征、陆信征、陈秉谦、邵斯杨、吴昉、邵斯衡、詹夔锡、顾二荣、汪开楚、汪锌、汪楫、汪以淳。第1册到22册写作"友人某某、某某参论"，第23、24册写作"侄某某、某某参论"。

改万病回春善本卷一孝集"，"金溪太医院云林龚廷贤子才甫编辑，钱塘后学憺漪子汪淇右子氏重定"。①

## 四、康熙中后期还读斋刻书详目

32.《增补武经集注大全》七卷，康熙十年（1671）还读斋刊本。

33.《苍生司命》八卷，虞抟撰，康熙十六年（1677）还读斋刊本，中国中医科学院图书馆藏。

34.《医方集解》三卷，汪昂撰，康熙二十一年（1682）还读斋刊本，中国国家图书馆藏。

35.《素问灵枢类纂约注》三卷，汪昂撰，康熙二十九年（1690）还读斋刻本，中国中医科学院图书馆藏。

36.《增订本草备要》四卷，汪昂撰，康熙三十三年（1694）还读斋刊本，上海图书馆藏。

37.《贻善堂四种须知》四种（《急救须知》《饮食须知》《修养须知》《格物须知》），朱本中撰，康熙二十八年（1689）

---

① 此书目前尚不能确定汪淇重定的大致年代。因康熙年间蜩寄刻书中有《济阴纲目》一书，且汪淇自撰《保生碎事》附于其后，康熙以前还读斋书坊也未刊刻过医书。所以，从汪淇对医书刊刻的兴趣来看，此书可能是汪淇于康熙间编辑的，故暂且归于康熙间汪淇的其他编书之中。

还读斋刊本，中华医学会上海分会藏。①

38.《保产机要》《保生碎事》合辑，汪淇辑，康熙三十三年（1694）乾元堂刊本。

39.《岁寒堂初集》五卷、《岁寒堂存稿》不分卷，林璐撰，康熙年间还读斋刊本，湖北省图书馆藏。

40.《霞举堂集》，王晫著，康熙间还读斋刊本，中国国家图书馆藏。

41.《标题武经七书讲义新宗》七卷，汪桓撰，叶攸叙校订，康熙九年（1670），内阁文库、尊经阁文库藏。②

42.《小学顺文直解》四卷，汪惟宠编，汪惟宪订，康熙三十六年（1697）刊本，吴江区图书馆藏。③

---

① 笔者暂未经眼。资料来自《中国古籍总目》子部1，第388页；《中国丛书综录》，上海古籍出版社1982年版，第721页。

② 笔者暂未经眼。资料来自刘毓庆、张小敏编著《日本藏先秦两汉文献研究汉籍书目》，三晋出版社2012年版，第354页；以及日本"国立公文書館ﾃﾞｼﾞﾀﾙｱｰｶｲﾌﾞ"https://www.digital.archives.go.jp/DAS/meta/result？IS_KIND = hierarchy&IS_NUMBER = 100&IS_START = 1&IS_TAG_S51 = prnid&IS_STYLE = default&IS_KEY_S51 = F1000000000000000099362&IS_EXTSCH = F2009121017025600406%2BF2005031812174403109%2BF2008112110371121713%2BF1000000000000000099362&IS_ORG_ID = F1000000000000000099362&IS_SORT_FLD = sort.tror%2Csort.refc&IS_SORT_KND = asc，2021年12月20日。

③ 此本笔者未能经眼，参见全国古籍普查登记基本数据库。

# 附录二：汪氏部分刻书详考

1.《智囊全集》二十八卷，冯梦龙辑，明末还读斋刊本，中国国家图书馆藏。

《智囊》是冯梦龙编选的古代智慧故事的合集，从历代的经史传记和笔记丛谈出发，以历史上的著名人物为对象，搜集了上起先秦，下至明代的一千余则故事。《智囊》一书初为二十七卷，成于明天启六年（1626）。书成之后，受到一些读者的追捧，希望冯梦龙还有"续刻"，于是冯梦龙在原书基础上做了一些补充和完善，重新刊刻，是为《智囊补编》，有些版本亦写作《智囊全集》。《智囊》一书，尤其是补编，在明末清初受到极大欢迎，各家书坊也纷纷刊刻了各种不同版本，如日本翻刻本、明天禄阁本《智囊补》、明末清初斐斋本《智囊补》，其中"当以郑振铎先生所藏明末还读斋刻的《智囊全集》

为最精（现存国家图书馆）"①。

还读斋本《智囊全集》封面（见图附录 –1）右侧题"冯
犹龙先生□纂"，中间大字题"智囊全集"，左侧小字题"犹龙
先生博极群书，富于著述。兹集也，凡前人料事之敏，应变之
奇，具如列眉。名曰智囊，真可谓善传古今之德慧，大拓愚智
之心胸者。语云：'中流失船，一壶千金。'此集之为中流壶也
多矣。今合新补后刻汇成全书，精梓行世。读者一览，当为起
舞。还读斋主人识"。

图附录 –1 《智囊全集》封面图（资料来源：中国国家图书馆 · 中国国家数字
图书馆中华古籍资源库网站）

---

① 冯梦龙编著，栾保群、吕宗力校注：《智囊全集》，中华书局 2007 年版，
前言第 3 页。

还读斋本前有冯梦龙《自序》，次冯梦龙作《智囊原序》；次《智囊全集》发凡，发凡后有牌记一则"一、钟伯敬先生评《世说新语全集》即行世，一、钟伯敬先生评《三注钞》即行世"；次《智囊全集考》（每一部每一卷下一一列明所有增补内容。如，上智部卷一，计新增十条、改增一条，增改批评十一条）；次《智囊全集》总目，下署"古吴冯梦龙犹龙重辑，金纱①张明弼公亮、长沙沈几去疑、钱塘汪淇右子同阅"；次正文，正文每卷卷端题"古吴冯梦龙犹龙氏重辑、钱塘汪淇右子氏阅"，半页十行二十七字，白口，四周单边，无鱼尾，无行格，有圈点。

关于成书时间。还读斋本《智囊全集》刻有冯梦龙所作的《智囊原序》，序中凡遇"皇明"二字都另起一列，并顶格书写。从这一点来看，此书应该刻于明末。在《智囊补》序中，冯梦龙又写道："书成，值余将赴闽中，而社友德仲氏以送余，故同至松陵（苏州），德仲先行。余《指月》《衡库》诸书，盖嗜痂之尤者，因述是语为叙而异之。"序中所谓"将赴闽中"应该是崇祯七年（1634）冯梦龙从丹徒训导升任为福建寿宁县知县，上任赴职之时。所以该书的刊刻时间应该在崇祯七年（1634）到崇祯十七年（1644）之间。

---

① 原书作"金纱"，张明弼为金坛人，疑为刊刻错误。

2.《谭友夏钟伯敬先生批评绾春园传奇》二卷，沈嵊撰，汪淇编次，明末还读斋刊本，中国国家图书馆藏。

沈嵊（？—1645），字孚中、会吉，又字庵庵，号孚中道人。浙江仁和人，明末诸生、戏曲作家，居武林北墅。清兵南下之时，因误传清兵渡江的消息，被乡人误杀。著有传奇三种，现存《绾春园》《息宰河》二种，另有《宰戌记》已佚。《绾春园传奇》以元末丞相伯颜专权为背景，虚构了以杨珏、阮篙筠和崔倩云为主的三位年轻男女之间的爱情故事。书中有署名钟惺和谭元春的评点，应该是托名而作，目的即为利用钟谭二人的社会名气，吸引读者。

还读斋刊本《绾春园传奇》，封面上栏小字题"西泠沈浮宗填词"，右侧栏大字题"钟谭两先生"，左侧栏大字题"评点绾春园"，中间栏小字题"还读斋藏板"。首有《钟伯敬谭友夏先生批评绾春园传奇》目录，分两卷，第一出至二十二出为卷上，二十三出至四十四出为卷下。正文卷端题"谭友夏钟伯敬先生批评绾春园传奇"，下署"四海孚中道人编、新安右子居士次"，半页十行二十一字，四周单边，黑单鱼尾，有行格、圈点，有眉批。版心上刻"绾春园"，下题"蜘麟斋"。

此书另有民国年间抄本，藏于哈佛大学燕京图书馆。据《美国哈佛大学哈佛燕京图书馆藏中文善本书志》载：

> 民国王立承抄本。二册。半页十行二十一字，四周

单边，白口，单鱼尾，书眉上刻评，书口上有"绾春园"、下有"螂麟斋"。……题"四海孚中道人编；新安右子居士次"。无序跋。……此本乃据明末螂麟斋刻本传钞，端楷誊写，一笔不苟，极工整，笔墨匀称。格子全部手画，凡写错之字皆有挖补。[①]

民国抄本现有《哈佛燕京图书馆藏齐如山小说戏曲文献汇刊》影印本[②]，从此抄本的行格、内容来看，哈佛藏民国抄本的底本应该是还读斋本。除还读斋本、民国抄本外，目前尚未发现其他版本。

关于此书的刊刻年代，在《绾春园传奇》一书中并没有明确的时间标识，在崇祯间刻本张楚叔的《吴骚合编》一书中收有沈嵊所作词一首，其后有张楚叔的评语道："孚中侠骨嶙峋，骚情放浪，所著有《绾春园传奇》之刻，读其曲自见其人。"[③]由此可知，在崇祯年间《吴骚合编》刊刻之前，《绾春园传奇》已经刊刻并流行于世。所以，还读斋刊本《绾春园传奇》的刊刻时间应该在明末天启、崇祯年间。

① 沈津：《美国哈佛大学哈佛燕京图书馆藏中文善本书志》，广西师范大学出版社 2011 年版，第 2241 页。
② 沈嵊：《谭友夏钟伯敬先生批评绾春园传奇》，载《哈佛燕京图书馆藏齐如山小说戏曲文献汇刊》第 50 册，国家图书馆出版社 2011 年版。
③ 张楚叔、张旭初辑：《白雪斋选订乐府吴骚合编》卷 4，《续修四库全书》第 1743 册，上海古籍出版社 2002 年版，第 752 页。

3.《新锲精选简要易览通书》二卷，明末还读斋刊本，北京师范大学图书馆藏。

此书是一本术数风水类书籍，与今天的老黄历十分相似，是一本查询宜忌的择日书。还读斋刊《新锲精选简要易览通书》北京师范大学图书馆藏本，金镶玉装。[①] 封面右侧小字题"福建稽古堂魏明远先生选择善本"，中间大字题"象吉大通书"。首有"易览斗首通书大全"，后题"西陵还读斋主人梓"。从内容中有"我皇明……"之句来看，应该是明代刻本无疑。次《新刻象吉鳌头斗首通书》目录，分上下两卷，有"元旦出行、造船吉日、新船下水、应试赴举"等内容。上卷卷首有画像一幅，题"驾云廖先生图"。正文卷端题"新锲精选简要易览通书"，半页十五行三十二字，小字双行同，白口，黑单鱼尾，四周单边。下卷首页分上下两栏，上栏题：

西池小影。潭成西池张子素与士林交游，凡读书齐

---

① 北京师范大学图书馆著录"为《新锲精选简要易览通书》，还读书斋主人梓于明万历丙申（万历二十四年，1596）"，著录者未给出相应证明史料。著录中的"还读书斋"与文中"西陵还读斋主人梓"明显不符，应该是著录者抄录错误。另外，还读斋创办者汪淇生于万历三十二年（1604），著录中该书于万历二十四年（1596）刊刻书籍与事实相悖。另外，结合书中"西陵还读斋主人梓"的题名和当时杭州书坊的情况来看，除汪淇创办的还读斋外，目前并未发现其他在杭州开办的、名为"还读斋"的书坊。所以，此书应该是汪淇所办还读斋书坊刊刻的，应该是北京师范大学图书馆的著录错误。

□之法，阴阳吉凶之理，颇亦与有闻焉。乃上书林攟刻四书五经，登瀛程墨，乃便用通书等集，盖已盛行海内矣。暇间锐思详阅，尤以前□便用缺略者，不终无也。今复搜罗精彩，选补无遗，名曰易览通书，重付剞劂氏，校阅刊行，比前铜尤精备矣。万历丙申冬月谨识。

下栏有人物头像一幅，头像右题"纂辑勤渠利便真成千古迹"，左题"吉符郎布营为任取完年祯"。

此书序云："（此书）旧集盛行海内，今复重订增补，略之先者而今为大备，失之前者而兹为厘正。"从序和封面来看，此书应该是还读斋主人在福建刻本的基础上，增补重刻而成。

4.《尺牍谋野集》，王穉登著，康熙元年（1662）蜩寄刊本。

王穉登（1535—1612），字伯谷、百谷，江苏长州人，后移居吴门。号广长庵主、广长暗主、松坛道人、松坛道士等，是明朝中晚期的文学家、诗人、书法家。王穉登曾拜文坛名人文征明为师，后受袁炜欣赏，入幕门下，名声大噪。王穉登在晚明文学史上占有一定的地位，是明代山人群体中重要的标志性人物。其所作尺牍最初由江阴郁文周刊刻出版，命名为《谋野集》。由于王穉登的名声及才气极大，《谋野集》问世后迅速成为世人争相购买的尺牍范本。王世贞在给王穉登的信中说：

"《谋野集》盛行于市肆间，纸为贵……"① 由此可见《谋野集》的流行程度。

目前笔者能看到的康熙元年（1662）汪淇辑《尺牍谋野集》之前的版本主要有以下几种：

（1）《谋野集》十卷本，万历十六年（1588）江阴郁文周玉树堂刻本。半页十行十八字，有圈点，前有序，北京大学图书馆藏。

（2）《屠先生评释谋野集》四卷本，万历熊云滨刻本。② 封面右侧题"屠赤水评释王百谷谋野集"，左侧题"宏远堂熊云滨重校梓行"。首有屠隆撰《评释谋野集题辞》，卷尾有"闽庠生熊体忠荩卿甫校梓"牌记。正文半页十行二十一字，白口，四周单边，无鱼尾，有圈点，有眉批标典故出处，字旁有音训注释。卷二缺第十一左半页、十二页右半页。

（3）《屠先生评释谋野集》四卷本，万历四十四年（1616）熊稔寰刻本。③ 封面右侧题"屠赤水先生注释谋野集"，左上侧红字题"每部定价纹银壹钱"，左下侧题"种慎堂熊仲宇绣

① 王世贞：《弇州山人续稿》卷 180《与王百谷》，载《文渊阁四库全书》第 1284 册，上海古籍出版社 2003 年版，第 583 页。

② 《屠先生评释谋野集》，万历熊云滨刻本，中国国家图书馆藏、美国哈佛大学燕京图书馆藏。

③ 《屠先生评释谋野集》，万历四十四年（1616）熊稔寰刻本，北京师范大学图书馆藏。

梓"。首有屠隆撰《谋野集序》（内容同熊云滨刻本），卷尾有
"万历丙辰春正月，书林熊稔寰重梓"牌记。正文半页十行二
十一字，白口，四周单边，无鱼尾（卷二第三、四页，卷三第
十九、二十页，卷四第七、八、三十九、四十页有黑单鱼尾），
有圈点，有眉批标典故出处，字旁有音训。内容与熊云滨本完
全相同。

（4）《王百谷先生十九种》① 收录《谋野集》四卷本，万历
四十七年（1619）叶应祖刻本。首有屠隆撰《谋野集题辞》
（内容同熊云滨本）。正文半页十行二十字，白口，四周单边，
无鱼尾，有圈点，无眉批，字旁有音训注释。内容与熊云滨本
完全相同。②

（5）《屠先生评释谋野集》四卷本，明新安程德符刻本。③
首有屠隆撰《谋野集题辞》（内容同熊云滨本）、华亭冯时可撰
《谋野集序》、郁文周撰《谋野集题序》，卷尾有"新安程德符
校梓"牌记。正文卷一卷首下题"新安江发元识、太原王穉登

---

① 《王百谷集二十一种》，以《尊生齐集十六种》为基础，加其晚年所著
《越吟》《苦言》《法因》《生志》及《屠先生评释谋野集》而成。《四库禁
毁书丛刊》所录十九种，除《吴社编》《丹青志》外，其他与二十一种都
相同。参见《王百谷先生十九种》，载《四库禁毁书丛刊》集部第 175 册
（以下简称禁毁本），北京出版社 1997 年版。
② 熊云滨本有眉批，四库禁毁本无眉批。禁毁本将熊本的一部分眉批挪到
相应的文字旁边，有些直接省略。
③ 《屠先生评释谋野集》，明新安程德符刻本，中国国家图书馆藏。

撰"，半页十行二十一字，白口，四周单边，黑单鱼尾。内容与熊云滨本完全相同。

（6）《尺牍谋野集》四卷本，康熙元年（1662）蜗寄刻本。[1] 封面右侧题"王百谷先生著"，中间大字题"尺牍谋野集"，左侧小字题"兹集香薰贾马，征博义于东观；□彻笙簧，汰俚音于北鄙。久已价重鸡林，珍传鱼素矣。今本□发 先生秘本，详加注释，精付梓工。俾览者，既晓今时，复知□□，不愧行笈之宏裁。邮筒□寄□□。蜗寄主人识"。首有《谋野集题辞（凡六则）》，后署名为"康熙元年仲夏长至日客越汪淇憺漪甫题于西陵别业"。正文每卷卷首下题"太原王稺登百谷氏著、天都查相如蔚若氏定""后学汪淇憺漪甫、查望于周甫同校释"，半页八行二十五字，白口，四周双边，无鱼尾，版心下刻"蜗寄"，有圈点，无眉批。每篇尺牍后有单独评释尺牍的内容。

目前所见《谋野集》主要有以上六个版本，从文字和篇目上来看，前五个版本可以分为两个系统：一个是只有圈点无评释的郁文周玉树堂本，一个是有圈点和评释的屠隆评释本。

坊间比较流行的版本为屠隆评释系统。屠隆（1543—1605），字长卿，又字纬真，号赤水，别号由拳山人、一衲道人、蓬莱仙客，晚年又号鸿苞居士，鄞县（今属浙江）人。明

---

① 《尺牍谋野集》，康熙元年（1662）蜗寄刻本，中国国家图书馆藏。

代戏曲家、文学家。屠隆评释的王穉登《谋野集》是比较常见的版本，也是最受欢迎的版本。从篇目选择和评点注释内容来看，上述所列（2）至（5）的四个版本都属于这一系统。从屠隆评释本《评释谋野集序》来看，四卷屠评本是屠隆从玉树堂十卷本中摘录出来的缩编本，并以眉批的形式注释尺牍中涉及的典故，在文中注释深奥、不常见的字词。①

　　另外一个从表面看比较特殊的版本是康熙元年（1662）蜩寄刻本（以下简称"汪本"）。从题辞和卷目下刻"后学汪淇憺漪甫、查望于周甫同校释"来看，这一刻本是汪淇和查望共同校释的，但从篇目选择和具体校释内容来看，此本实际上是屠本的微调版。从篇目来看，蜩寄刻本选择的篇目和排序与屠本完全相同；从具体校释来看，除增加个别文字的校释以外，其余注解也基本与屠隆本一致。

　　相较于屠本，汪本《谋野集》的篇目注释情况大致可以分为四种类型：第一，与屠本完全相同，不做修改；第二，在屠本的基础上略作添加；第三，增加了一小部分屠本没有的注释；第四，屠本有的注释予以删除。对比全集来看，在汪本的注释内容中第一种类型占了绝大部分，第三种（屠本之外的添

---

① 《评释谋野集题辞》："余雅好是集（郁文周所刻《谋野集》），适二三弟子时时问难，因暇拔其尤，订为四卷。择故实注其上，奥处益以训释，令观者不烦质究，一展卷而语意豁然，无复龃龉扞格之为患。"

加）多为一些简单词语的解释，第四种情况则极少出现。由此
可见，汪本虽题为汪淇和查望共同校释的，实际上是在屠本的
基础上略作修改而成的，所以汪淇蜩寄刻本也应该是屠隆评释
系统中的一个版本。

为显示与屠隆评释系统各版本的不同，汪本在注释的形式
上做了一些调整和改变。与屠本眉批和文旁注不同，汪本采用
正文和注释分开的形式，前面为正文，文后为注释。屠本眉批
只写典故，并未标明是哪个字词的典故；有时注释的位置与原
文错开，需要读者在阅读过程中不断地在原文中查找，比较繁
复，且文旁注字体较小、排列不整齐。汪本的文后注释则先大
字写出原文字词，再以小字双行的形式书写注释内容。这样读
者在阅读时，可以更加方便、准确地找到注释在原文中的位
置，也可以更加快速地阅读、理解文章。除此之外，为方便读
者阅读、抄录，汪本在刊刻时每篇尺牍都单独成页，篇后都有
留白，方便读者书写心得。①

5.《西游证道书》一百卷，汪淇、黄周星评点，康熙二

---

① 《谋野集题辞（凡六则）》云："兹集不分甲乙，唯是任人定衡，更以连篇
累牍，观者难为简拔。故凡一篇，自为一纸，虽或数行，亦不连附。总
俾选阅之家，即可去彼取此。""兹书每篇，必余素幅，务使携之行笈，
藉在锦囊。或舟舆之所及，或听睹之攸资，遇有欣赏，即行采录，汇散
钱于一贯，缀零锦为完衣。"汪淇:《谋野集题辞（凡六则）》，载汪淇辑
《尺牍谋野集》，康熙元年（1662）蜩寄刊本。

年（1663）蜩寄刊本，中国国家图书馆藏。

现存最早的版本为康熙二年（1663）蜩寄刊本，藏于中国国家图书馆和日本内阁文库，其中日本内阁文库本由《古本小说集成》丛书影印。①

无封面，首有万历己巳翰林学士临川邵庵虞集撰《原序》②，次《丘长春真君传》，次《玄奘取经事迹》。次目录，题"新镌出像古本西游证道书目录""钟山黄太鸿笑苍子、西陵汪象旭憺漪子同笺评"，共一百回。次图十六幅，每幅图配《悟真诗》一首，每幅画与章节回目对应。配图画风、刊刻精致，在《悟彻菩提真妙理》一幅下有"念翊写"三字，故此书配图当与《吕祖全传》相同，皆为胡念翊画刻。正文题为"镌像古本西游证道书"，后署名为"西陵残梦道人汪憺漪笺评、钟山半非居士黄笑苍印证"。正文每半页九行二十五字，四周双边，无鱼尾，无行格，有圈点，版心下题"蜩寄"。

6.《历朝捷录直解》，徐士俊笺释、汪淇参订，康熙三年

---

① 《古本小说集成》本"据日本内阁文库藏清原刊本影印。第九回1、2页，第三十四回3、4页，第六十二回7、8页，第七十三回8、9页，第八十六回5、6页，均原缺。"（《古本小说集成》第三辑第117册《西游证道书》，上海古籍出版社1994年版，前言第2页。）中国国家图书馆本为全本，上述几页均保存。

② 该序系伪造，参见《古本小说集成》第3辑第117册《西游证道书》，上海古籍出版社1994年版，前言第2页。

（1664）刊本。

《历朝捷录》是明代顾充编写的史评类史书，"该书以史论夹载史事的方式，融叙事于论说之中，基本按时间顺序依次评论自西周至南宋的历代政治得失。……万历年间一经刊行，立即广为传布，更由此衍生出许多注释、评议、补编、续作之书"①，如题为钟惺等辑补的《历朝捷录增补全编》《历朝捷录直解合篇》、陈继儒的《陈眉公批点历朝捷录》、郑以伟的《标题释注历朝捷录》，等等，至今仍存三十余种，汪淇、徐士俊所编《历朝捷录直解》即为其中之一。

此书前有钟惺作《历朝捷录序》，次康熙二年（1663）徐士俊作《序》，次康熙三年（1664）汪淇作凡例，次正文。正文分上下两栏，上栏半页十六行十三字，每卷卷端题"历朝捷录直解"，下题"钱塘汪淇憺漪父参定"；下栏半页八行十七字，首卷卷端题"历朝捷录全文卷首"，下题"南楚周昌年景鹤编著，西湖徐士俊野君笺释""同学周绰清林、查望于周参订"。正文卷端题"历朝捷录全文"，"古虞顾充回澜编著，西

---

① 乔治忠：《明代史学发展的普及性潮流》，载张国刚主编《中国社会历史评论》第 4 卷，商务印书馆 2002 年版，第 449 页。

湖徐士俊野君笺释，同学陆进荩思、王晫丹麓参订"①。此书正文分上下两栏，上栏释义，下栏正文，以便读者观览。内容如凡例所言，除顾充所编《历朝捷录》以外，也"汇集诸本"将后人补编的盘古三代及明朝事收入其中，并特别注明此书与其他续作相比的独特之处在于最后补有"精纂《通鉴直解》一□（节），备极全史，详标策略"②。

汪淇在凡例中讲道，此参订本《历朝捷录直解》是自己与徐士俊"汇集诸本"而成。万历以后，《历朝捷录》的增订本甚多，达三十余种③，那么，汪淇参订本都"汇集"了哪些版本？与旧本相比，汪徐本有何异同、有何创新？关于汪淇参订本的版本渊源，我们可以按内容分五部分来考察：（1）东周至元朝（卷一至卷十一）；（2）东周前（卷首）；（3）明洪武至天启年间（卷十二）；（4）崇祯年间（卷十二）；（5）《通鉴总论》。

---

① 每卷参订人员不同：卷二骆仁埏方流、陆隽升簧，卷三邵斯扬于王、王廪殿威，卷四骆仁兆允殖、周廷璔仔曾，卷五张开元半纮、沈侑亚丙，卷六方炳文虎、张之萧仲谋，卷七沈允璧虬书、张泰殿安，卷八周垲爽惟、柳葵靖公，卷九陆信徵恂如、孙琮质声，卷十蒋汉纪波澄、胡璜锡公，卷十一胡嗣载有、陈公奕九容，卷十二婿姜璜渭叟、张元时广平。

② 汪淇：《凡例》，载徐士俊、汪淇编《历朝捷录直解》，康熙二年（1663）刊本。"精纂通鉴直解一□"最后一字因虫蛀缺字，笔者猜测可能为"节"字。

③ 乔治忠：《明代史学发展的普及性潮流》，载张国刚主编《中国社会历史评论》第4卷，商务印书馆2002年版，第449页。

由于《历朝捷录》版本较多，以下主要选取与汪淇参订本内容密切相关的李九我集评本、余飏订阅本、黄周星增订本和陈继儒汇编本四种作为对比研究的对象。

（1）东周至元朝（卷一至卷十一）

a. 李九我集评本①

此本为万历二十二年（1594）明雅堂刻本，正文题为"新镌详订注释捷录评林"，正文下题"古虞顾充详订，修撰李九我集评，书林江云明绣梓"，论东周至南宋间事，此本为万历二十二年（1594）刻本。

卷一为《东周七国后秦总论》，首句为："周自西辙转东，而王迹扫地。陵夷至于威烈之际，泯泯棼棼，么麿日甚……"

卷二为《西汉总论》，首句为："昔者秦汤方燠，四海鼎沸，山东之豪投袂而起，以逐秦鹿……"

卷三为《东汉总论》，首句为："王莽婾有神器，卯金刀绝，历载三六，天下蚁动。民之讴吟思汉非一日矣……"

…………

卷十为《南宋总论》，首句为："宋在中叶，金寇陆梁。北风沸尘，骤雨冲界。然举族虽有北辕之衅，而敷天尚同左袒之

---

① 顾充:《新镌详订注释捷录评林》[ 万历二十二年（1594）明雅堂刻本 ]，《四库禁毁书丛刊》史部第 22 册，北京出版社 1997 年版。

心。大元帅在外，元祐皇后在内，盖亦天意也……"

b. 余飐订阅本

此本藏于美国哈佛大学汉和图书馆，存封面。封面上栏小字题"皇明十五朝附纪"，右侧栏题"余赓之先生订定"，中间栏大字题"历朝捷录"，左侧栏小字题"人瑞堂藏板"。首有崇祯余飐作《历朝捷录序》，正文卷端题"历朝捷录"，下题"古虞回澜顾充编著，莆田赓之余飐订阅"，论东周至明熹宗年间事。此本记事到明熹宗为止，且记明朝事时每遇明朝皇帝庙号则换行顶格，由此来看，此本应该是明崇祯间刊本。

卷一为《东周纪》，首句为"周自西辙转东，而王迹扫地。陵夷至于威烈之际，泯泯棼棼，么磨日甚……"，后接《秦纪》《后秦纪》。

后为《西汉纪》，首句为："昔者秦汤方燠，四海鼎沸，山东之豪投袂而起，以逐秦鹿……"

后为《东汉纪》，首句为："王莽媮有神器，卯金刀绝，历载三六，天下蚁动。民之讴吟思汉非一日矣……"

…………

卷四为宋纪，《南宋纪》首句为："宋在中叶，金寇陆梁。北风沸尘，骤雨冲界。然举族虽有北辕之衅，而敷天尚同左袒之心。大元帅在外，元祐皇后在内，盖亦天意也……"

c. 黄道周增订本 [1]

卷首题"新刻订纂补注纲鉴捷录"，下题"清漳石斋黄道周增订"。正文卷端题"精刻补注评解纲鉴历朝捷录"，下题"明古虞顾充编著，临漳黄道周订阅，锦潭余元长较梓"，论三皇五帝至明熹宗年间事。后有《国朝捷录》单独分卷，专论明洪武至天启年间事，从其中用"国朝""皇明"字眼刊，此本应为崇祯年间刊本。

正文卷一以"后秦"始，首句为："周自西辙转东，而王迹扫地。陵夷至于威烈之际，泯泯棼棼，么膺日甚……"

卷二记汉朝事，首句为："昔者秦汤方燠，四海鼎沸，山东之豪投袂而起，以逐秦鹿……"

…………

卷十记南宋事，首句为："宋在中叶，金寇陆梁。北风沸尘，骤雨冲界。然举族虽有北辕之衅，而敷天尚同左祖之心。大元帅在外，元祐皇后在内，盖亦天意也……"

d. 陈继儒汇编本 [2]

总论后为正文，卷一卷端题"新镌顾回澜原板历朝捷录大

---

[1] 此本为《精刻补注评解纲鉴历朝捷录》十卷、首一卷，附《国朝捷录》四卷、《中兴伟略》一卷，日本京都大学图书馆藏。

[2] 《新镌历朝捷录增定全编大成》（明末刻本），载《四库禁毁书丛刊》史部第73册，北京出版社1997年版。

成卷一"，下题"越东回澜顾充编著，云间眉公陈继儒汇参"，此本论盘古至明熹宗年间事。卷四载明纪，下题"楚臣周昌年著，郓中臣钟惺续"，且遇明朝皇帝庙号皆换行顶格，从此来看，此本应该是崇祯年间刊本。

此卷首句为："昔者昊天有成命，下武维周。成王定鼎，以休姬德……"[①]

后接《汉朝》，首句为："昔者秦汤方燠，四海鼎沸。蜂合蚁聚，国无定臣，臣无定主……"

后接《东汉总论》，首句为："慨自汉鼎移新，卯金刀绝，历载三六，天下蚁动。原野厌人之肉，川谷流人之血。民之讴吟思汉非一日矣……"

…………

卷三有《宋朝总论下》，首句为："靖康之祸，诸夏陆沉。北风沸尘，骤雨冲界。然举族虽北辕，而敷天同左袒。英宗之曾孙、神宗之孙、道君之子、渊圣之第（弟），惟康王一人脱身危城之中，总师大河之外，此殆天意也……"

e. 汪淇参定本

正文卷一为《周秦总论》，首句为："昔者昊天有成命，下

---

① 此句以下，《汉朝》以前，当为东周和秦纪。此处原本将东周、七国、秦纪、后秦纪的目录放于卷一之前。

武维周。成王定鼎，以休姬德……"

卷二《西汉总论》，首句为："昔者秦汤方燠，四海鼎沸。蜂合蚁聚，国无定臣，臣无定主……"

卷三《东汉总论》，首句为："慨自汉鼎移新，卯金刀绝，历载三六，天下蚁动。原野厌人之肉，川谷流人之血。民之讴吟思汉非一日矣……"

…………

卷十《宋朝总论下》，首句为："靖康之祸，诸夏陆沉。北风沸尘，骤雨冲界。然举族虽北辕，而敷天同左祖。英宗之曾孙、神宗之孙、道君之子、渊圣之弟，惟康王一人脱身危城之中，总师大河之外，此殆天意也……"

对比以上五种题名与《历朝捷录》相关的版本，我们可以明显看出前三个版本对东周至南宋的记载，虽有细微差异，但从内容总体来看还是比较一致的，应属同一版本系统。目前所见大部分《历朝捷录》均属于这一版本系统，尽管各本的增订、补编、订阅者各不相同，但其内容应该皆源自同一版本，即顾充原编本。这些版本中从东周至南宋的内容应该也是顾充原编本的基本原貌。

第四个版本，即陈继儒汇编本内容虽与前三者相似，但存在一些明显的差异，如对南宋的记载（引文中加着重号处），而汪淇参订本则与陈继儒汇编本完全相同。

通过对读，我们可以发现，东周至元朝部分，汪淇参订本应该与陈继儒汇编本有直接的渊源关系。在选编时，汪淇并没有选择市场上绝大多数版本选取的顾充原编本内容，而选择了一种比较少见的版本。

（2）东周以前事（卷首）

上述几本中涉及东周以前内容的，除汪淇参订本外，另有黄道周增订本和陈继儒汇编本。

a. 黄道周增订本

卷端题"新刻订纂补注通鉴捷录卷之首"，下题"清漳石斋黄道周增订"。卷首为《三皇纪》，首句为："盘古氏一曰盘固氏，乃口太古。盖自混沌初分，天开于子，地辟于丑，人生于寅……"

后接《五帝纪》《陶唐纪》《有虞纪》《夏后氏纪》

后接《商纪》，首句为："及成汤之登帝位也，百姓乐以徜徉，坐朝堂以问道，垂衣拱而平章……"

后接《周纪》，首句为："武王运天之筹，天下而宗周。观兵孟津之界，白鱼跳入王舟……"

后接《春秋纪》，首句为："平王之东迁也，举世号为春秋。灵王庚戌之岁，天命而生孔丘……"

b. 陈继儒汇编本

此本于正文卷一前另有总论一卷，论东周以前事。[①] 此卷卷端题"新镌历朝捷录增定全编大成卷一"，下题"楚伯敬钟惺编著，云间眉公陈继儒汇参"。

《总论》首句为："天之立君以为民也，君之立极以保民也。盘古氏生于太荒，莫知其始。明天地之道，达阴阳之理，为三才首君……"[②]

后接夏《总论》，首句为："大禹念前之非度，以天下有溺为己任。决江疏河，漉沈澹灾，手足胼胝，耳目黎黑，卒成伟绩……"

后接商《总论》，首句为："有夏昏德，皇天降灾，假手有命，惟商王汤振累世之余烈，何天之休……"

后接西周《总论》，首句为："天位殷适，使不挟四方。有命既集，于周于京……"

后接东周《总论》，首句为："赫赫宗周，十有二王。檿弧箕服，实亡周国……"

后接《三皇五帝三代总论》，首句为："粤稽浑敦之先，下

---

① 此卷卷端亦题为"卷一"，仅一卷。为方便与正文卷一相区别，暂称其为"首卷"。

② 以下首句皆只抄大字正文，小字注释略去。此本有圈点，文中标点参考原本圈点。

迄春秋，皇帝王霸之变尽矣。天下万世之法鉴胥备焉……"

c. 汪淇参订本

此本首卷为总论卷。首卷卷端题"历朝捷录全文卷首"，下题"南楚周昌年景鹤编著，西湖徐士俊野君笺释""同学周绰清林、查望于周参订"。

《三皇五帝总论》，首句为："天之立君以为民也，君之立极以保民也。盘古氏生于太荒，莫知其始。明天地之道，达阴阳之理，为三才首君……"

后接《夏朝总论》，首句为："大禹念前之非度，以天下有溺为己任。决江疏河，漉沈澹灾，手足胼胝，耳目黎黑，卒成伟绩……"

后接《商朝总论》《西周总论》《东周总论》《三皇五帝三代总论》。

从东周以前内容来看，与黄本相比，汪淇参订本仍出自陈继儒汇编本。

（3）明洪武至天启年间事（卷十二）

从对元朝以前的内容选择来看，汪淇参订本与陈继儒汇编本几乎完全相同。但到明朝时，则出现了另一状况。现将几本相关内容摘抄如下：

a. 余飏订阅本

此本卷六、七为《皇明纪》，卷六卷端残缺，仅存"卷之

六""□□□都崧毓李良翰"，记洪武至正德史事；卷七卷端题
"皇明捷录卷之七"，下题"鄄中伯敬钟惺编纂"，记嘉靖至天
启史事。正文摘抄如下：

> 粤自宋祚倾移，元以北狄入（缺文）之羞。人心痛
> 愤，非一日矣。……汝颖蕲黄、红巾骚动，福通、寿辉、
> 山童之辈，一时号山啸薮。蜂屯蚁聚，割裂土宇，各据
> 一方。攻城屠邑，互相雄长。……皇太孙以长嫡嗣统，建
> 储之初，圣祖呼为半边月儿，已觇其不克终矣。第即位
> 之后，尊贤礼士，慕行古道，颁示直言，而问疾苦、赏
> 廉平、黜贪墨、赐高年、赎鬻子、减田租，尤为令政可
> 纪。仁慈宽柔，推诚待下，天下谁不悦从……

b. 黄道周增订本

此本附于《历朝捷录》之后，有封面。封面右侧栏题"李
钟两先生定本"，中间栏大字题"国朝捷录"，左侧栏题"余仁
公梓"。正文卷一卷端题"精刻补注评解纲鉴国朝捷录"，下
题"洪都崧毓李良翰编著，清漳石斋黄道周增订"；卷四下题
"鄄中伯敬钟惺编纂"。此本卷一至卷三记洪武至正德史事，卷
四记嘉靖至天启史事。正文摘抄如下：

> 粤自宋祚倾移，元以北狄入主中国。达人志士抱冠
> 履倒置之羞，人心痛愤，非一日矣。……汝颖蕲黄、红
> 巾骚动，福通、寿辉、山童之辈，一时号山啸薮。蜂屯

蚁聚，割裂土宇，各据一方。攻城屠邑，互相雄长。……皇太孙以长嫡嗣统。建储之初，圣祖呼为半边月儿，已觇其不克终矣。第即位之后，尊贤礼士，慕行古道，颁示直言，诏举隐逸。而问疾苦、赏廉平、黜贪墨、赐高年、赎鬻子、减田租，尤为令政可纪。仁慈宽柔，推诚待下，天下谁不悦从……

余飏订阅本和黄道周增订本字词上虽有细微差别，但绝大部分的内容都基本一致，两个版本应属于同一版本系统，其源头应是同一种书。

中国国家图书馆藏《新刻校正纂辑皇明我朝捷录》一书，正文卷端下题"洪都汝墟崧毓臣李良翰编著，越郡上虞回澜臣顾充校正"，记洪武至正德史事，其正文、注释内容与上述两种增订本完全相同。李良翰编著的《皇明捷录》时间仅到正德年间，而上述两种增订本也将嘉靖以后内容另置成卷，且皆题"钟惺编纂"。由此来看，应该是钟惺在李良翰《皇明捷录》的基础上，将嘉靖以后的内容补齐，成为全本《皇明捷录》（或称《国朝捷录》）。这一全本《皇明捷录》也成为明末较为流行的版本之一，余飏订阅本和黄道周增订本中关于明朝的内容应该都源自此本。

c. 陈继儒汇编本

此本于卷四《元略》后，虽未单独成卷，但另题"增订历朝捷录大成"，下题"楚臣周昌年著，郢中臣钟惺续，云间陈继儒订"。

> 自天限南北，地界华戎，开辟以来，中外截然。……
> 用是汝颖蕲黄，福通、寿辉、山童之辈，猬起蜂飞，呼
> 俦集众，几人称帝几人称王。……建文君以皇太孙嗣统，
> 即位以来，颁示直言，诏举隐逸。问疾苦、赏廉平、黜
> 贪墨、赐高年、赎鬻子、减田租，孰谓非宽仁慈厚之
> 主哉。……

此本在记洪武至正德年间内容上与余飏本和黄道周本完全不同，但嘉靖以后则相差不大。如陈本世宗开篇为："盖闻经营宇宙者，必待命世之圣君。弘济苍生者，还俟明昭之天子……"黄道周增订本为："盖闻经营宇宙者，必待命世之圣君。弘济苍生者，还俟明昭之天子……"不论正文，抑或注释，两者几乎完全相同。那么，陈继儒汇编本的版本来源如何？与上述余本、黄本有什么关系？

日本内阁文库藏《镌周景鹤增订历朝捷录全编》一书，正文卷端下题"楚景鹤周昌年著，金陵玉印周文焕藏板"，为万历间刊本。此本贞卷载明洪武至正德年间事，内容与陈继儒汇编本完全相同；而周昌年本未载的嘉靖以后内容，陈本则与上述余本和黄本相差不大，来源应该相同，且陈本于卷端下也写为周昌年著、钟惺续。因此，陈继儒汇编本中关于明朝的内

容，应该是周昌年编著本和上述钟惺补编本的合辑。

d. 汪淇参订本

此本卷十二为《明朝总论》。卷端题"历朝捷录全文卷十二"，下题"古虞顾充回澜编著，西湖徐士俊野君笺释""婿姜璜渭叟、张元时广平参订"。正文为：

> 粤自宋祚倾移，元以北狄入主中国。达人志士抱冠履倒置之羞。人心痛愤，非一日矣。……汝颖蕲黄、红巾骚动，福通、寿辉、山童之辈，一时号山啸薮。蜂屯蚁聚，割裂土宇，各据一方。攻城屠邑，互相雄长。……皇太孙以长嫡嗣统。建储之初，圣祖呼为半边月儿，已觇其不克终矣。第即位之后，尊贤礼士，慕行古道，颁示直言，诏举隐逸而问疾苦、赏廉平、黜贪墨、赐高年、赎鬻子、减田租，尤为令政可纪。仁慈宽柔，推诚待下，天下谁不悦从。……

从内容上看，汪淇参订本选择的应该是周良翰编著、钟惺补编本的内容；从具体字词的细微差异上看，汪淇本与黄道周本更为相近，两者必有很深的渊源关系，也很可能就是直接参考了这一刻本。

（4）明崇祯年间事（卷十二）

从时间断限来看，目前现存《历朝捷录》的各种版本，大致有三种：一种为东周至南宋；一种为东周至明熹宗天启年

间；一种为三皇五帝时期至明熹宗天启年间。从刊刻年代来
看，多是明万历间刊本和崇祯间刊本。目前，除汪淇参订本
《历朝捷录直解》刊于康熙年间外，很少发现有清前期的刊本。
由此推测，汪淇参订本中所记崇祯年间史事评论，可能是汪
淇、徐士俊补入其中的。并且，与此对应的上栏解释和前文相
比也大幅减少，仅有五条简短注解。这几条仅有的注解内容也
都非常简单，例如，对应正文"忠魂正士赠邮荫迁"的上栏注
解为"高攀龙赠太子邵宝、兵部尚书，……缪昌期赠詹事府詹
事，各荫一子"；对应正文"史可法等拥立福藩，开建四镇"
直至明亡两页正文的上栏注释仅有"史可法，南京兵部尚书。
福藩，名由松，思宗从兄弟也，改元弘光。四镇，黄得功、高
杰、刘泽清、梁佐""左良玉镇守武昌。重镇指黄得功""可法
守扬州，城陷而死；得功战于当涂，败而自刎"短短三句。这
与前文几乎每页都有较长的上栏注解形成鲜明对比，这一情
况的出现可能也与崇祯年间史实评论无他书可供参考有直接
关系。

（5）《通鉴总论》

明朝事纪后，又附《通鉴总论》。上栏题"通鉴总论直
解"，下题"西陵汪淇憺漪父笺释"，下栏题"通鉴总论"。此
《通鉴总论》即为宋末元初潘荣所作之文。

综上所述，汪淇、徐士俊编订的《历朝捷录直解》确是

"汇集诸本"而成，而其与陈继儒汇编本、黄道周增订本的关系最为密切：明朝以前的部分大多采用了陈继儒汇编本，明洪武至天启部分则选择了黄道周增订本的内容；崇祯部分则可能没有现成版本可供参考，大概是汪淇、徐士俊自己补入的。

7.《济阴纲目》十四卷，武之望编，汪淇笺释，康熙四年（1665）蜩寄刊本，中国国家图书馆藏。

《济阴纲目》是妇产科方面的专著。本书初刻本为万历四十八年（1620）刊的五卷本，一年后，于天启元年（1621）重印，此两本"为武氏生前刊行，存世者极少，甚为罕见。河北医科大学中医学院图书馆藏有一部，共计两函十册五卷"①。这一点从汪淇所作的凡例中也可以看出，"是书实医家之秘宝，因原板无存，世人每欲购求遗本，真如丹经仙箓，可思而不可得。今本坊重登梨枣……"②汪淇虽然在凡例中强调其重刊本"不易一字"，但从实际内容来看，与万历间所刻原板仍有一定差别。汪淇将"原来的五卷本改为十四卷本，还勘订了部分错讹，其中部分正文目次也有所调整，并且增益、删除了一些方

---

① 参见张拴成《〈济阴纲目〉的文献研究》，河北医科大学，硕士学位论文，2005 年。

② 汪淇：《济阴纲目》凡例，载《四库全书存目丛书》子部第 52 册，齐鲁书社 1997 年版，第 199 页。

药和医论"①，并增添了一千余条批注。除此之外，汪淇还在书后附《保生碎事》一卷，讲述婴幼儿的相关问题。

汪淇笺释本《济阴纲目》，首有汪淇作《济阴纲目》凡例七则，署名"康熙四年一阳月西陵憺漪子汪淇右子父题于蜎寄"，凡例版心下有"蜎寄"二字。②次《重订济阴纲目》目录，次正文。正文卷首题"关中武之望叔卿父辑著、钱塘张志聪隐庵父订正"，"西陵汪淇憺漪子笺释、天都查望于周父参阅"。③《济阴纲目》后附《保生碎事（济因慈幼外编）》一卷，卷首

① 参见张拴成《〈济阴纲目〉的文献研究》，河北医科大学，硕士学位论文，2005年。

② 有些后刻版本在凡例前有《济阴纲目序》，署名为"雍正六年（1728）汪淇题于孝友堂"，此序必为伪作。汪淇生于万历三十二（1604）年，卒于康熙七年（1668）至十年（1671）间，雍正六年必不可能作此序。另"孝友堂"是汪淇长子汪桓的书室名，汪桓生于崇祯元年（1628）以前，按照古代人的平均寿命，也不可能于雍正六年（1728）为书作序。且蜎寄原刊本并无此序，所以此序并非汪淇或汪桓所作，必为后人伪作。

③ 每卷所刻辑著、订正人员不同，笺释、参阅人相同。卷二"吴兴金德生闻风父辑著、金斗张孙振公式父订正"，卷三"关中武之望叔卿父辑著、武林汪灏洋子父订正"，卷四"吴兴金德生闻风父辑著、白岳曹启祚长胤父订正"，卷五"吴兴金德生闻风父辑著、钱塘查学淳用拙父订正"，卷六"关中武之望叔卿父辑著、武林汪之琦奇玉父订正"，卷七"关中武之望叔卿父辑著、西吴费家琰子传父订正"，卷八"关中武之望叔卿父辑著、武林何应春年文父订正"，卷九"关中武之望叔卿父辑著、武林张文亮仲嘉父订正"，卷十"关中武之望叔卿父辑著、武林徐弘衍瑶璋父订正"，卷十一"关中武之望叔卿父辑著、武林张志聪隐庵父订正"，卷十二"关中武之望叔卿父辑著、武林朱长春永年父订正"，卷十三"关中武之望叔卿父辑著、白岳赵文奎子垣父订正"，卷十四"关中武之望叔卿父辑著、武林薛芳汝楫父订正"。

刻"西陵憍漪子汪淇右子氏论定，侄汪开楚友熊氏、汪镡钟如氏同参"。

8.《增补武经集注大全》七卷，康熙十年（1671）还读斋刊本。

此书以彭继耀所刻《武经集注大全》为主要底本，略作增补而成。首有康熙十年（1671）钱登峰作《序》，次彭继耀作《武经大全纂序集注原序》，次目录，次《射谱》，次正文。[①] 目录分上下两栏。上栏为武经策问试题，增补了一些顺治十八年（1661）还读斋刊刻的《武经七书全文直解》中《武经直解开宗合参策题汇解》没有的策问问题。与《武经直解开宗合参策题汇解》不同的是，此书的策题只列问题，没有相关解释和答案。下栏为《增补武经大全》目录。目录后为《秘拟乡会两闱射谱》，分上下两栏。上栏主要写与射箭相关的技术指导，如开弓法、架箭法等；下栏为图，绘与上栏射箭技术相关的图像。版心上题"增补武经说约大全"，版心下刻"还读斋"。射谱后为正文，分上下两栏。上栏题"还读斋秘拟乡会两闱标题主意"；下栏题"增补武经集注大全"，"晋江林嗣环紫海、西陵钱登峰泰观同阅"。上栏半页十一行二十四字，小字双行同；

---

① 汪式玉编：《增补武经集注大全》，载《稀见清代四部辑刊》第 6 辑第 51、52 册，台湾经学文化事业有限公司 2015 年版。

下栏半页九行十七字，小字双行同，左右双边，黑单鱼尾，有行格。

此书除载于《稀见清代四部辑刊》之外，《周秦汉魏诸子知见书目》载日本尊经阁文库也有藏本：

> 《还读斋增补孙子集注》一卷。林嗣环，晋江人，字紫海。钱登峰，西陵人，字泰观。西元1671年，康熙十年。[存]分上、下二栏，以彭继耀《武经集注大全》为底本，加以增补参订。下栏：《增补孙子集注》，双行夹注，篇目下说明篇旨。首题："晋江林嗣环紫海，西陵钱登峰泰观同阅"。上栏：《还读斋秘拟乡会两闱标题主意》，不举彭氏主名，内容颇类《孙子醒宗》。前有康熙十年钱登峰序并彭继耀撰《武经大全纂序集注原序》。扉页题："彭蒋两先生原本，钱泰观、林紫海两先生参订"，在《增补武经集注大全》内。清康熙十年还读斋刊本（尊经阁文库藏）。①

按严灵峰的记录来看，日本尊经阁文库藏《增补武经集注大全》应该和《稀见清代四部辑刊》本为同一版本。

---

① 严灵峰编著：《周秦汉魏诸子知见书目》第4卷，台湾正中书局1979年版，第53页。

# 参考文献

## 一、古籍

1.《明史》，中华书局1974年版。

2.《明会要》，中华书局1956年版。

3.《明实录》，台湾"中央研究院"历史语言研究所1963年版。

4.《清史稿》，中华书局1977年版。

5.《清史列传》，中华书局1987年版。

6. 顺治《休宁西门汪氏宗谱》，顺治十年（1653）刊本，中国国家图书馆藏版。

7. 康熙《钱塘县志》，载《中国地方志集成·浙江府县志辑》，上海书店1993年版。

8. 雍正《浙江通志》，载《景印文渊阁四库全书》第519—526册，台湾商务印书馆2008年版。

9. 乾隆《汪氏通宗世谱》，乾隆五十二年（1787）刊本，中国国家图书馆藏版。

10. 道光《休宁县志》，载《中国地方志集成·安徽府县志辑》，江苏古籍出版社1998年版。

11. 同治《苏州府志》，载《中国地方志集成·江苏府县志辑》，上海书店1993年版。

12. 光绪《重修安徽通志》，载《中国地方志集成·省志辑》，凤凰出版社2011年版。

13. 民国《杭州府志》，载《中国地方志集成·浙江府县志辑》，上海书店1993

年版。

14.《海宁州志稿》，载《中国地方志集成·浙江府县志辑》，上海书店1993年版。

15. 胡应麟：《少室山房笔丛》，上海书店出版社2009年版。

16. 周弘祖：《古今书刻》，上海古籍出版社2005年版。

17. 陈建：《皇明通纪》，载《四库禁毁书丛刊》史部第34册，北京出版社1997年版。

18. 陈衍：《元诗纪事》，上海古籍出版社1987年版。

19. 陈枚：《襟霞阁主人重刊晚明百家尺牍写心集》，中央书店1935版。

20. 陈枚：《凭山阁留青二集》，载《四库禁毁书丛刊》集部第155册，北京出版社2000年版。

21. 陈欲：《武经七书开宗汇纂全题直解》，康熙四年（1665）武林钟振远发行，日本国立公文书馆藏。

22. 陈际泰：《已吾集》，载《四库禁毁书丛刊》集部第9册，北京出版社1997年版。

23. 陈孝逸：《痴山集》，载《四库禁毁书丛刊》集部第49册，北京出版社1997年版。

24. 程敏政：《新安文献志》，黄山书社2004年版。

25. 顾炎武：《顾炎武全集》，上海古籍出版社2011年版。

26. 顾公燮：《丹午笔记》，江苏古籍出版社1999年版。

27. 戴名世撰，王树民等编校：《戴名世遗文集》，中华书局2002年版。

28. 戴廷明、程尚宽等撰：《新安名族志》，黄山书社2004年版。

29. 戴振声、汪濂：《吴山汪王庙志略续编·宗人录》（民国二十五年刊本），载方观承撰，吴平、张智主编《中国祠墓志丛刊》第52册，广陵书社2004年版。

30. 邓志谟：《唐代吕纯阳得道飞剑记》，载《古本小说丛刊》第10辑，中华书局1990年版。

31. 邓志谟：《萨真人得道咒枣记》，载《古本小说丛刊》第10辑，中华书局

1990年版。

32．董以宁:《正谊堂文集》,载《四库未收书辑刊》第7辑第24册,北京出版社1997年版。

33．傅振商:《杜诗分类》,载《四库全书存目丛书》集部第5册,齐鲁书社1997年版。

34．范邦甸等撰,江曦等点校:《天一阁书目》,上海古籍出版社2010年版。

35．范良:《诗苑天声》,载《四库全书存目丛书补编》第38册,齐鲁书社2001年版。

36．方苞:《望溪先生全集》,载《续修四库全书》第1420册,上海古籍出版社2002年版。

37．冯梦龙辑:《智囊补编》,载《四库禁毁书丛刊》子部第135册,北京出版社1997年版。

38．冯梦龙著,韩欣主编:《名家批点冯梦龙三言》,天津古籍出版社2010年版。

39．顾充:《新镌详订注释捷录评林》,载《四库禁毁书丛刊》史部第22册,北京出版社1997年版。

40．顾充:《新镌历朝捷录增定全编大成》,载《四库禁毁书丛刊》史部第73册,北京出版社1997年版。

41．顾充:《精刻补注评解纲鉴历朝捷录》,明末刊本,日本京都大学图书馆藏。

42．顾充:《历朝捷录》,明末刊本,美国哈佛大学汉和图书馆藏。

43．张文介:《广列仙传》,载《藏外道书》第18册,巴蜀书社1992年版。

44．归有光:《震川先生集》,载《景印文渊阁四库全书》第1289册,台湾商务印书馆2008年版。

45．海瑞撰,陈义钟编校:《海瑞集》,中华书局1981年版。

46．洪应明:《仙佛奇踪》,载萧天石编辑《道藏精华》第24册,台湾自由出版社1992年版。

47．胡应麟:《少室山房笔丛》,中华书局1958年版。

48. 黄丕烈著，潘祖荫辑，周少川点校：《士礼居藏书题跋记》，书目文献出版社1989年版。

49. 黄周星：《夏为堂别集》，载《清代诗文集汇编》第37册，上海古籍出版社2010年版。

50. 黄容、王维翰：《尺牍兰言》，康熙二十年（1681）刻本，北京大学图书馆藏。

51. 黄宪臣：《武经开宗》，芙蓉馆梓行，日本国立公文书馆藏。

52. 洪迈：《夷坚志》，中华书局1981年版。

53. 金声：《金正希先生文集辑略》，载《四库禁毁书丛刊》集部第50册，北京出版社1997年版。

54. 金声：《金正希先生燕诒阁集》，载《四库禁毁书丛刊》集部第85册，北京出版社1997年版。

55. 李陈玉：《退思堂集》，据汉学研究中心明人文集联合目录与篇名索引资料库。

56. 李良翰：《新刻校正纂辑皇明我朝捷录》，万历间刊本，中国国家图书馆藏。

57. 李诩撰，魏连科点校：《戒庵老人漫笔》，中华书局1982年版。

58. 李渔：《尺牍初征》，载《四库禁毁书丛刊》第153册，北京出版社1997年版。

59. 李渔：《十二楼·连城璧》，华夏出版社2015年版。

60. 凌濛初编著：《初刻拍案惊奇》，珠海出版社2008年版。

61. 凌濛初原著，即空观主人评点，韩欣整理：《即空观主人批点二拍》下卷，天津古籍出版社2010年版。

62. 凌稚隆：《增定史记纂》，明万历间刊本，北京师范大学图书馆藏。

63. 刘锦藻：《清朝续文献通考》，浙江古籍出版社2000年版。

64. 刘寅：《武经七书直解》，载《中国兵书集成》第10—11册，解放军出版社1990年版。

65. 吕留良著，徐正等点校：《吕留良诗文集》，浙江古籍出版社2011年版。

66. 《吕祖志》，载《道藏》第36册，上海书店1988年版。

67. 陆云龙：《魏忠贤小说斥奸书》，载侯忠义主编《明代小说辑刊》第1辑，巴蜀书社1993年版。

68．陆云龙：《清夜钟》，载《古本小说集成》第4辑第13册，上海古籍出版社1994年版。

69．陆游撰，李剑雄、刘德权点校：《老学庵笔记》，中华书局1979年版。

70．鲁重民辑：《经史子集合纂类语》，载《四库禁毁书丛刊》子部第20—21册，北京出版社1997年版。

71．毛先舒：《思古堂集》，载《四库全书存目丛书》集部第210册，齐鲁书社1997年版。

72．毛先舒辑：《西陵十子诗选》，顺治七年（1650）辉山堂刻本，上海图书馆藏。

73．苗善时：《纯阳帝君神化妙通纪》，载《道藏》第5册，上海书店1988年版。

74．缪荃孙：《艺风堂文集》，载《续修四库全书》第1574册，上海古籍出版社2002年版。

75．莫友芝撰，傅增湘订补：《藏园订补郘亭知见传本书目》，中华书局2009年版。

76．钱泰吉：《曝书杂记》，载《续修四库全书》第926册，上海古籍出版社2002年版。

77．钱林：《文献征存录》，载《续修四库全书》第540册，上海古籍出版社2002年版。

78．钱谦益：《列朝诗集小传》，上海古籍出版社1983年版。

79．恭阿拉：《钦定学政全书》，载《续修四库全书》第828册，上海古籍出版社2002年版。

80．沈崟：《谭友夏钟伯敬先生批评绾春园传奇》，载《哈佛燕京图书馆藏齐如山小说戏曲文献汇刊》第50册，国家图书馆出版社2011年版。

81．谭元春：《新刻谭友夏合集》，载《四库全书存目丛书》集部第191—192册，齐鲁书社1997年版。

82．王德宜：《语凤巢吟稿》，载江晓敏主编《南开大学图书馆藏稀见清人别集丛刊》7，广西师范大学出版社2010年版。

83．王铎：《拟山园选集》，载《四库禁毁书丛刊》集部第87—88册，北京出版社1997年版。

84．王国平主编：《杭州文献集成》，杭州出版社2014年版。

85．王世茂等：《汇辑诸名公绣句四六鸳鸯谱》，载《四库禁毁书丛刊补编》第39册，北京出版社2005年版。

86．王世贞：《弇州山人续稿》，载《文渊阁四库全书》第1284册，上海古籍出版社2003年版。

87．王士禛著，袁世硕主编：《王士禛全集》，齐鲁书社2007年版。

88．汪惟宪：《积山先生遗集》，载《四库未收书辑刊》九辑26册，北京出版社1997年版。

89．王英志主编：《清代闺秀诗话丛刊》，凤凰出版社2010年版。

90．王穉登著，屠隆评释：《屠先生评释谋野集》，万历熊云滨刻本，中国国家图书馆藏。

91．王穉登著，屠隆评释：《屠先生评释谋野集》，万历四十四年（1616）熊稔寰刻本，北京师范大学图书馆藏。

92．王穉登著，屠隆评释：《屠先生评释谋野集》，明新安程德符刻本，中国国家图书馆藏。

93．王穉登：《王百谷集十九种》，载《四库禁毁书丛刊》集部第175册，北京出版社1997年版。

94．汪云鹏：《列仙全传》，载《藏外道书》第18册，巴蜀书社1992年版。

95．温睿临：《南疆逸史》，载《续修四库全书》第332册，上海古籍出版社2002年版。

96．吴元泰：《八仙出处东游记》，载《古本小说集成》第1辑，上海古籍出版社1991年版。

97．吴敬梓著，陈美林批点：《陈批儒林外史》，商务印书馆2014年版。

98．徐士俊：《雁楼集》，载《清代诗文集汇编》第17册，上海古籍出版社2010年版。

99. 徐师曾:《文体明辨》,载《四库全书存目丛书》集部第310—311册,齐鲁书社1997年版。

100. 徐师曾辑,沈芬、沈骐笺注:《诗体明辨》,崇祯十三年(1640)刻本,中国国家图书馆藏。

101. 严首升:《濑园文集》,载《四库禁毁书丛刊》集部第147册,北京出版社1997年版。

102. 叶德辉著,李庆西标校:《书林清话》,复旦大学出版社2008年版。

103. 纪昀:《四库全书总目提要》,河北人民出版社2000年版。

104. 阮元:《两浙辀轩录》,浙江古籍出版社2012年版。

105. 赵道一:《历世真仙体道通鉴》,载《道藏》第5册,上海书店1988年版。

106. 赵吉士:《寄园寄所寄》,载《续四库全书存》第1197册,上海古籍出版社2002年版。

107. 俞正燮:《癸巳存稿》,载《续修四库全书》第1160册,上海古籍出版社2002年版。

108. 张伯行:《正谊堂文集》,载《四库全书存目丛书》第254册,齐鲁书社1997年版。

109. 张居正、翁鸿业:《武经直解》,崇祯十年(1637)豹变斋藏板刊本,日本国立公文书馆藏。

110. 张泰交:《受祜堂集》,载《四库禁毁书丛刊》集部第53册,北京出版社1997年版。

111. 张云璈:《简松草堂诗文集》,载《清代诗文集汇编》第421—422册,上海古籍出版社2010年版。

112. 张之洞撰,范希曾补正:《书目答问补正》,上海古籍出版社2011年版。

113. 张竹坡:《竹坡闲话》,载方铭编《金瓶梅资料汇录》,黄山书社1986年版。

114. 郑之珍:《新编目连救母劝善戏文》,载《续修四库全书》第1774册,上海古籍出版社2002年版。

115．钟惺辑：《通纪纂》，清初刻本，北京师范大学图书馆藏。

116．钟惺撰：《诗经备考》，载《四库禁毁书丛刊》经部第67册，北京出版社1997年版。

117．钟惺辑：《通鉴纂》，载《四库禁毁书丛刊》史部第74册，北京出版社1997年版。

118．周昌年：《镌周景鹤增订历朝捷录全编》，万历间刊本，日本内阁文库藏。

119．周弘祖：《古今书刻》，上海古籍出版社2005年版。

120．周亮工：《尺牍新钞》，载《四库禁毁书丛刊》集部第36册，北京出版社1997年版。

121．周亮工：《赖古堂集》，上海古籍出版社1979年版。

122．周清源著，刘耀林、徐元校注：《西湖二集》，浙江人民出版社1981年版。

123．卓发之：《漉篱集》，载《四库禁毁书丛刊》集部第107册，北京出版社1997年版。

124．卓尔堪编，萧和陶点校：《遗民诗》，华东师范大学出版社2013年版。

125．曾异撰：《纺授堂集》，载《四库禁毁书丛刊》集部第163册，北京出版社1997年版。

126．中国社会科学院编：《明代通俗日用类书集刊》，西南师范大学出版、东方出版社2011年版。

# 二、古籍目录索引

1．《国家图书馆普通古籍总目》，图书馆出版社2008年版。

2．《湖北省图书馆藏古籍善本图录》，北京图书馆出版社2004年版。

3．杨廷福、杨同甫编：《清人室名别称字号索引》（增补本），上海古籍出版社2001年版。

4.《中国丛书综录》，上海古籍出版社1992年版。

5.《中国古籍善本总目》，线装书局2005年版。

6.《中国中医古籍总目》，上海辞书出版社2007年版。

7.《中国古籍总目》，中华书局、上海古籍出版社2009年版。

8.《中国古籍善本书目索引》，上海古籍出版社2009年版。

9. 倪晓健主编：《首都图书馆古籍善本书目》，国家图书馆出版社2011年版。

10.（日）《尊经阁文库汉籍分类目录》，（东京）精兴社1935版。

11.（日）《增补东洋文库汉籍丛书分类目录》，（东京）东洋文库1965年版。

12.（日）《内阁文库汉籍分类目录》，台湾进学书局1970年版。

## 三、著作

1. 曹之：《中国古代图书史》，武汉大学出版社2015年版。

2. 曹之：《中国古籍版本学》，武汉大学出版社2015年版。

3. 曹之：《中国古籍编撰史》（第二版），武汉大学出版社2015年版。

4. 陈宝良：《明代儒学生员与地方社会》，中国社会科学出版社2005年版。

5. 陈大康：《明代小说史》，人民文学出版社2007年版。

6. 程国赋：《明代书坊与小说研究》，中华书局2008年版。

7. 大连图书馆参考部编：《明清小说序跋选》，春风文艺出版社1983年版。

8. 党芳莉：《八仙信仰与文学研究》，黑龙江人民出版社2006年版。

9. 邓绍基主编：《中国古代戏曲文学辞典》，人民文学出版社2004年版。

10. 丁锡根：《中国历代小说序跋集》，人民文学出版社1996年版。

11. 杜信孚：《明代版刻综录》，江苏广陵古籍刻印社1983年版。

12. 杜信孚：《清代版刻综录》，江苏广陵古籍刻印社1983年版。

13. 杜信孚、杜同书：《全明分省分县刻书考》，线装书局2001年版。

14. 杜信孚、杜同书：《全清分省分县刻书考》，线装书局2008年版。

15. 范金民：《赋税甲天下：明清江南社会经济探析》，生活·读书·新知三联书店2013年版。

16. 范金民、胡阿祥主编：《江南地域文化的历史演进文集》，生活·读书·新知三联书店2013年版。

17. 范金民：《国计民生：明清社会经济研究》，福建人民出版社2008年版。

18. 范金民：《江南社会经济研究》，中国农业出版社2006年版。

19. 冯惠民、李万健选编：《明代书目题跋丛刊》，书目文献出版社1994年版。

20. 傅衣凌：《明清社会经济史论文集》，中华书局2008年版。

21. 傅璇琮主编：《中国古代诗文名著提要（汉唐五代卷）》，河北教育出版社2009年版。

22. 顾克勇：《书坊主作家陆云龙兄弟研究》，中国社会科学出版社2010年版。

23. 郭孟良：《晚明商业出版》，中国书籍出版社2011年版。

24. 郭培贵：《明史选举志考论》，中华书局2006年版。

25. 何朝晖：《晚明士人与商业出版》，上海古籍出版社2019年版。

26. 黄果泉：《雅俗之间：李渔的文化人格与文学思想研究》，中国社会科学出版社2004年版。

27. 黄镇伟：《坊刻本》，江苏古籍出版社2002年版。

28. 吉少甫：《中国出版简史》，学林出版社1991年版。

29. 江澄波、杜信孚、杜永康：《江苏刻书》，江苏人民出版社1993年版。

30. 江苏省社会科学院明清小说研究中心编：《中国通俗小说总目提要》，中国文联出版公司1990年版。

31. 柯愈春：《清人诗文集总目提要》，北京古籍出版社2001年版。

32. 李琪：《现代图书编辑学》，湖南师范大学出版社2008年版。

33. 李清志：《古书版本鉴定研究》，文史哲出版社1986年版。

34. 李瑞良：《中国古代图书流通史》，上海人民出版社2000年版。

35．李致忠:《历代刻书考述》,巴蜀书社1989年版。

36．刘海峰:《科举制的终结与科举学的兴起》,华中师范大学出版社2006年版。

37．刘海峰:《科举学导论》,华中师范大学出版社2005年版。

38．刘尚恒:《徽州刻书与藏书》,广陵书社2003年版。

39．缪咏禾:《明代出版史稿》,江苏人民出版社2000年版。

40．缪咏禾:《中国出版通史·明代卷》,中国书籍出版社2008年版。

41．钱茂伟:《国家、科举与社会:明代科举的录取率》,北京图书馆出版社2004年版。

42．戚福康:《中国古代书坊研究》,商务印书馆2007年版。

43．瞿冕良:《中国古籍版刻辞典》(增订版),苏州大学出版社2009年版。

44．沈津:《美国哈佛大学哈佛燕京图书馆藏中文善本书志》,广西师范大学出版社2011年版。

45．石昌渝:《中国古代小说总目(白话卷)》,山西教育出版社2004年版。

46．宋原放:《中国出版史料·古代部分》,湖北教育出版社2004年版。

47．孙殿起:《贩书偶记》,上海古籍出版社1982年版。

48．孙殿起:《琉璃厂小志》,北京古籍出版社2000年版。

49．谭帆:《中国小说评点研究》,华东师范大学出版社2001年版。

50．万明主编:《晚明社会变迁问题与研究》,商务印书馆2005年版。

51．王彬:《清代禁书总述》,中国书店1999年版。

52．汪家熔:《中国出版通史·清代卷(下)》,中国书籍出版社2008年版。

53．王重民:《中国善本书提要补编》,北京图书馆出版社1991年版。

54．王重民:《中国善本书提要》,上海古籍出版社1983年版。

55．隗静秋:《浙江出版史话》,浙江工商大学出版社2013年版。

56．文革红:《清代前期通俗小说刊刻考论》,江西人民出版社2008年版。

57．巫仁恕:《优游坊厢:明清江南城市的休闲消费与空间变迁》,中华书局2017年版。

58．巫仁恕：《品味奢华：晚明的消费社会与士大夫》，中华书局2008年版。

59．吴光正：《中国古代小说的原型与母题》，社会科学文献出版社2002年版。

60．吴光正：《八仙故事系统考论 —— 内丹道宗教神话的构建及其流变》，中华书局2006年版。

61．吴蕙芳：《万宝全书：明清时期的民间生活实录》，台湾花木兰文化出版社2012年版。

62．吴仁安：《明清时期上海地区的著姓望族》，上海人民出版社1997年版。

63．肖东发主编：《中国编辑出版史》，辽海出版社2002年版。

64．谢国桢：《明清之际党社运动考》，中华书局1982年版。

65．谢水顺、李珽：《福建古代刻书》，福建人民出版社1997年版。

66．徐学林：《徽州刻书》，安徽人民出版社2005年版。

67．严灵峰：《周秦汉魏诸子知见书目》，中华书局1993年版。

68．严灵峰：《书目类编》，台北成文出版社有限公司1978年版。

69．严绍璗：《日藏汉籍善本书录》，中华书局2007年版。

70．严绍璗：《汉籍在日本的流布研究》，江苏古籍出版社1992年版。

71．杨丽莹：《扫叶山房史研究》，复旦大学出版社2013年版。

72．杨琳：《清初小说与士人文化心态》，社会科学文献出版社2017年版。

73．杨绳信：《中国版刻综录》，陕西人民出版社1987年版。

74．杨念群：《何处是"江南"：清朝正统观的确立与士林精神世界的变异》（增订版），生活·读书·新知三联书店2017年版。

75．杨正泰校注：《天下水陆路程 天下路程图引 客商一览醒迷》，山西人民出版社1992年版。

76．杨正泰：《明代驿站考（增订本））》，上海古籍出版社2006年版。

77．于汝波：《孙子兵法研究史》，军事科学出版社2001年版。

78．张成全：《李渔研究》，中国社会科学出版社2017年版。

79．张升：《历史文献学》，北京师范大学出版社2016年版。

80．张升:《四库全书馆研究》,北京师范大学出版社2012年版。

81．张显清:《明代后期社会转型研究》,中国社会科学出版社2008年版。

82．张献忠:《从精英文化到大众传播:晚明商业出版研究》,广西师范大学出版社2015年版。

83．张秀民著,韩琦增订:《中国印刷史》(插图珍藏增订版),浙江古籍出版社2006年版。

84．赵毅、刘晓东:《晚明基层士人社会生活谫论》,吉林人民出版社2006年版。

85．郑如斯、肖东发:《中国书史》,书目文献出版社1987年版。

86．郑士德:《中国图书发行史》(增订本),中国时代经济出版社2009年版。

87．郑振铎:《劫中得书记》,上海古籍出版社2006年版。

88．郑振铎:《西谛书话》,生活·读书·新知三联书店1983年版。

89．周榆华:《晚明文人以文治生研究》,广东高等教育出版社2011年版。

90．[美]包筠雅:《文化贸易——清代至民国时期四堡的书籍交易》,刘永华等译,北京大学出版社2015年版。

91．[英]戴维·芬克尔斯坦、阿利斯泰尔·麦克利里:《书史导论》,何朝晖译,商务印书馆2012年版。

92．[美] Kai-wing Chow : *Publishing*, *Culture and Power in early modern china*, Stanford University Press, 2007.

93．[日]大木康著:《明末江南的出版文化》,周保雄译,上海古籍出版社2014年版。

94．[法]戴廷杰:《戴名世年谱》,中华书局2004年版。

95．[法]费夫贺、马尔坦:《印刷书的诞生》,李鸿志译,广西师范大学出版社2006年版。

96．[日]井上进:《中国出版文化史》,李俄宪译,华中师范大学出版社2015年版。

97．[日]森正夫、野口铁郎、滨岛敦俊等编:《明清时代史的基本问题》,周绍泉、栾城显等译，商务印书馆2013年版。

98.［日］寺田隆信:《山西商人研究》，张正明等译，山西人民出版社1986年版。

99.［美］张春树、骆雪伦:《明清时代之社会经济巨变与新文化 —— 李渔时代的社会与文化及其"现代性"》，王湘云译，上海古籍出版社2008年版。

100.［美］周绍明:《书籍的社会史：中华帝国晚期的书籍与士人文化》，何朝晖译，北京大学出版社2009年版。

# 四、论文

1. 阿风:《〈新安志〉的史源考察》，《安徽大学学报（哲学社会科学版）》2017年第2期。

2. 曹炳建:《〈西游证道书〉评点文字探考》（上），《淮海工学院学报（社会科学版）》2006年第1期。

3. 曹炳建:《〈西游证道书〉评点文字探考》（下），《淮海工学院学报（社会科学版）》2006年第2期。

4. 陈恩虎:《刻书家汪淇生平考》，《文献》2005年第3期。

5. 陈大康:《熊大木现象：古代通俗小说传播模式及其意义》，《文学遗产》2000年第2期。

6. 陈昭珍:《明代书坊之研究》，《古典文献研究辑刊》第七编第一册，台湾花木兰文化出版社2008年版。

7. 程国赋:《明代坊刊小说稿源研究》，《文学评论》2007年第3期。

8. 方彦寿:《建阳刘氏刻书考（上）》，《文献》1988年第2期。

9. 方彦寿:《建阳刘氏刻书考（下）》，《文献》1988年第3期。

10. 方彦寿:《建阳书坊接受官私方委托刊印之书》，《文献》2002年第3期。

11. 高磊:《论清人编宋诗选本的稿源多样性》,《内蒙古大学学报(哲学社会科学版)》2012年第2期。

12. 郭孟良、张继红:《明清商书的出版传播学考察》,《编辑之友》2009年第10期。

13. 郭培贵:《明代科举各级考试的规模及其录取率》,《史学月刊》2006年第12期。

14. 何朝晖:《对象、问题与方法:中国古代出版史研究的范式转换》,《中国出版史研究》2017年第2期。

15. 何朝晖:《中西比较视域下的中国古代书籍史研究》,《大学图书馆学报》2020年第1期。

16. 何朝晖:《包筠雅教授访谈 —— 关于欧美的中国书籍史研究动态、趋势与方法》,《中国出版史研究》2020年第3期。

17. 何朝晖:《以全球视野开展出版史研究》,《现代出版》2021年第3期。

18. 黄辉:《新安医药学家汪昂(一)》,《中医药临床杂志》2010年第10期。

19. 黄辉:《新安医药学家汪昂(三)》,《中医药临床杂志》2011年第2期。

20. 黄琴霞:《明清书籍版面艺术形式的美学特征》,《华南理工大学学报(社会科学版)》2014年第4期。

21. 纪德君:《书坊主编创与明清通俗小说类型的生成》,《明清小说研究》2012年第4期。

22. 蒋寅:《清诗话的写作方式及社会功能》,《文学评论》2007年第1期。

23. 蒋寅:《论清代诗文集的类型、特征及文献价值》,《河北师范大学学报(哲学社会科学版)》2004年第1期。

24. 廖华、程国赋:《明清坊刻戏曲稿源及其编辑研究》,《北京社会科学》2015年第4期。

25. 李鹏:《略说巾箱本》,《文史知识》2010年第8期。

26. 李伯重:《明清江南的出版印刷业》,《中国经济史研究》2001年第3期。

27. 李慧、张祝平：《〈西游证道书〉插图、图赞源流考》，《语文学刊》2015年第21期。

28. 李蕊芹：《再论"李评本"与〈西游证道书〉评点的宗教归属问题》，《中华文化论坛》2012年第1期。

29. 李啸非：《书商的面具：〈人镜阳秋〉与汪廷讷的出版事业》，《美术研究》2016年第4期。

30. 李亚力：《李渔与翼圣堂、芥子园书坊关系考辨》，《文献》2011年第1期。

31. 林子雄：《明清广东书坊述略》，《图书馆论坛》2009年第6期。

32. 刘全波：《论明代日用类书的出版》，《山东图书馆学刊》2014年第5期。

33. 刘云：《清代宁波书坊刻书考》，《兰台世界》2013年第11期。

34. 刘申宁：《历代〈孙子兵法〉著述版本标注》，《军事历史研究》1992年第3期。

35. 刘晓东：《世俗人生：儒家经典生活的窘境与晚明士人社会角色的转化》，《西南师范大学学报（人文社会科学版）》2001年第5期。

36. 刘晓东：《"地位相悖"与"身份悬浮"——生存状态视角下的明代士人社会地位刍议》，《社会科学战线》2003年第2期。

37. 刘晓东：《论明代士人的"异业治生"》，《史学月刊》，2007年第8期。

38. 刘晓东：《"弃儒从商"与"以文营商"——晚明士人生计模式的转换及其评析》，《社会科学辑刊》2011年第3期。

39. 马明达：《中国古代射书考》，《暨南史学》第二辑，2003年第1期。

40. 潘务正：《法式善〈同馆赋钞〉与清代翰林院律赋考试》，《南京大学学报（哲学·人文科学、社会科学）》2006年第4期。

41. 潘文年：《清代中前期的民间刻书及其文化贡献》，《安徽大学学报（哲学社会科学版）》2008年第2期。

42. 戚福康：《论明清苏州的坊刻》，《南昌师范学院学报（社会科学）》2014年第4期。

43. 唐力行：《从杭州的徽商看商人组织向血缘化的回归——以抗战前夕杭州

汪王庙为例论国家、民间社团、商人的互动与社会变迁》,《学术月刊》2004
年第5期。

44. 任利荣:《清代北方家族商业出版探究 —— 以山东聊城叶氏家族为中心》,
《山东图书馆学刊》2015年第3期。

45. 魏金玉:《介绍一商业书抄本》,《安徽师大学报（哲学社会科学版）》1991
年第1期。

46. 王辉斌:《憺漪子是黄周星吗？为〈西游证道书〉批评者正名》,《四川文
理学院学报》2013年第1期.

47. 王斌辉:《〈西游记〉祖本新探》,《宁夏大学学报（社会科学版）》1993年
第4期。

48. 王汉民:《八仙小说的渊源暨嬗变》,《明清小说研究》1999年第3期。

49. 王日根:《〈汉阳会馆题名匾录〉的社会史价值》,《鉴古知今的教育史研
究 —— 第六届"两岸四地"教育史论坛文集》,厦门大学出版社，2014年。

50. 王裕明:《〈西游证道书〉成书年代考》,《明清小说研究》2004年第4期。

51. 文革红:《汪淇"蜩寄"及其所刻书籍考》,《文献》2006年第3期。

52. 吴圣昔:《"大略堂〈释厄传〉古本"之谜试解》,《明清小说研究》1992年
第Z1期。

53. 吴圣昔:《〈西游证道书〉撰者考辨》,《明清小说研究》1997年第2期。

54. 吴圣昔:《〈西游证道书〉杂考二题》,《文教资料》1995年第2期。

55. 肖东发:《建阳余氏刻书考略（上）》,《文献》1984年第3期。

56. 肖东发:《建阳余氏刻书考略（中）》,《文献》1984年第4期。

57. 肖东发:《建阳余氏刻书考略（下）》,《文献》1985年第1期。

58. 肖东发:《坊刻的特点及贡献 —— 中国古代出版印刷史专论之四》,《编
辑之友》1990年第5期。

59. 许振东:《17世纪小说书坊主周文炜及其家族刻书活动》,《南开学报（哲
学社会科学版）》2013年第5期。

60．许振东、宋占茹：《明代金陵周氏家族刻书成员与书坊考述》，《河北大学学报（哲学社会科学版）》2011年第2期。

61．杨军：《明代江南民间书坊兴盛的社会背景透析》，《图书与情报》2006年第5期。

62．袁逸：《古代的征文征稿》，《教师博览》2000年第11期。

63．张升：《从〈江南征书文牍〉看清朝国史馆征书》，《史学史研究》2008年第3期。

64．张升：《晚明清初江南征稿之风初探》，《历史文献研究（总第28辑）》2009年10月1日。

65．张升：《新书籍史对古文献学研究的启示》，《廊坊师范学院学报（社会科学版）》2013年第2期。

66．张升、张舰戈、周天爽：《论题：明清民间社会的"书籍之交"》，《历史教学问题》2015年第4期。

67．张莹：《〈西游证道书〉评点者辨析》，《文艺评论》2014年第12期。

68．张莹：《〈西游证道书〉考辨二则》，《图书馆学研究》2016年第5期。

69．张伯春、田淼、刘蔷：《〈远西奇器图说录最〉与〈新制诸器图说〉版本之流变》，《中国科技史杂志》2006年第2期。

70．张海英：《明清水陆行程书的影响与传承 —— 以〈一统路程图记〉等三书为中心》，《明清论丛》2015年第1期。

71．张献忠：《明代杭州商业出版述略》，《北京联合大学学报（人文社会科学版）》2013年第4期。

72．张献忠：《文社、书坊与话语权力 —— 晚明商业出版与公共空间的兴起》，《学术研究》2015年第9期。

73．张献忠：《从出版史到书籍的社会史 —— 明代商业出版研究评述》，《中国史研究动态》2017年第2期。

74．张志强：《海外中国出版史研究概述》，《中国出版》2006年第12期。

75．郑艳玲:《〈缩春园传奇〉及其评点》,《四川戏剧》2016年第8期。

76．郑志良:《论苏元俊和他的〈吕真人黄粱梦境记〉》,《艺术百家》2004年第4期。

77．赵益:《从文献史、书籍史到文献文化史》,《南京大学学报(哲学·人文科学·社会科学版)》2013年第3期。

78．周录祥:《明湖州出版家凌稚隆辑著文献考》,《湖州师范学院学报》2009年第6期。

79．竺洪波:《论〈西游证道书〉的艺术修补》,《上海师范大学学报(哲学社会科学版)》2002年第2期。

80．[美]梅尔清著,刘宗灵等译:《印刷的世界:书籍、出版文化和中华帝国晚期的社会》,《史林》2008年第4期。

81．[美]魏爱莲著,刘裘蒂译:《十七世纪中国才女的书信世界》,《中外文学》1993年第6期。

82．[美]Ellen Widmer(魏爱莲),"The Huanduzhai of Hangzhou and Suzhou: A Study in Seventeenth Century Publishing", *Harvard Journal of Asiatic Studies*, Vol.56, No.1, 1996.

83．[日]笠井直美:《吴郡宝翰楼书目》,《东洋文化研究所纪要》第164册,2013年12月。

84．[日]笠井直美:《吴郡宝翰楼初探》,《古今论衡》2017年5月第27期。

85．[新加坡]沈俊平:《清代坊刻四书应举用书探析》,《武汉大学学报(人文科学版)》2012年第5期。

86．蔡燕梅:《康熙时期明末清初尺牍总集编选研究》,硕士学位论文,复旦大学,2012年。

87．冯伟:《清代北京琉璃厂刻书研究》,硕士学位论文,北京印刷学院,2009年。

88．顾克勇:《陆云龙、陆人龙兄弟文学研究》,博士学位论文,浙江大学,2004年。

89. 郭宝光：《清初淮安山阳望社研究》，博士学位论文，苏州大学，2013年。

90. 韩春平：《传统与变迁：明清时期南京通俗小说创作与刊刻研究》，博士学位论文，暨南大学，2008年。

91. 黄晶：《清代江浙刻印医书研究》，硕士学位论文，中国中医科学院，2008年。

92. 黄明光：《明代科举制度研究》，博士学位论文，浙江大学，2005年。

93. 胡正伟：《黄周星研究》，硕士学位论文，南京师范大学，2003年。

94. 江凌：《清代两湖地区的出版业》，博士学位论文，华中师范大学，2008。

95. 唐桂艳：《清代山东刻书史》，博士学位论文，山东大学，2011年。

96. 沈冬丽：《17世纪末—19世纪初苏州书坊刻书——以书业堂、扫叶山房为中心》，硕士学位论文，复旦大学，2009年。

97. 单光亮：《余象斗小说创作研究》，硕士学位论文，暨南大学，2006年。

98. 孙文杰：《清代图书市场研究》，博士学位论文，武汉大学，2010年。

99. 王海刚：《明代书业广告研究》，博士学位论文，武汉大学，2009年。

100. 王涛锴：《西湖梦寻：17世纪杭州士人的社会网络与文化生活》，博士学位论文，南开大学，2012年。

101. 王军明：《清代小说序跋研究》，博士学位论文，山东大学，2014年。

102. 王西明：《清朝文字狱中的避讳研究》，硕士学位论文，山东大学，2015年。

103. 王言锋：《中国十六—十八世纪社会心理变迁与白话短篇小说之兴衰》，博士学位论义，上海师范人学，2003年。

104. 魏梅：《社会变迁与宗族扩展——明清时期休宁西门汪氏宗族研究》，博士学位论文，安徽大学，2009年。

105. 文革红：《从传播学的角度考察清初通俗小说的发展》，博士学位论文，复旦大学，2006年。

106. 吴东珩：《明代中后期江南地区坊刻图书的传播研究》，硕士学位论文，华东师范大学，2010年。

107. 伍珉松：《明末清初小说家汪淇研究》，硕士学位论文，四川师范大学，

2012年。

108．尹玲玲：《清人选明诗总集研究》，博士学位论文，苏州大学，2012年。

109．张月欣：《徐士俊研究》，硕士学位论文，浙江师范大学，2015年。

110．张婷婷：《明代翰林馆课卷研究》，博士学位论文，南开大学，2014年。

111．张拴成：《〈济阴纲目〉的文献研究》，硕士学位论文，河北医科大学，2005年。

112．赵林平：《晚明坊刻戏曲研究》，博士学位论文，扬州大学，2014年。

# 致　谢

时光如白驹过隙，转瞬即逝，但美好的事物总会独留于记忆深处，难以忘怀。人生的道路，只有走过，才会备感珍惜。在此书即将出版之际，谨向我的老师们表示感谢。

感谢我的硕士导师游彪教授。游老师在我受到质疑、丧失信心时，对我"另眼相看"，真正将我领入史学之门。游老师推诚相见的性格也一直深深影响着我。

感谢我的博士导师张升教授。不仅在学术上给了我极大的指导和帮助，张老师温文尔雅的性格也极大地包容着一个年轻人偶尔的焦躁不安和一意孤行。

感谢我的博士后合作导师阿风教授。阿风老师悉心指导我走出学术瓶颈，从基础开始耐心引导我开拓新的研究方向。老师温和宽厚的性格也让我在稍显严肃和枯燥的学术研究中如沐春风。

感谢老师们的"收留"和耐心教导。他们如一缕阳光，温暖人心，驱散了冬日黎明的黑暗和寒冷。学术一如人生，由无数个白昼与黑夜交织而成。在那幽谧的暗夜里，我的老师们就像一座座灯塔，为我点亮黑夜，驱散恐惧；为我指引方向，找到出口。

同样，感谢我可爱的益友。我们一起欢歌笑语，吐槽八卦，让这稍显枯燥的学术道路上充满欢乐。

最后，感谢我的家人。他们如生活中的白开水一般，平淡无味，却溶入血液，贯穿生命，是我所有力量的源泉。

在这波涛汹涌的学海中，有导师做灯塔为我指引，有朋友做轻舟与我相伴，有家人做港湾供我停歇。希望我也可以成为一只小小的萤火虫，为他人带去些许光亮与温暖。

2022 年 3 月北京